JUNYA WATANABE　写真作品集

夜光水景

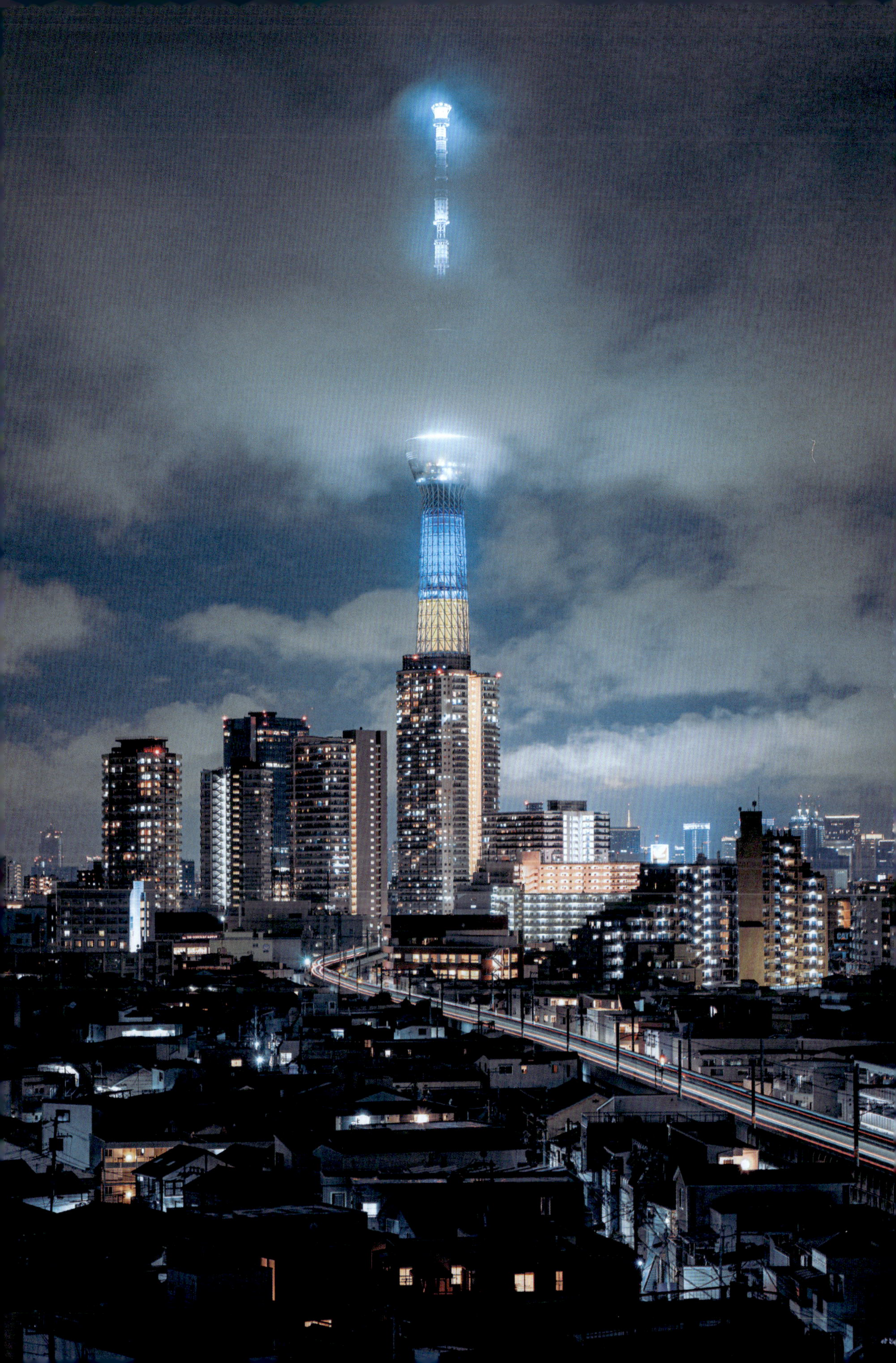

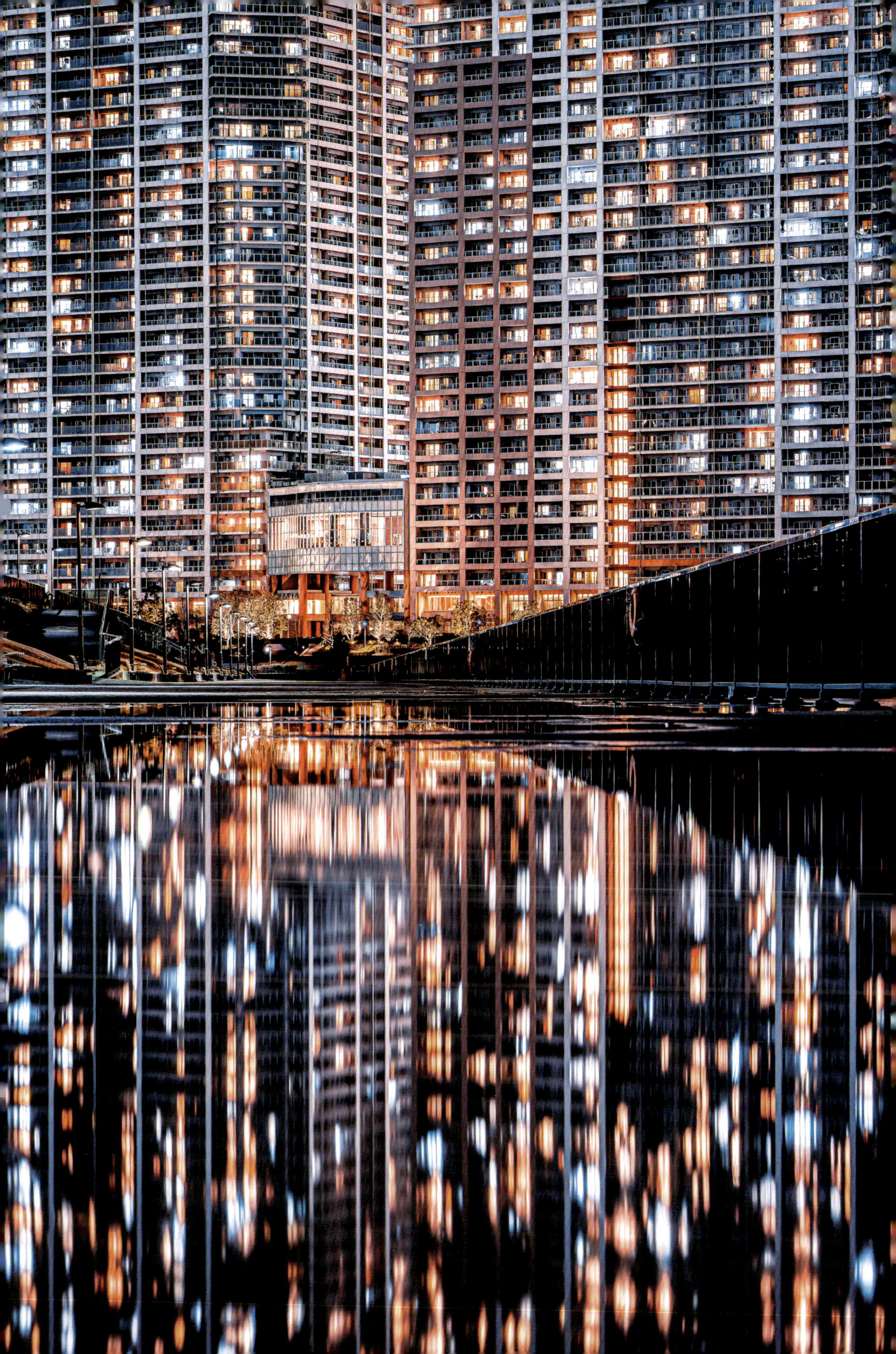

CONTENTS

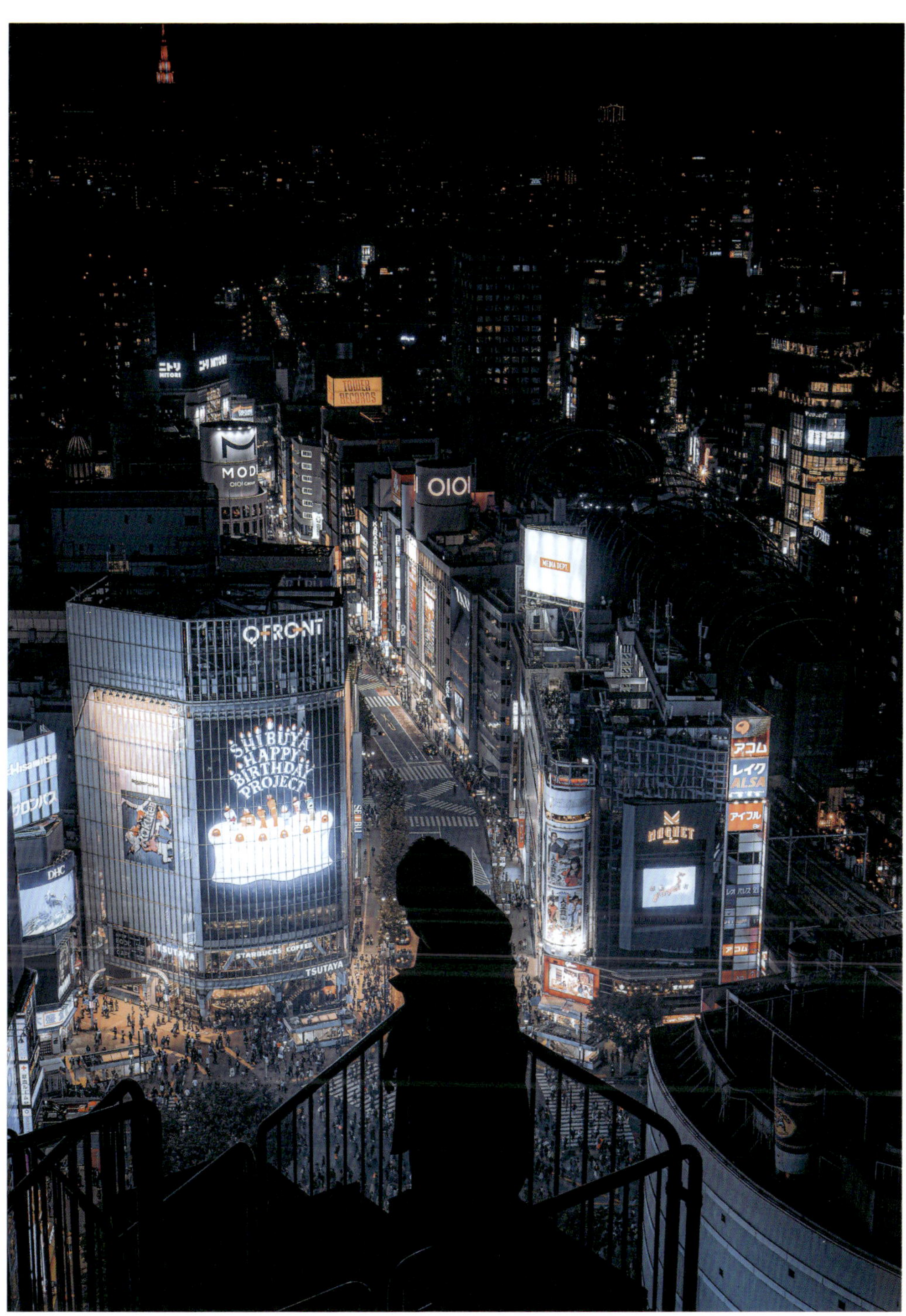
TOWER RECORDS
ニトリ
MODI
OIOI
Q-FRONT
SHIBUYA HAPPY BIRTHDAY PROJECT
STARBUCKS COFFEE
TSUTAYA
DHC
アコム
レイク
ALSA
アイフル
MAGNET

CHAPTER 1

夜光水景

YAKO-SUIKEI

雨に濡れた東京の街を夜の人工光が照らし出す。
道路や傘に反射する街灯やネオン、車のヘッドライト……
雨と光が織りなす光景はいつも私の想像力を掻き立ててくれる。

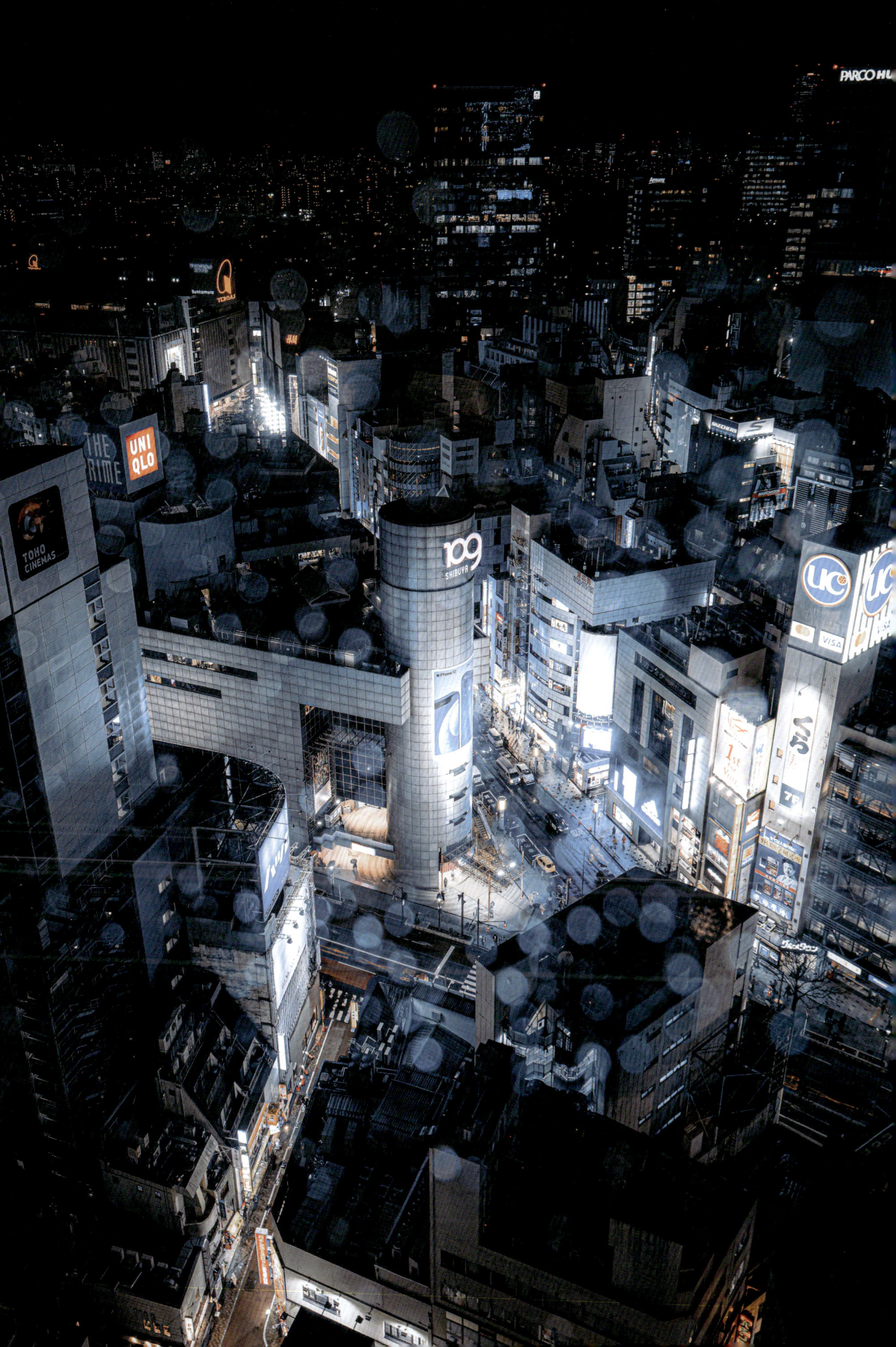
THE PRIME
UNI QLO
TOHO CINEMAS
109 SHIBUYA
UC
VISA

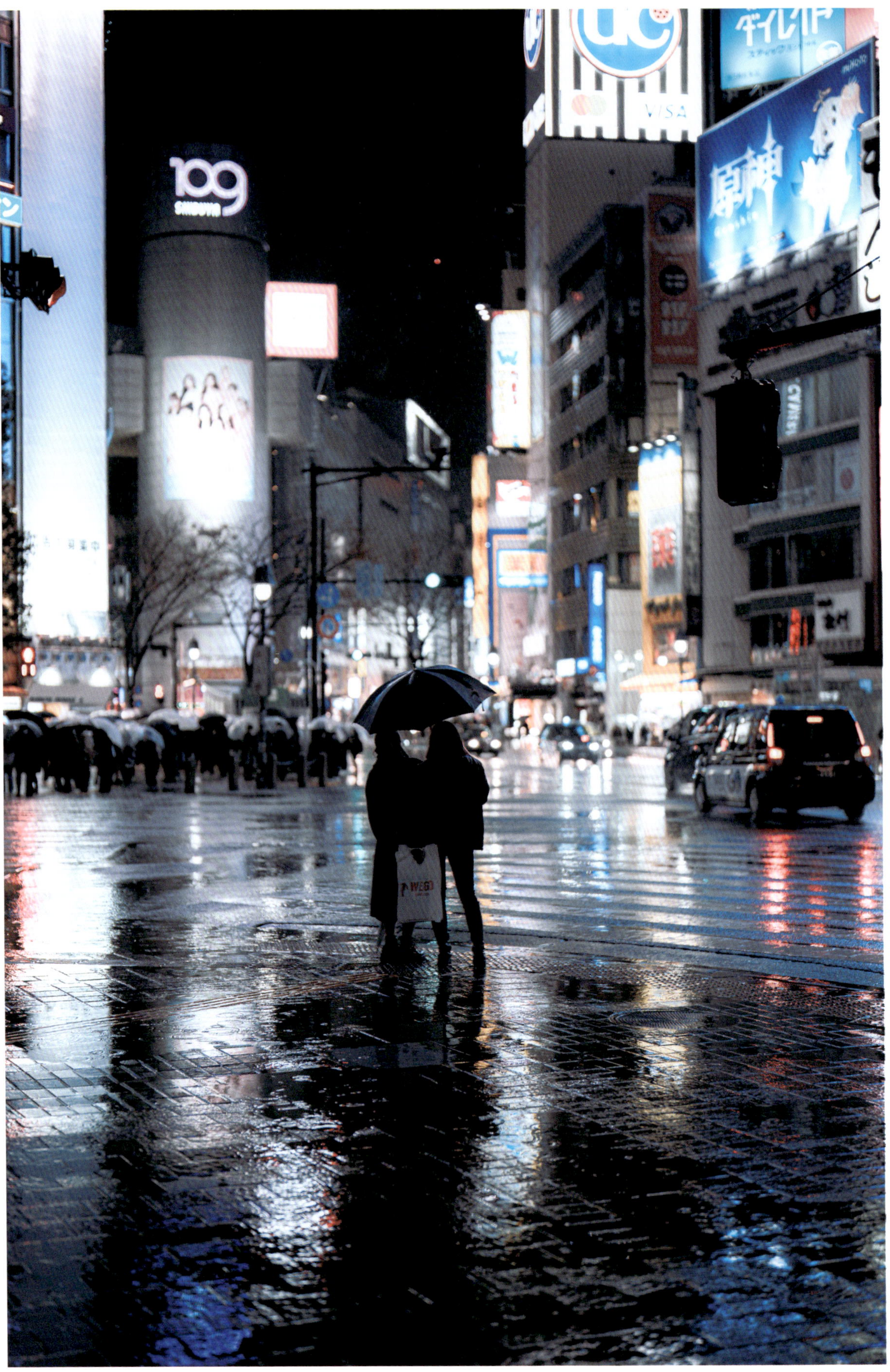

109
SHIBUYA
uc
VISA
原神
WEGO

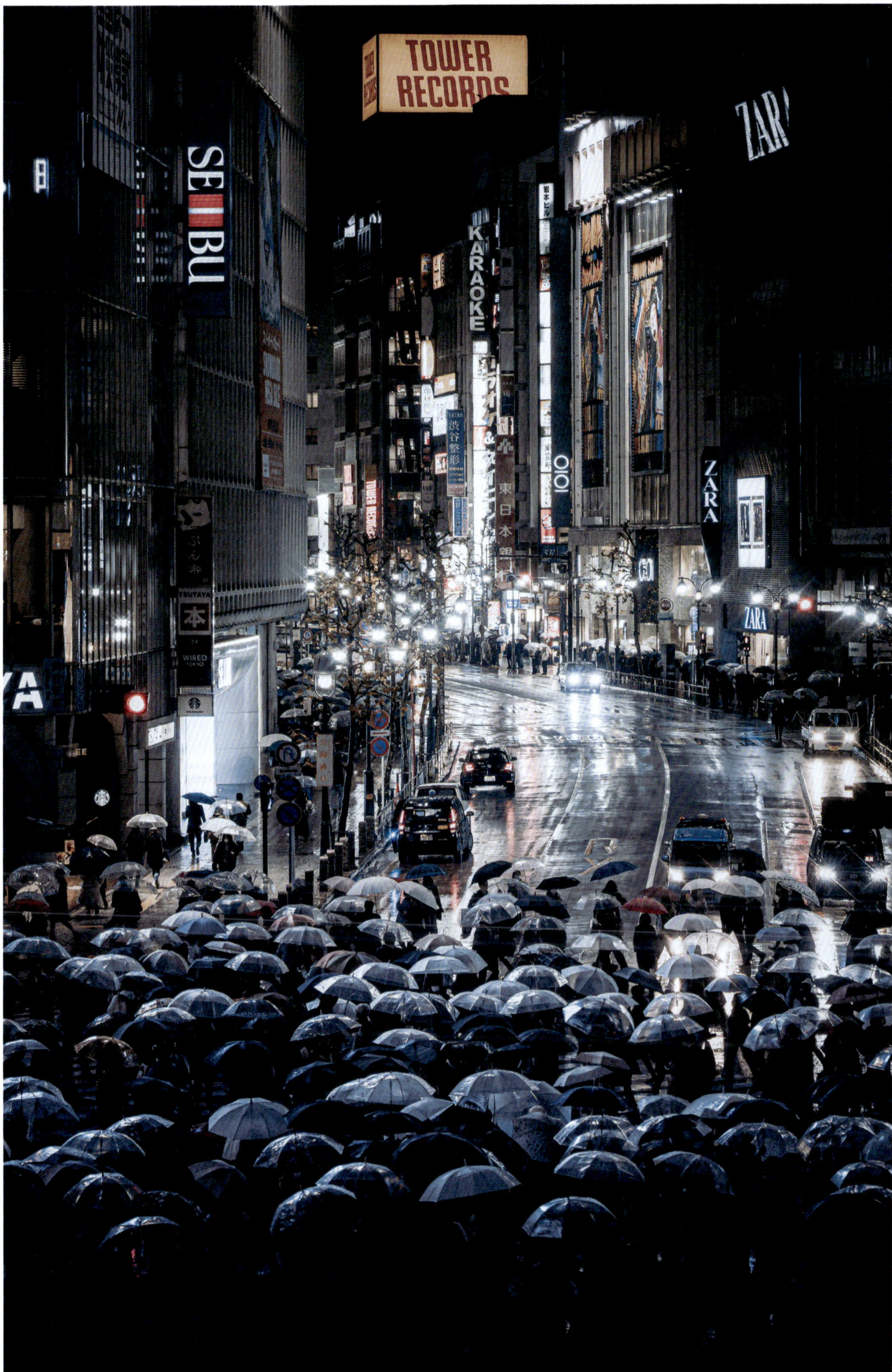
TOWER RECORDS
SEIBU
ZARA
KARAOKE
渋谷整形
ZARA
ZARA

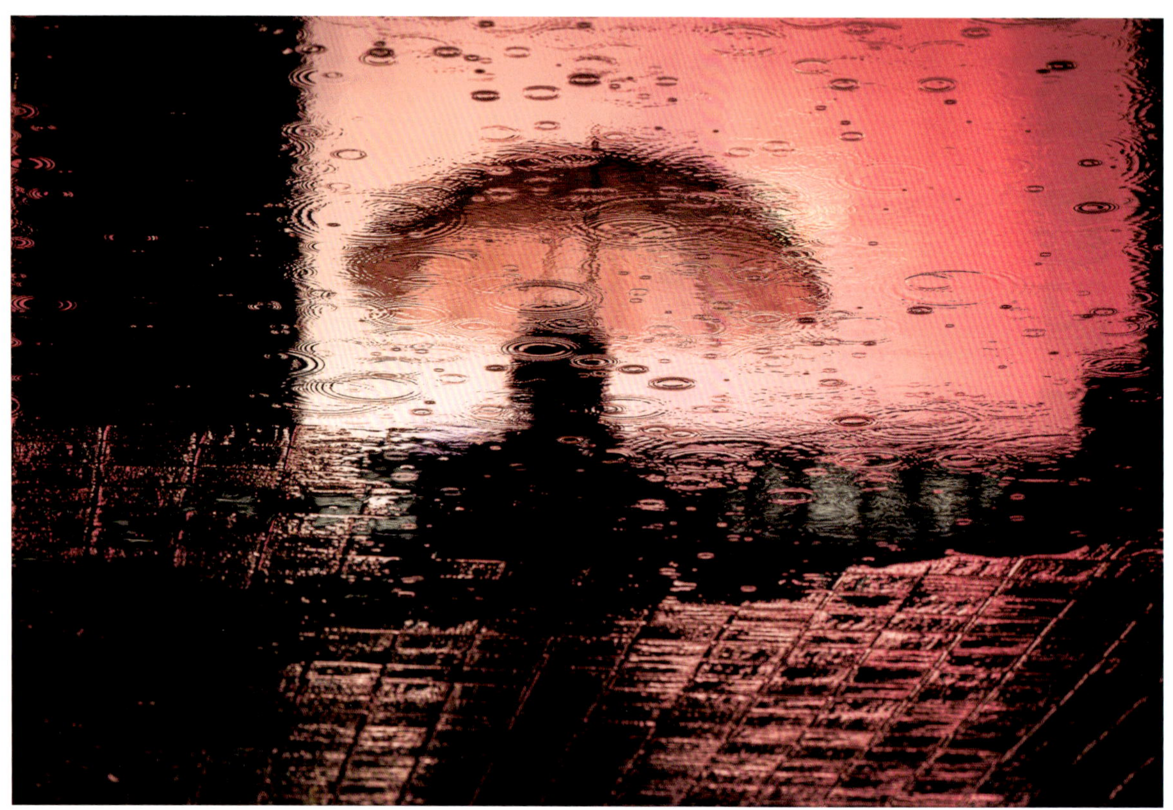

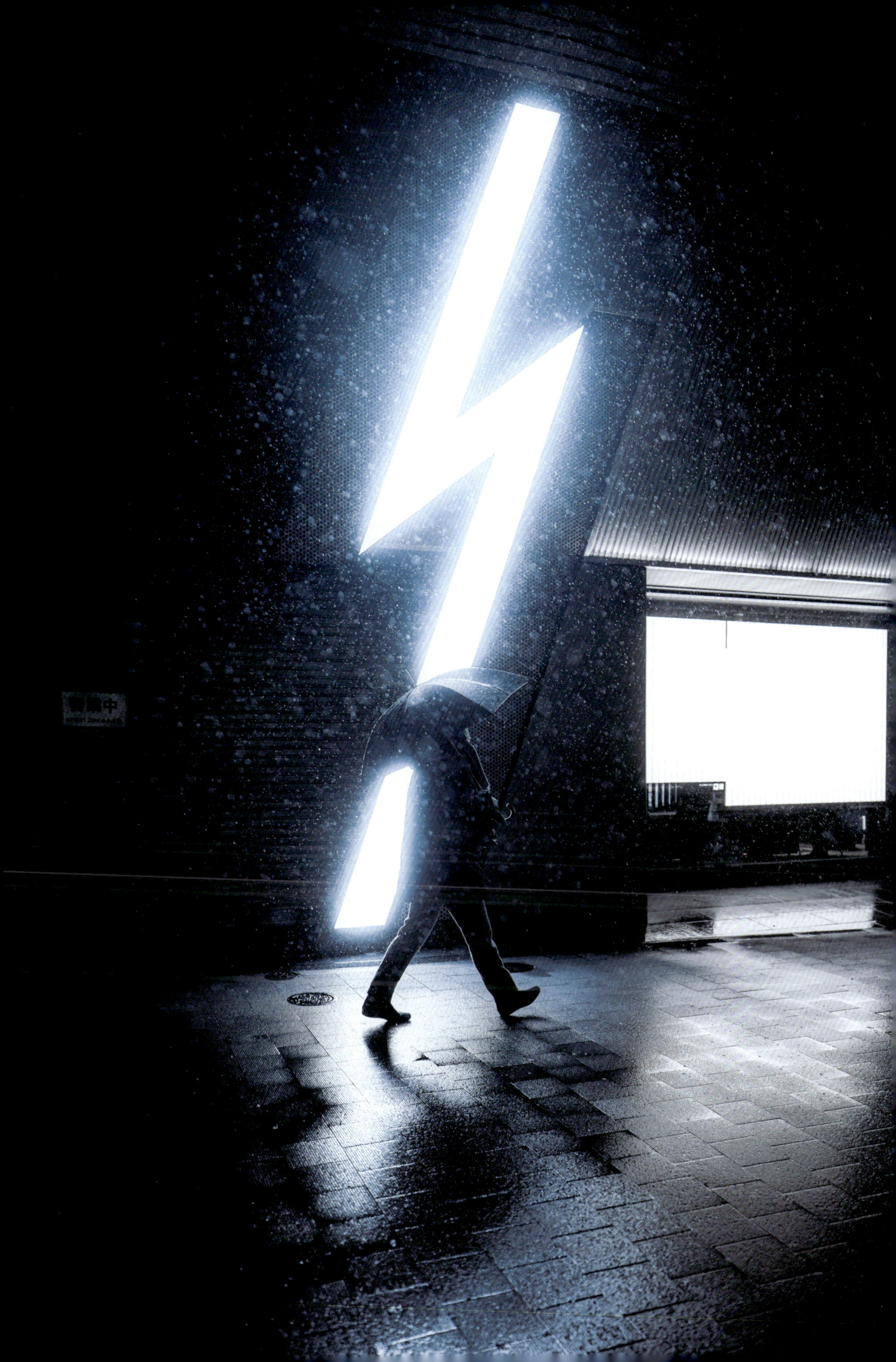

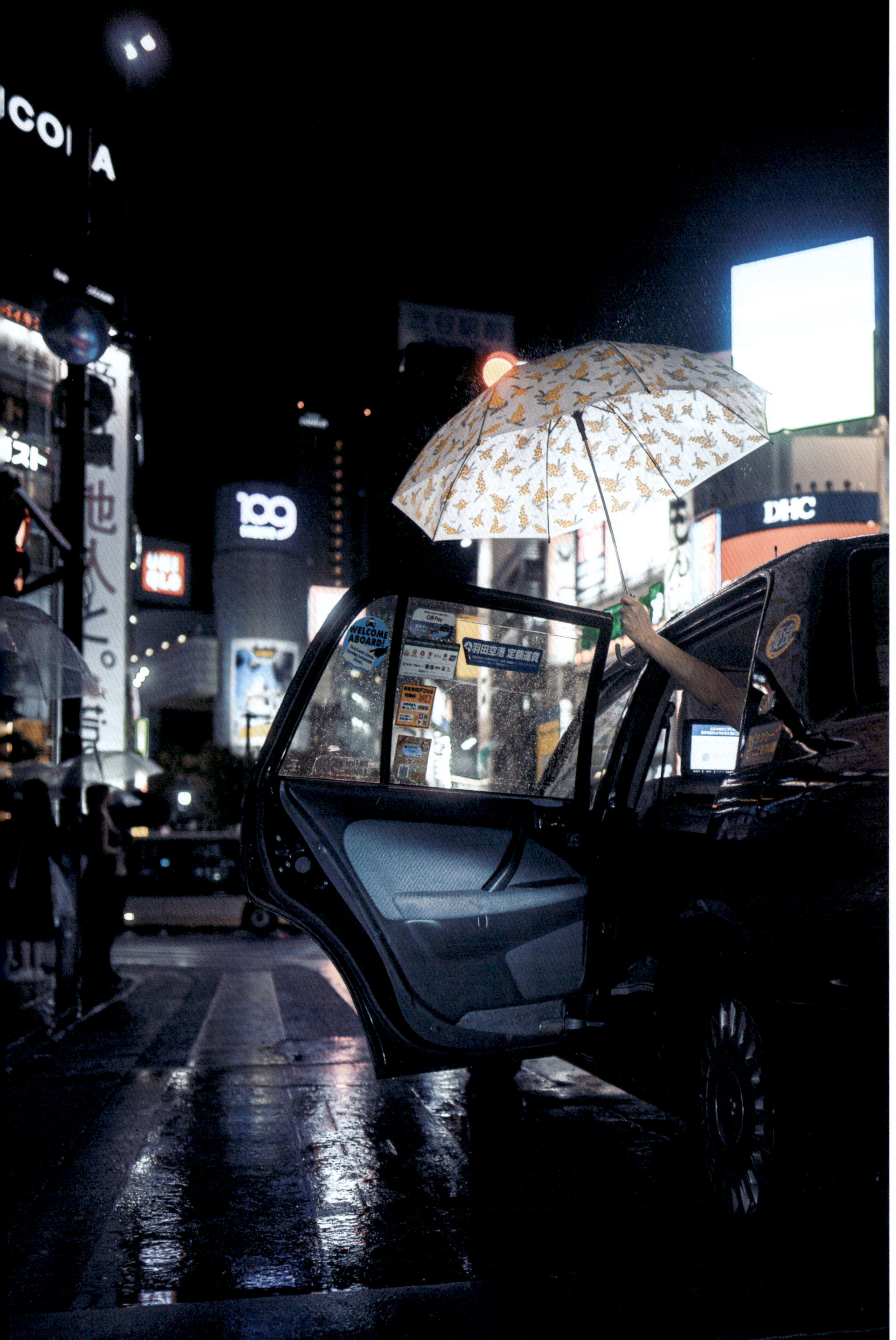
109
DHC
WELCOME ABOARD!
羽田空港 定額運賃

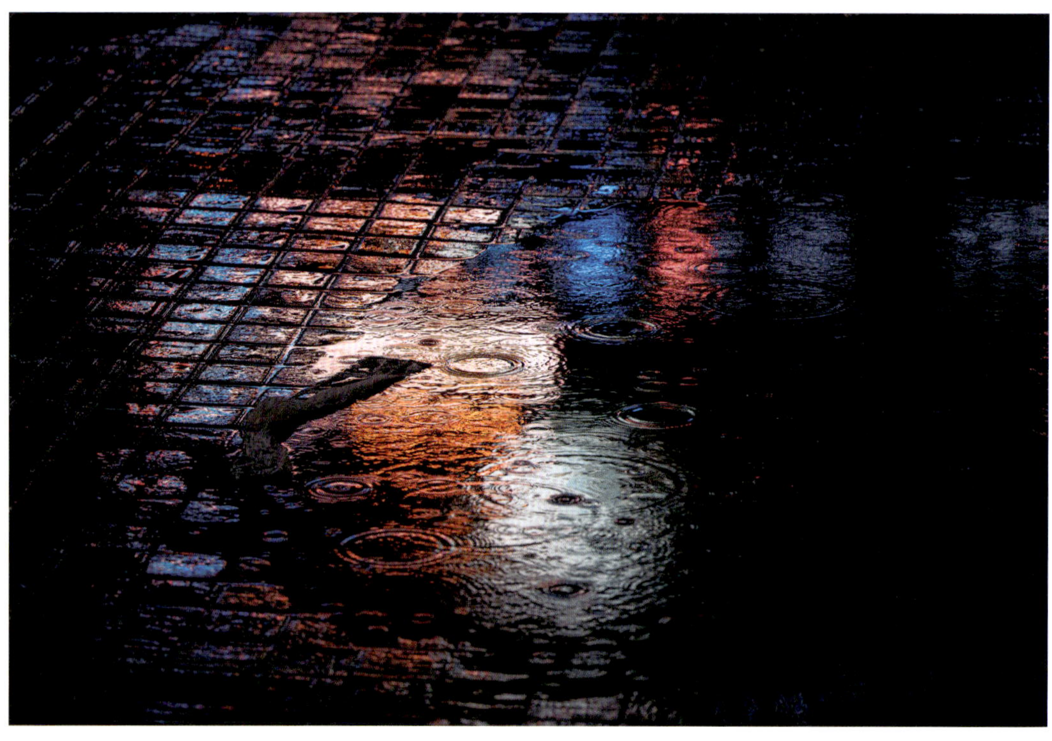

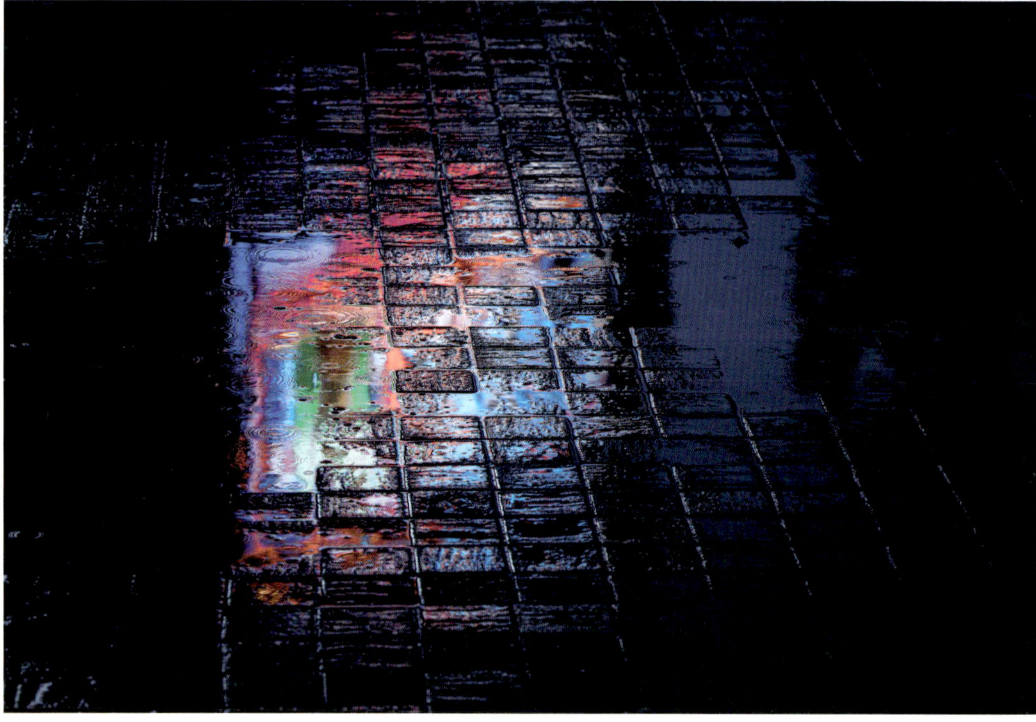

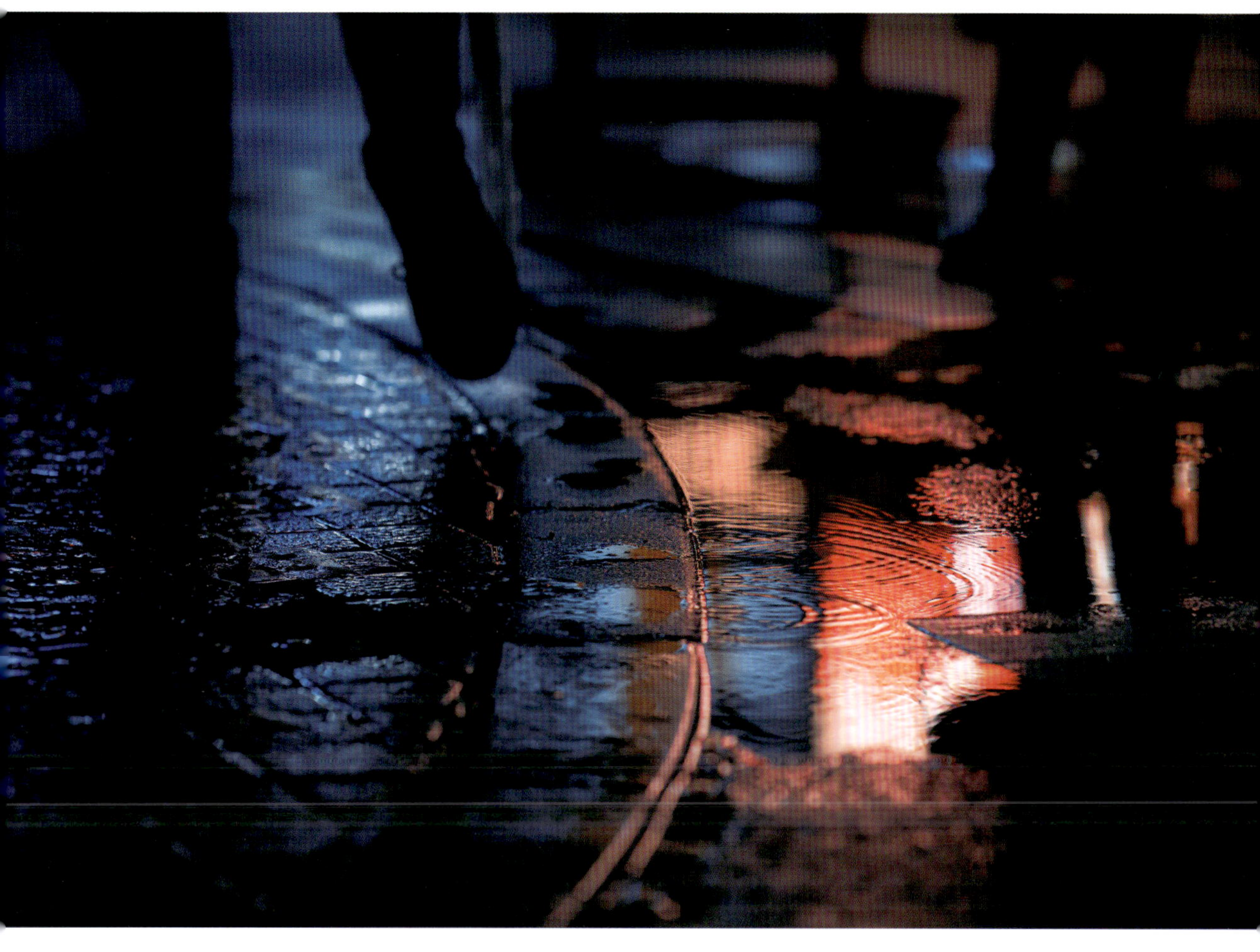

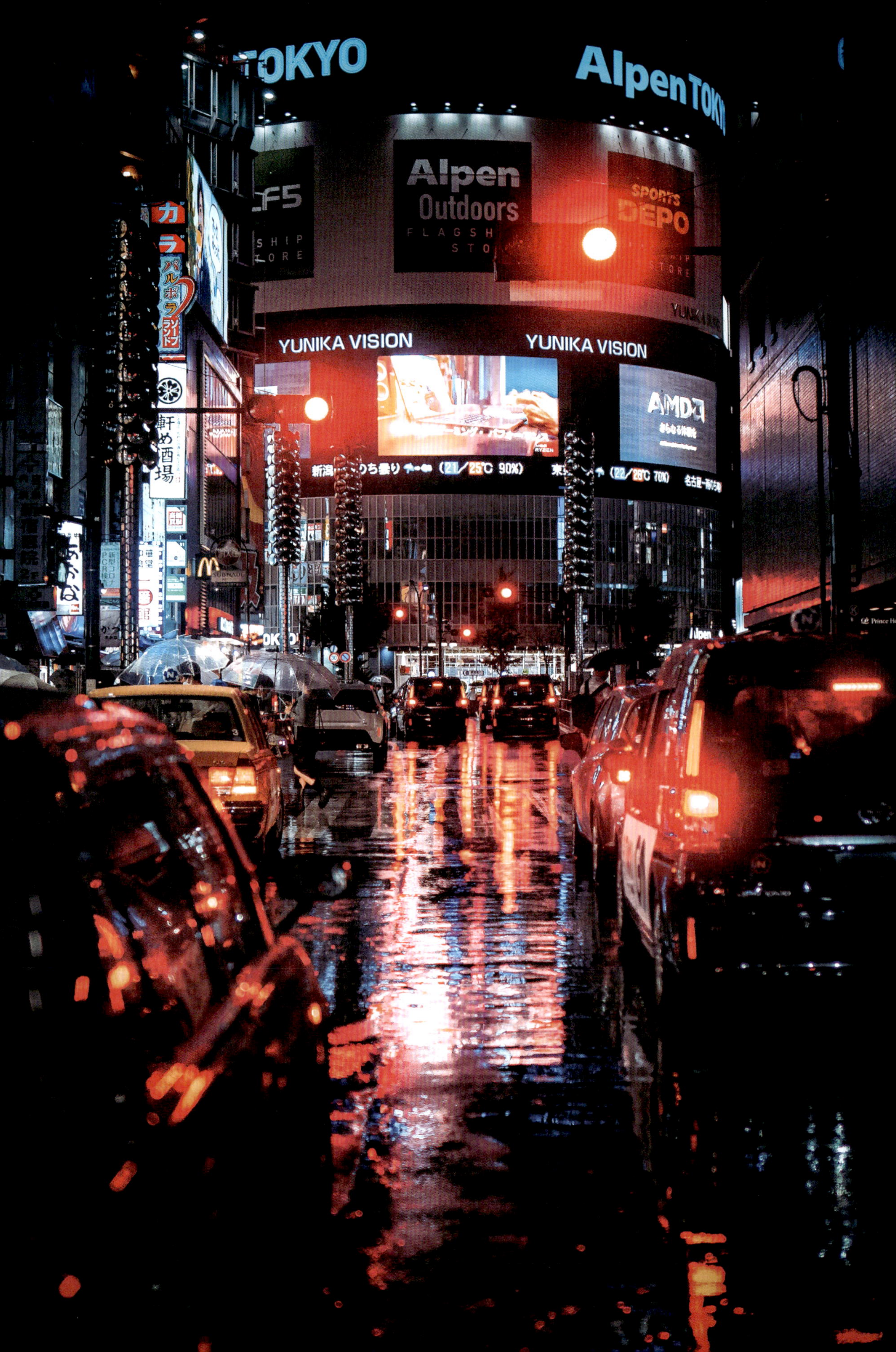
TOKYO
Alpen TOKYO
Alpen
Outdoors
SPORTS
DEPO
YUNIKA VISION
YUNIKA VISION
AMD
軒め酒場

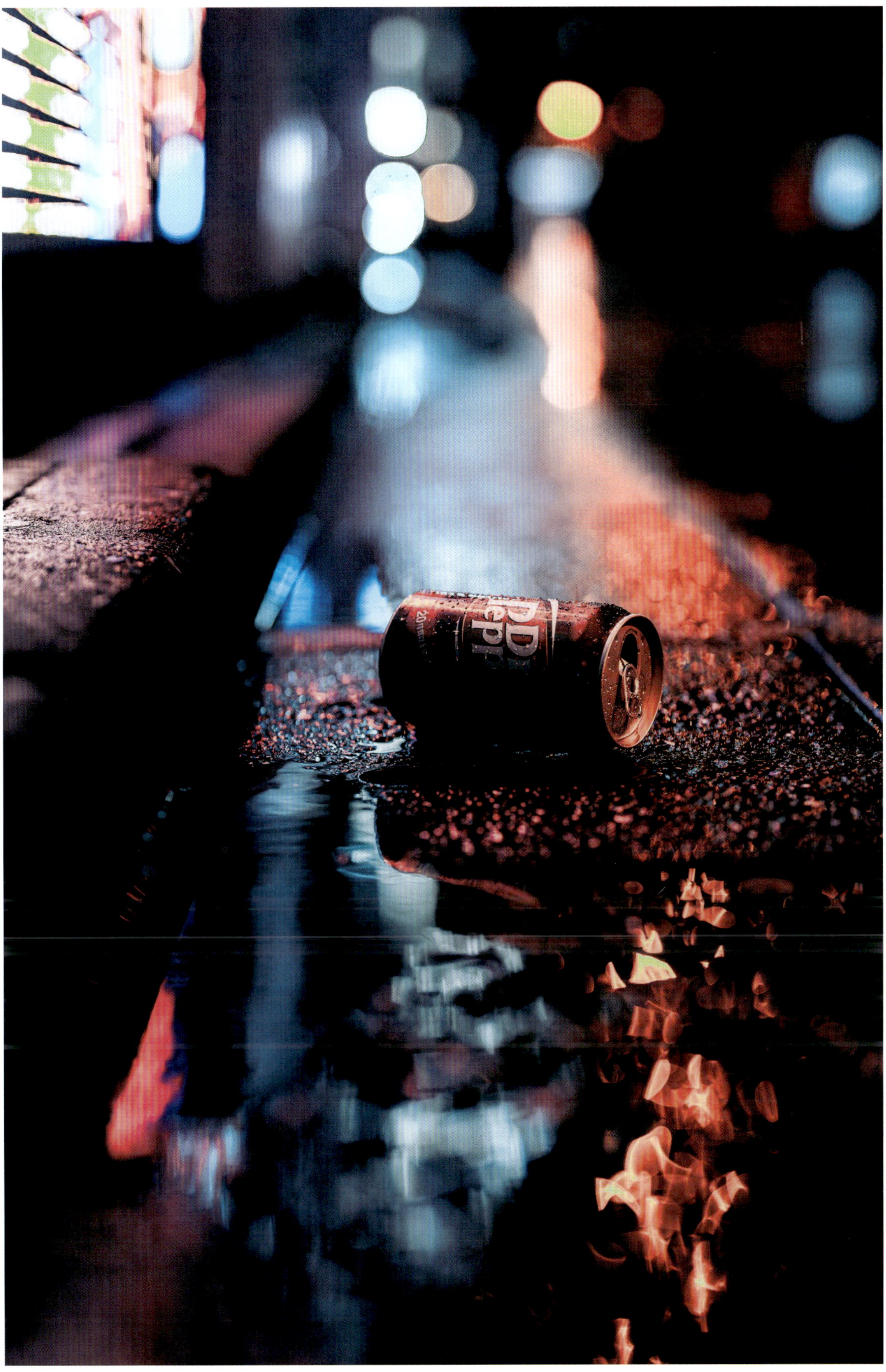

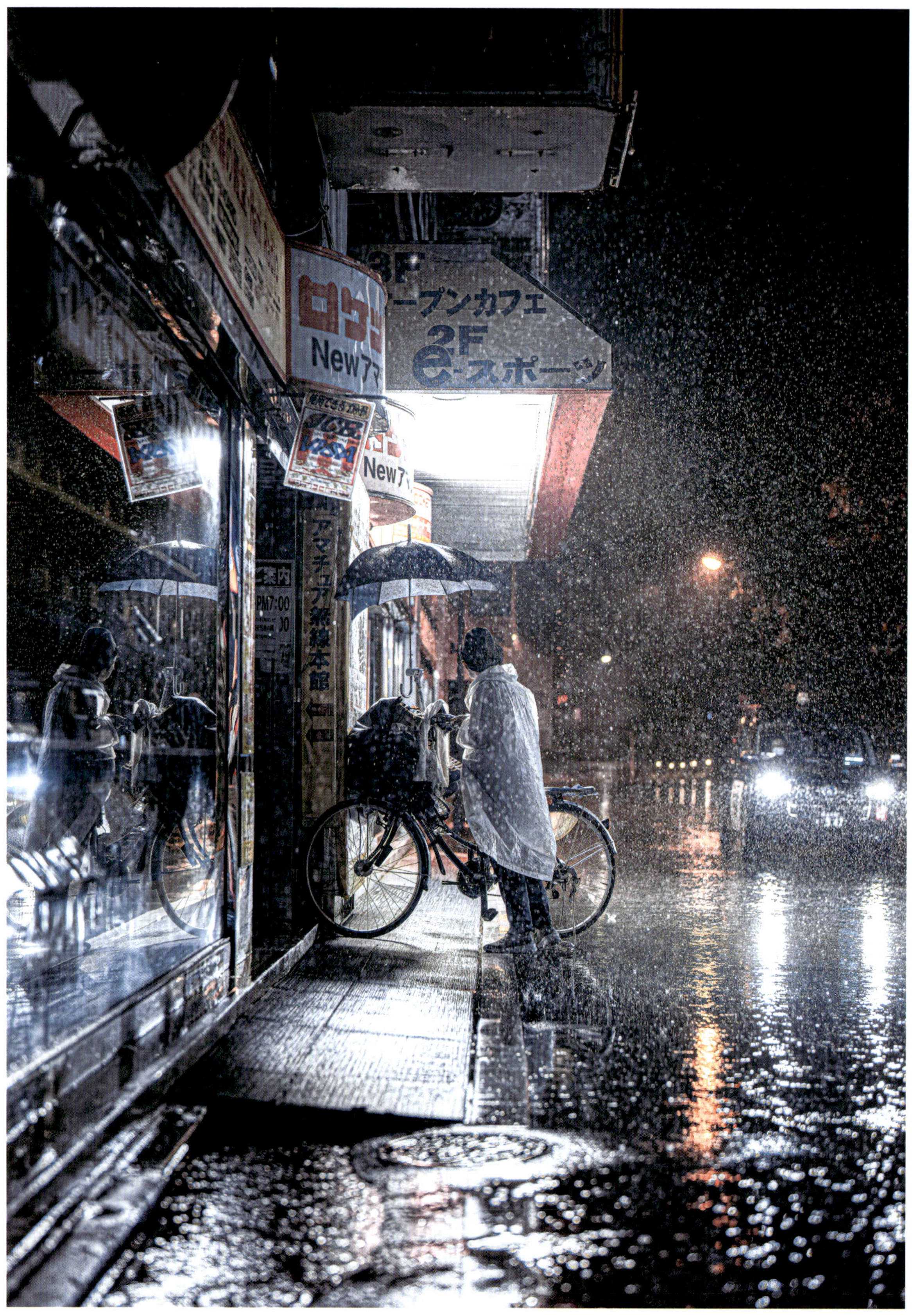
3F
ープンカフェ
2F
e-スポーツ
Newアマ
アマチュア無線本館
案内
PM7:00

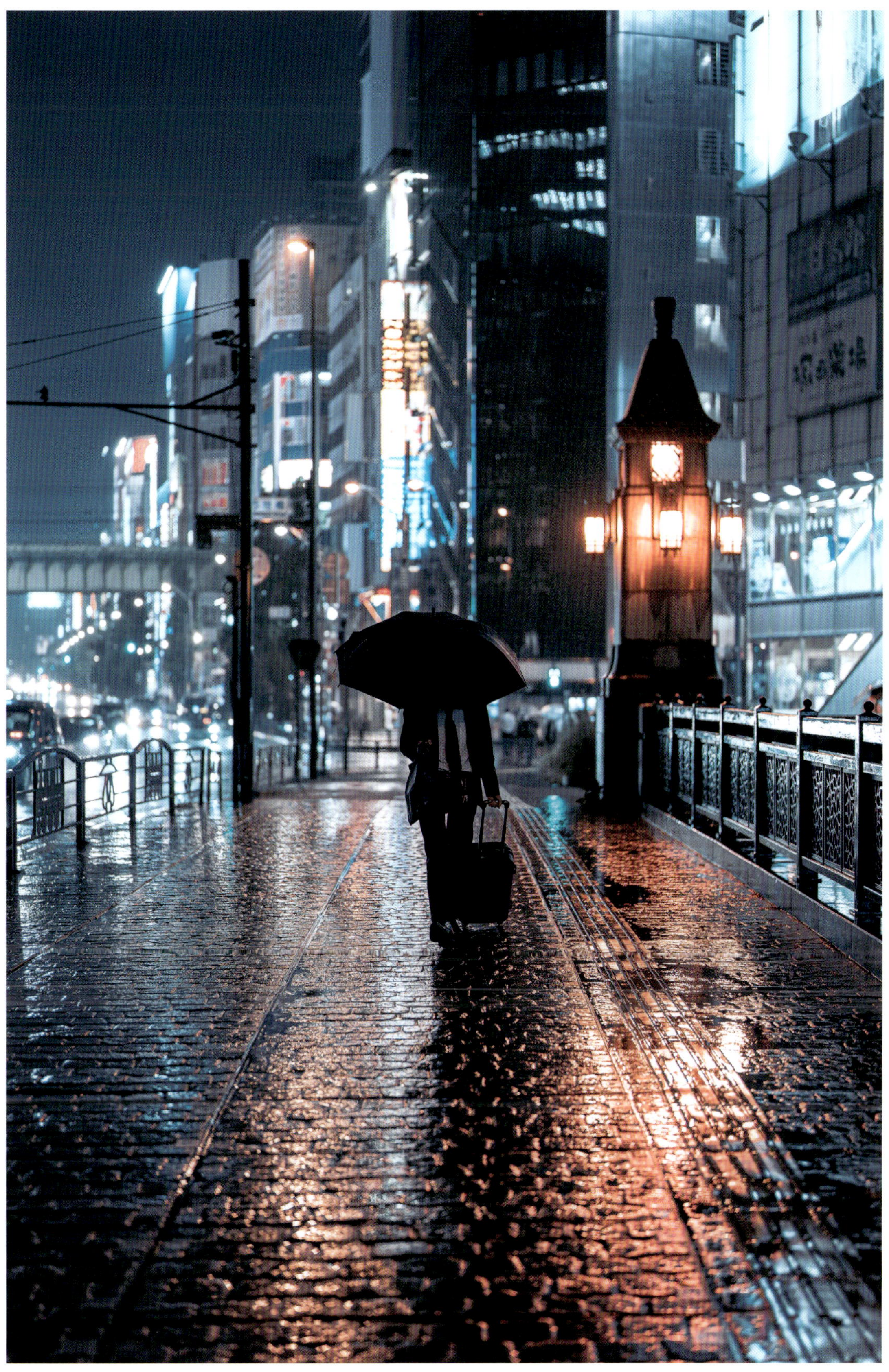

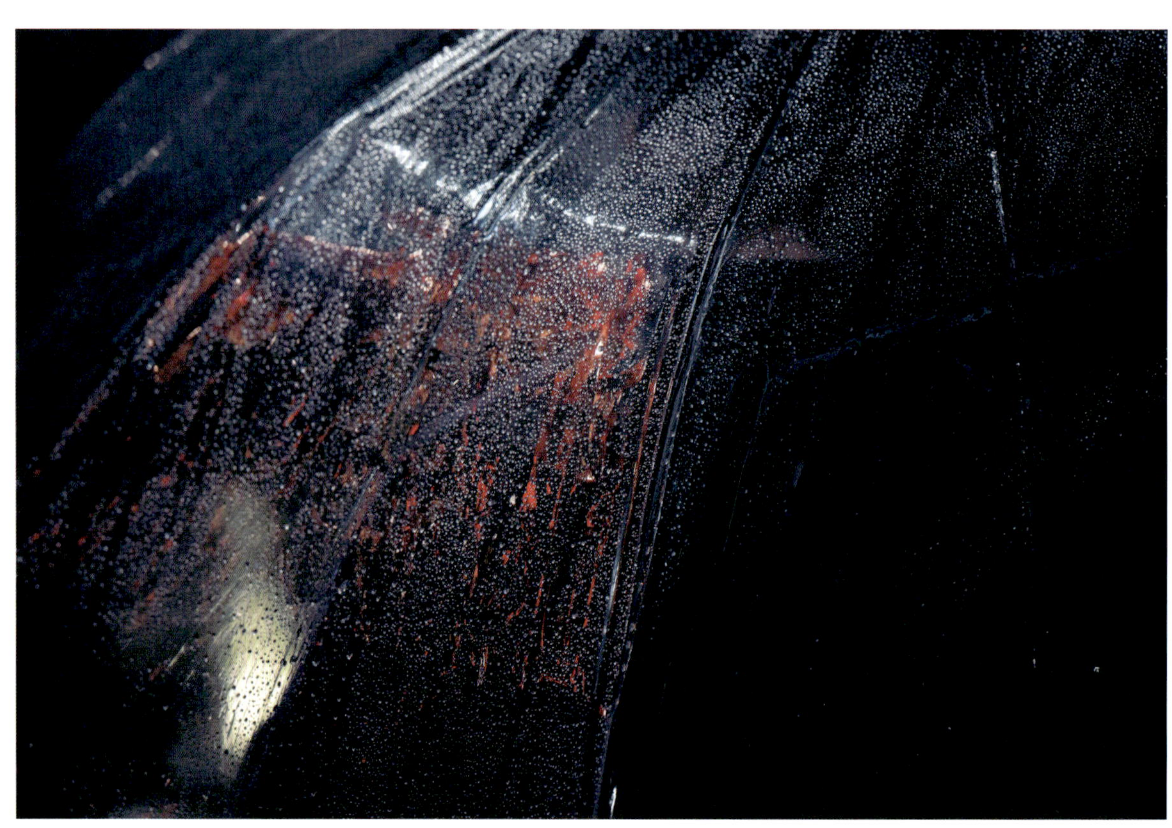

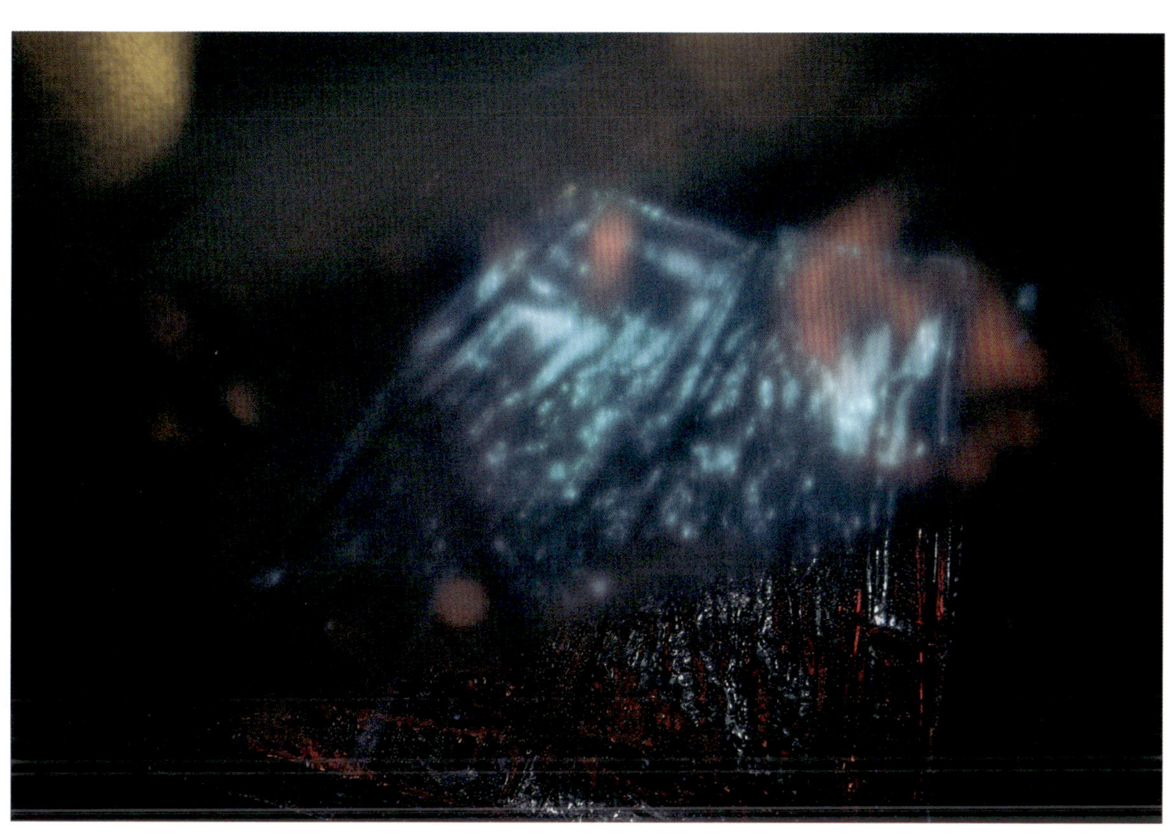

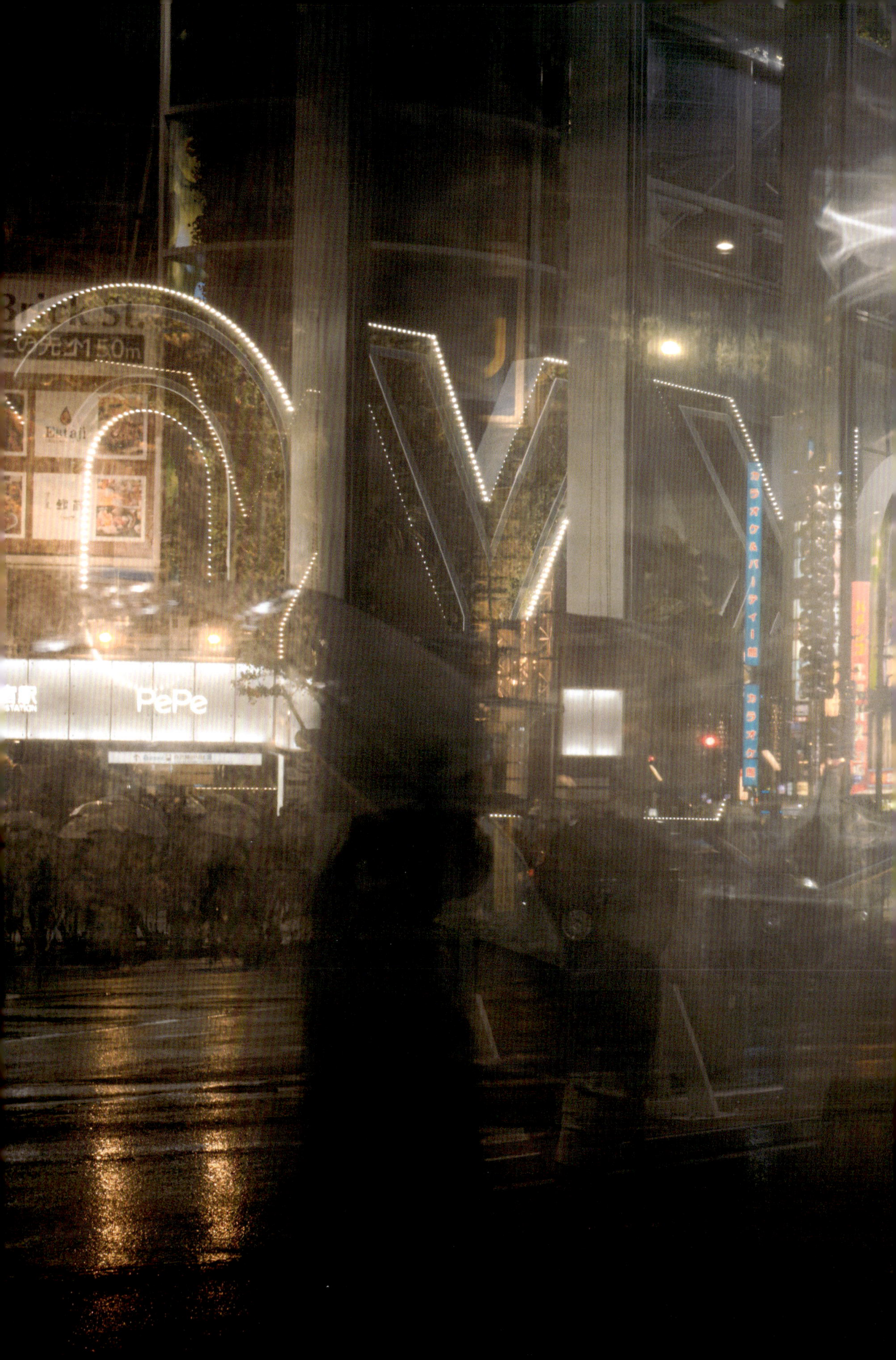
PePe

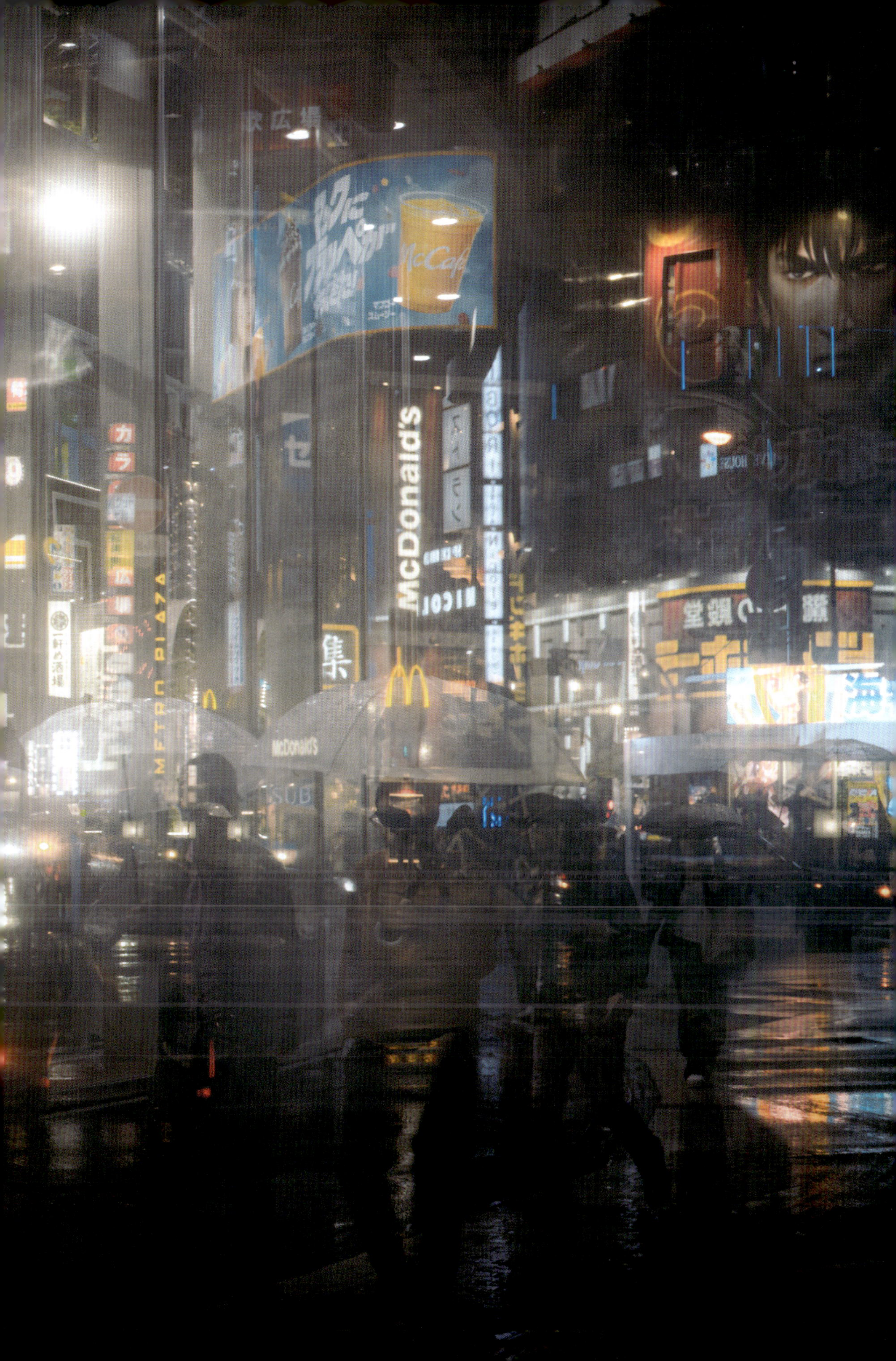
McDonald's
McDonald's
集

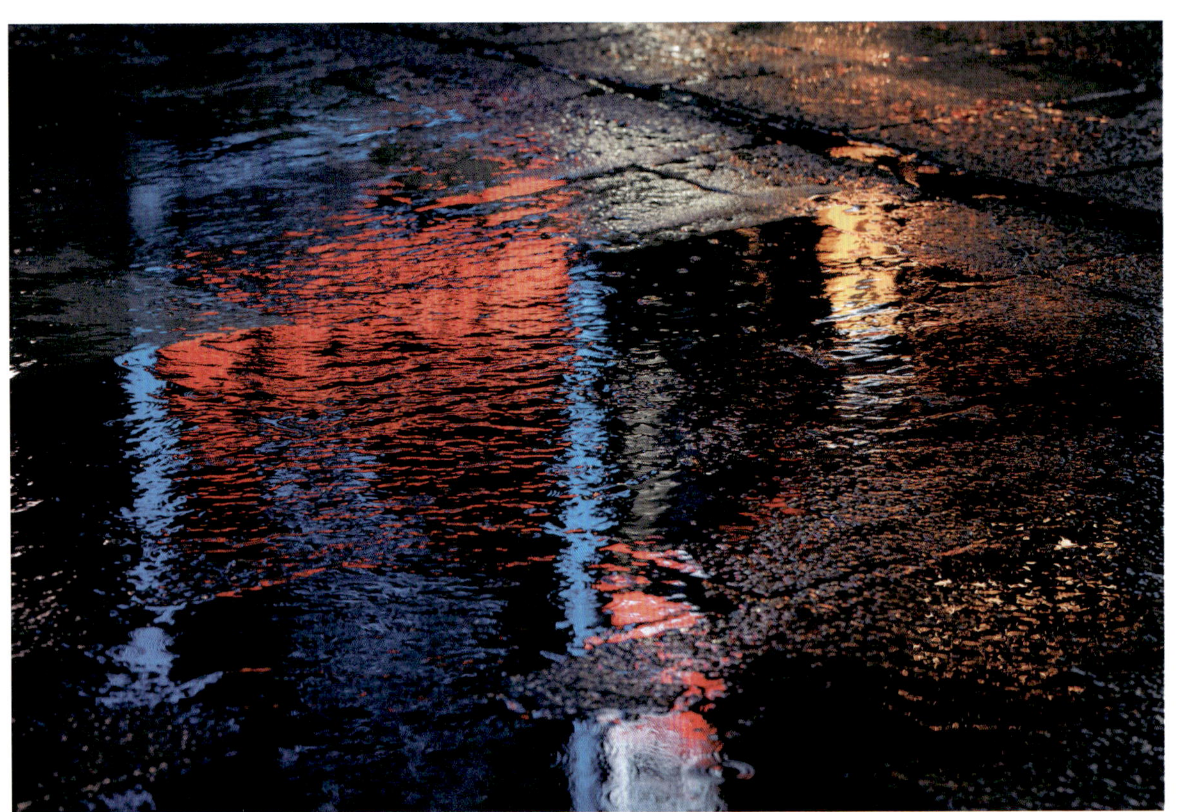

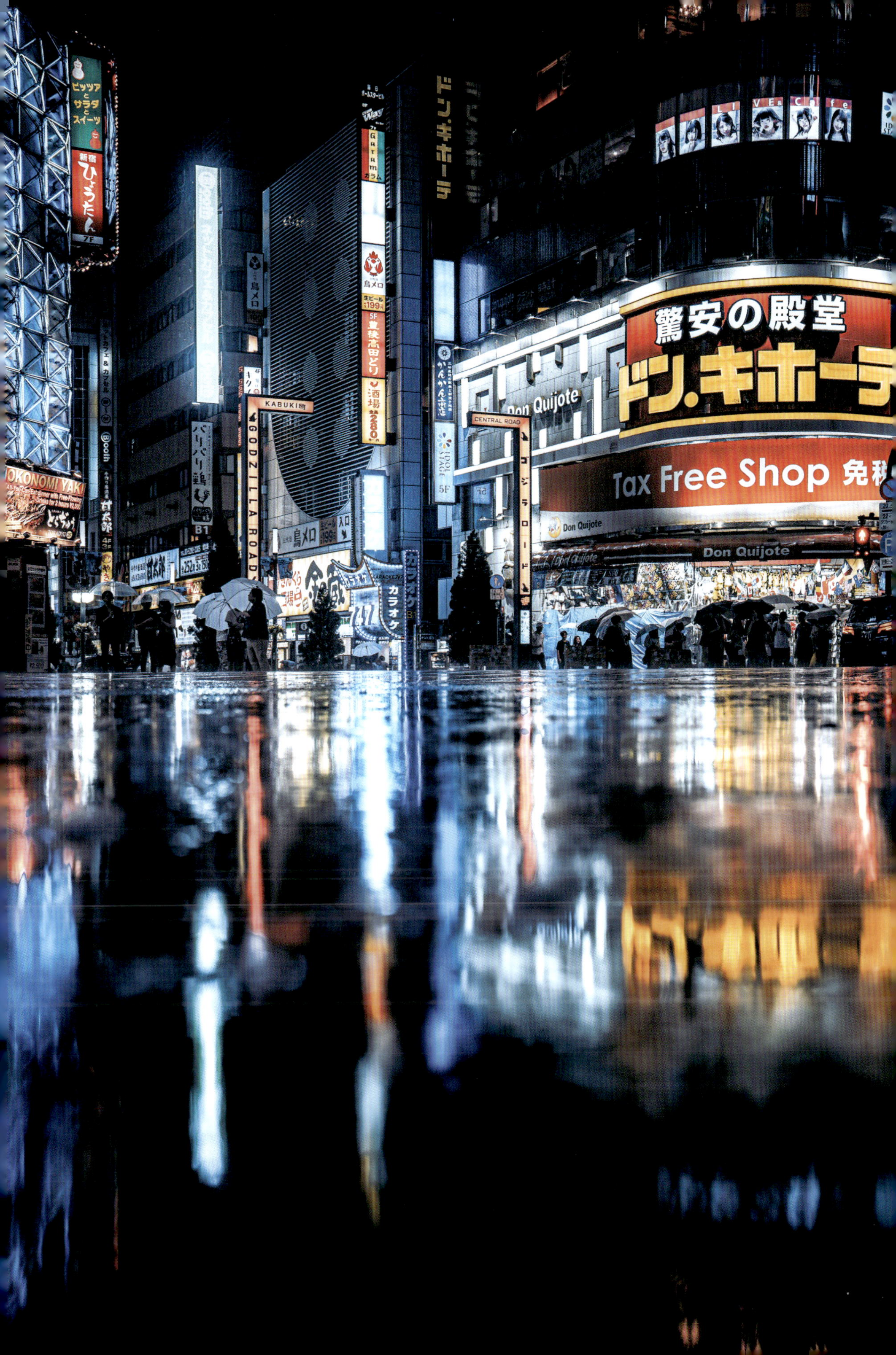
驚安の殿堂
ドン.キホーテ
Tax Free Shop
Don Quijote
Don Quijote
Don Quijote
CENTRAL ROAD
ゴジラロード
KABUKI町
GODZILLA ROAD
ドン.キホーテ
鳥メロ
IDOL STAGE
5F
カラオケ
バリバリ鶏
B1
ピッツァ
サラダ
スイーツ
新宿
ひょうたん
7F

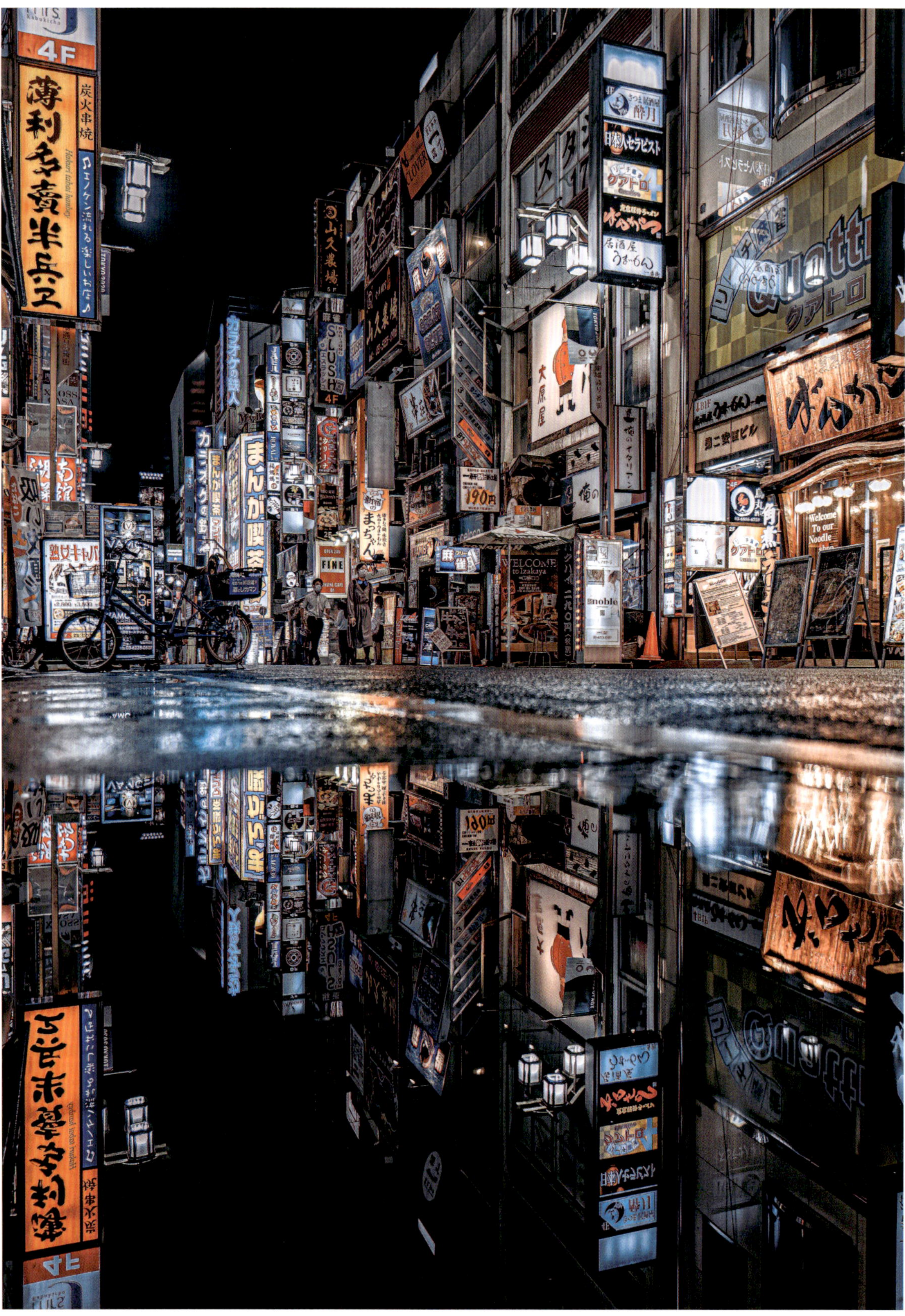

4F
薄利多売半兵ヱ
炭火串焼
酔月
日本人セラピスト
クアトロ
居酒屋
うま〜もん
CLOVER
山久農場
SLUSH
4F
カラオケの鉄人
まんが喫茶
大原屋
俺のイタリアン
190円
まっちゃん
FINE
麻雀
熟女キャバ
WELCOME
to Izakaya
noble
クアトロ
Welcome
To our
Noodle

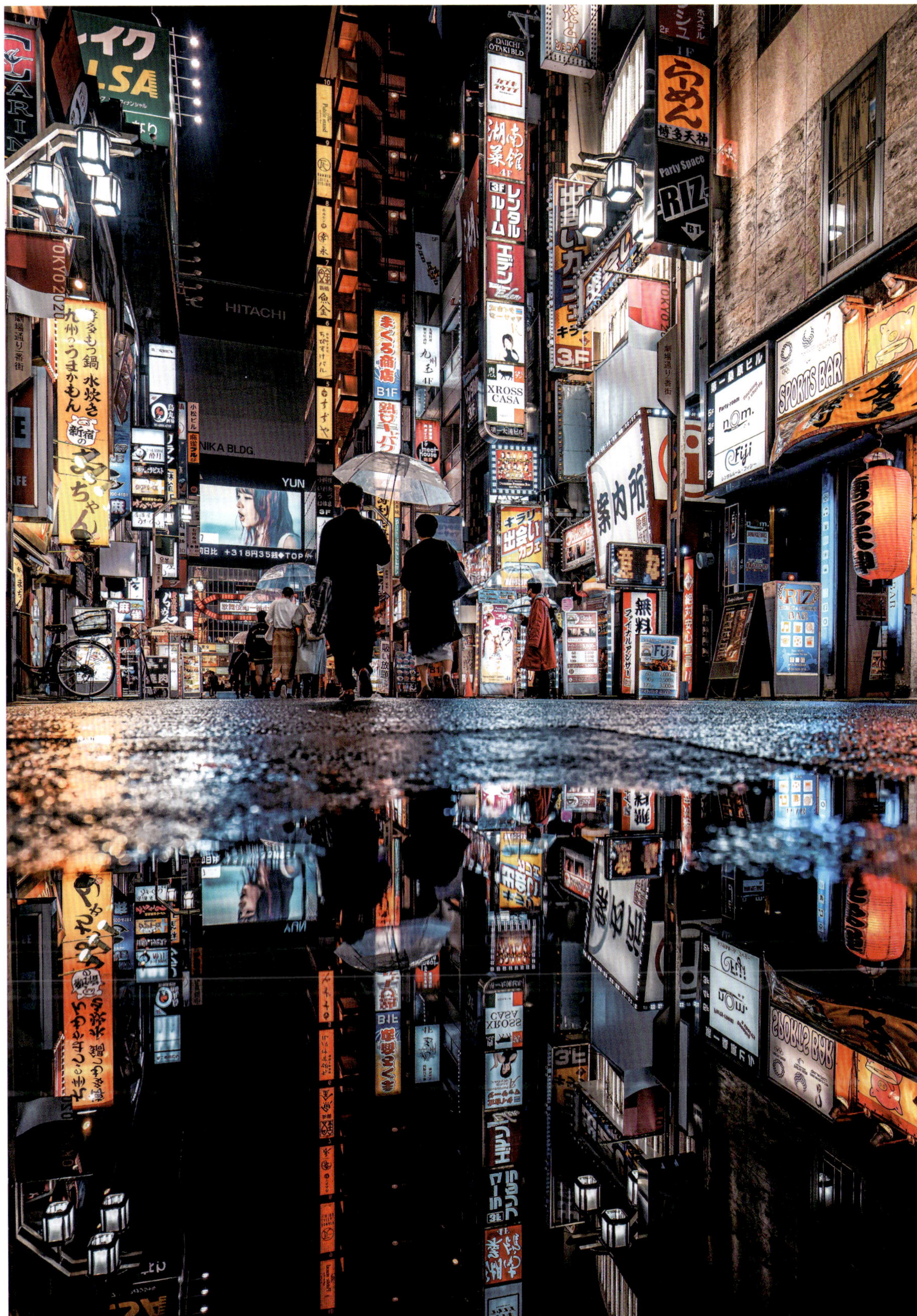

HITACHI
らーめん
博多天神
Party Space
RIZ
B1
湖南菜館
4F
3F レンタルルーム
エデン
XROSS CASA
まぐろ商店
B1F
九州のうまかもん
水炊き
新宿の
TOKYO 2020
YUN
+318円35銭◆TOP
案内所
キラリ
出会いカフェ
無料
ファイナルアンサー
SPORTS BAR
nom.
Fuji

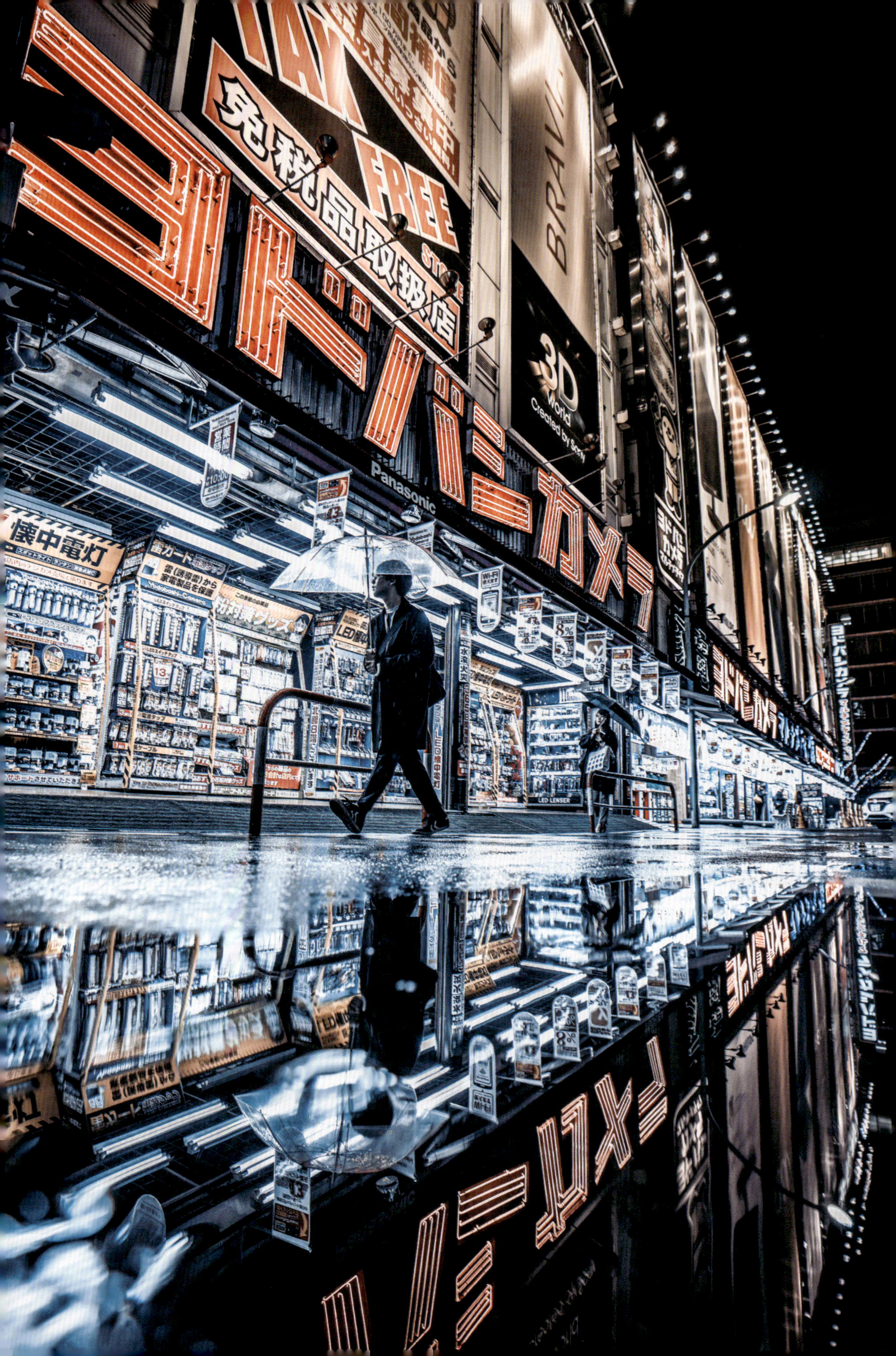
ヨドバシカメラ
免税品取扱店
FREE
BRAVIA
3D World
Created by Sony
Panasonic
懐中電灯
LED LENSER

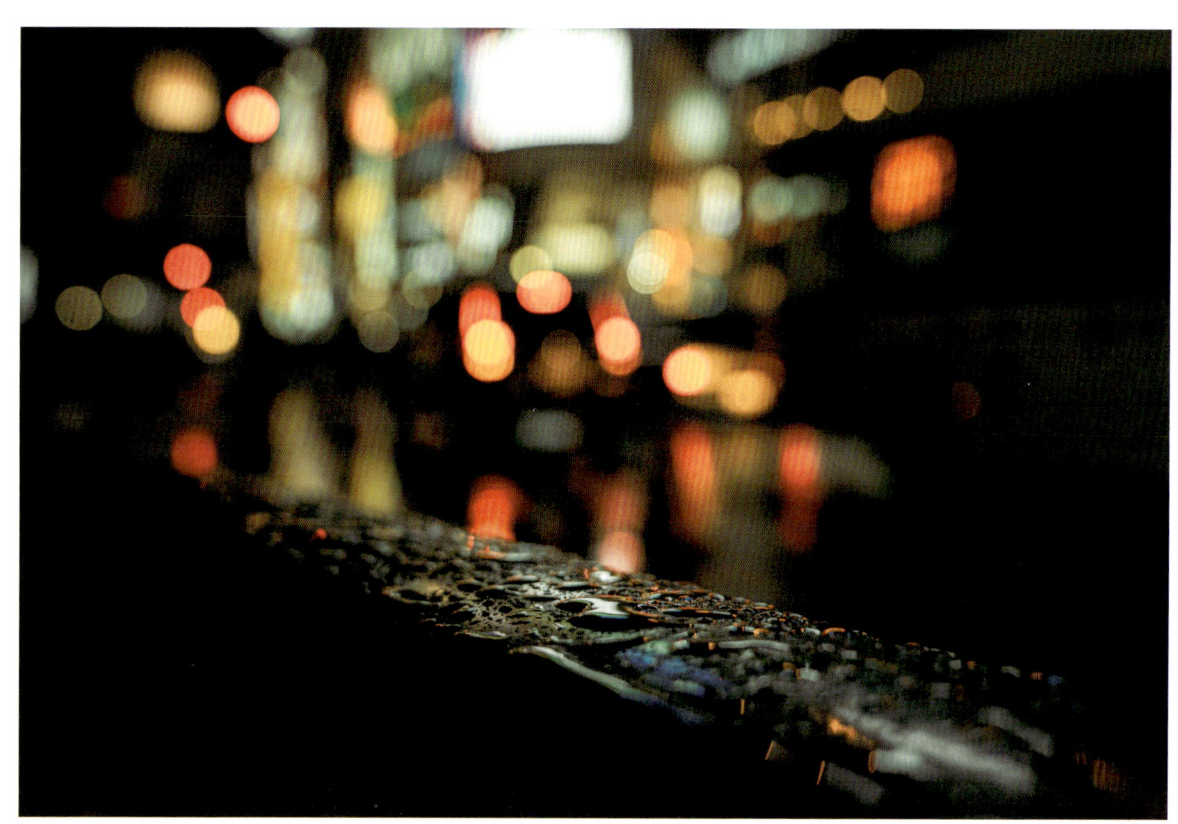

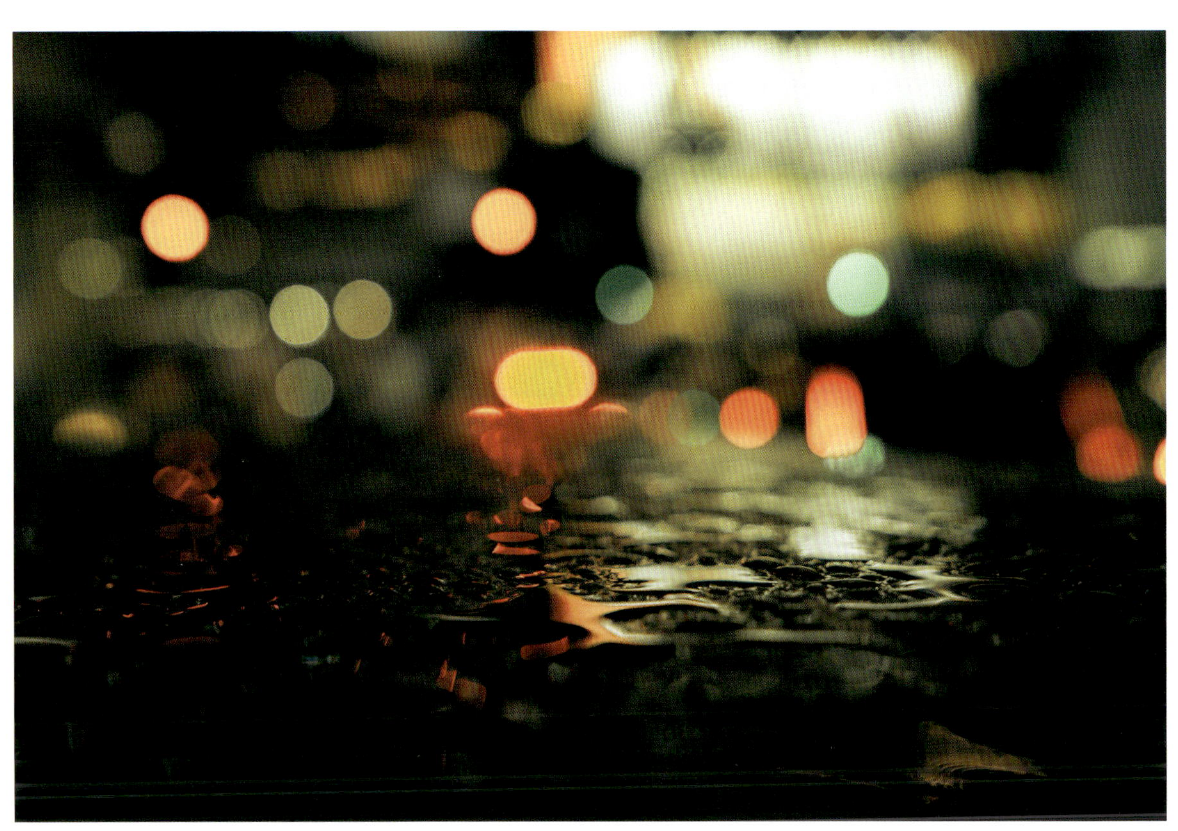

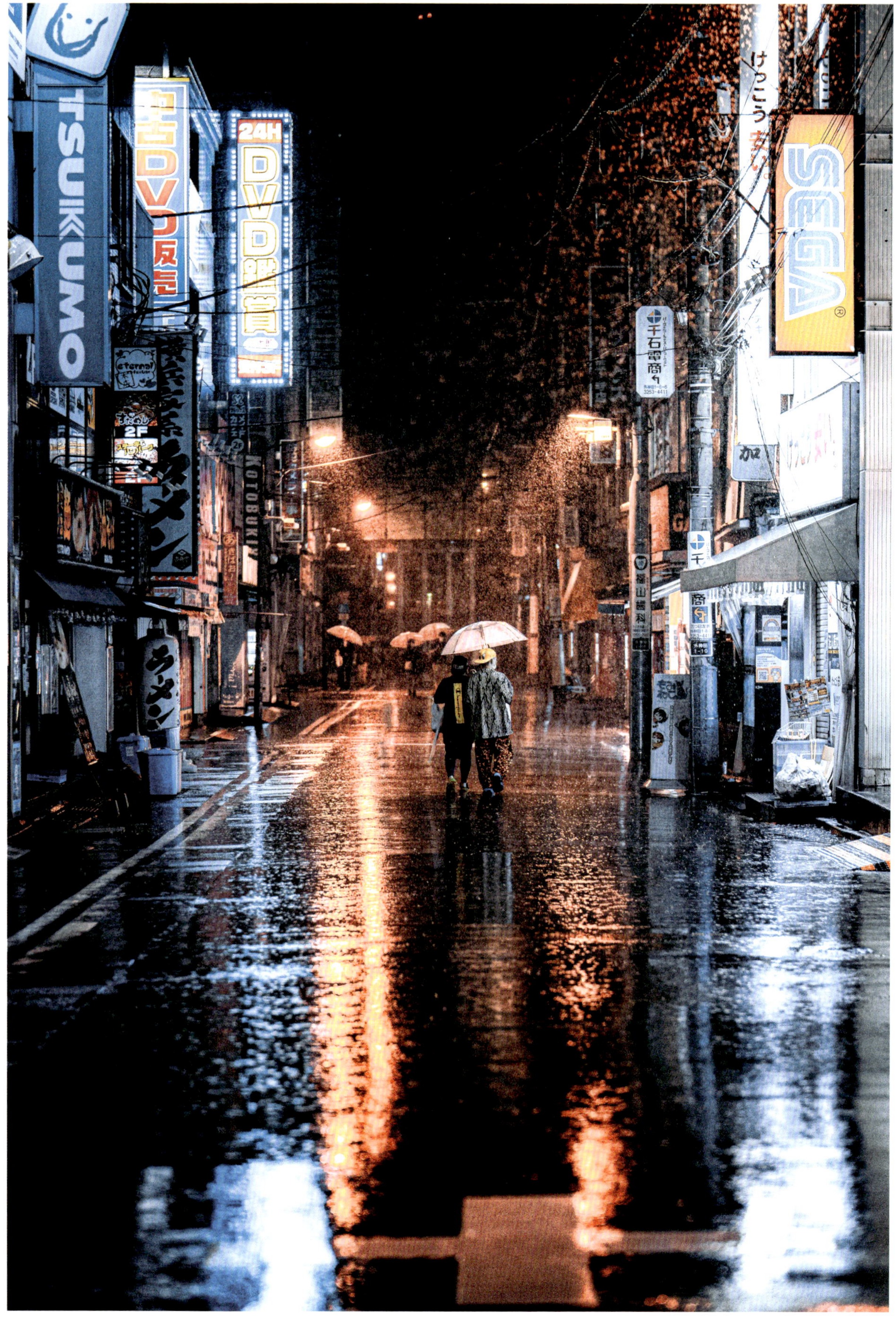
TSUKUMO
24H
DVD鑑賞
SEGA
千石電商
ラーメン

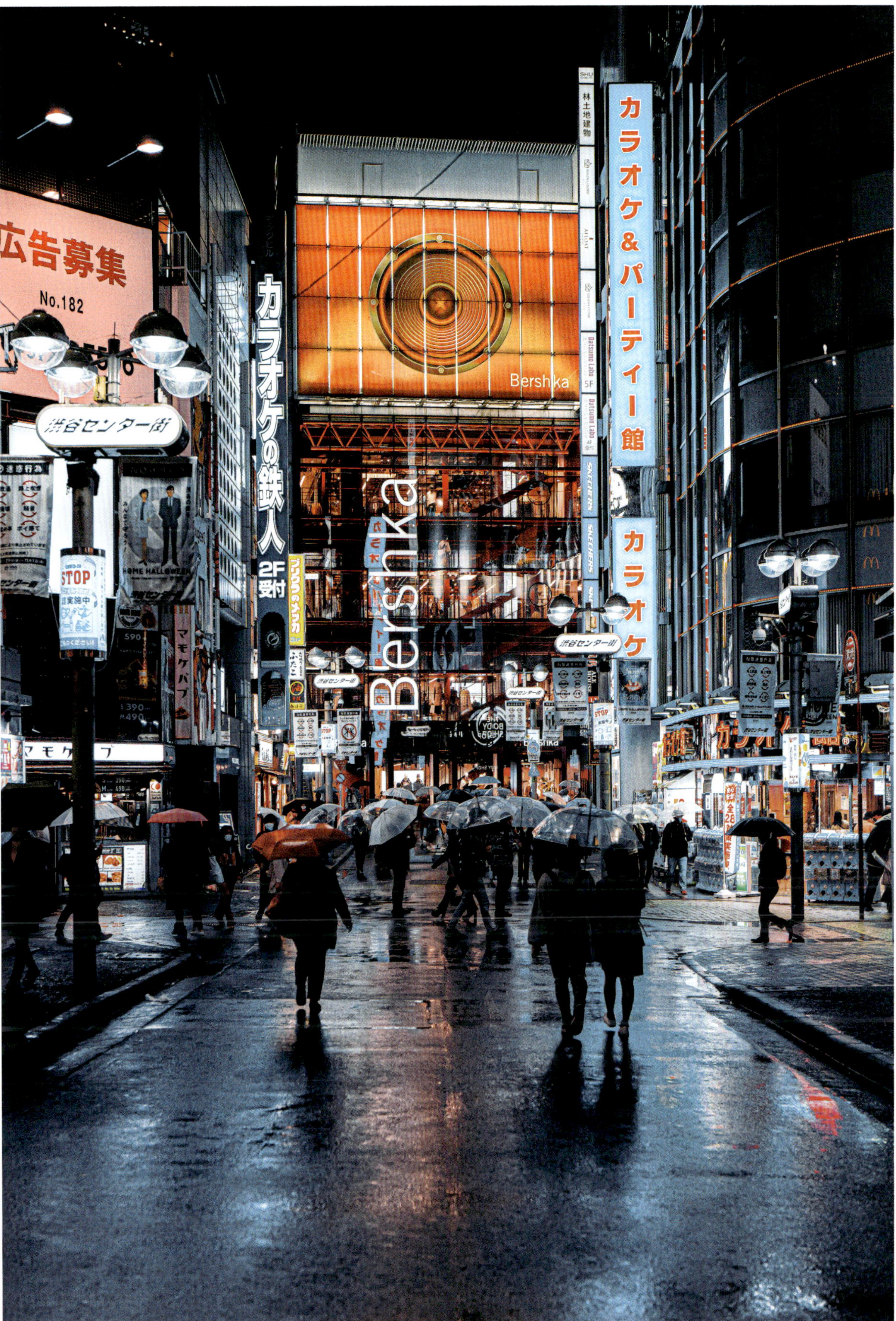
広告募集
No.182
渋谷センター街
カラオケの鉄人
2F
受付
Bershka
Bershka
カラオケ&パーティー館
カラオケ
Bershka
林土地建物
SKECHERS
SKECHERS
STOP
マモケバブ
プリクラのメッカ

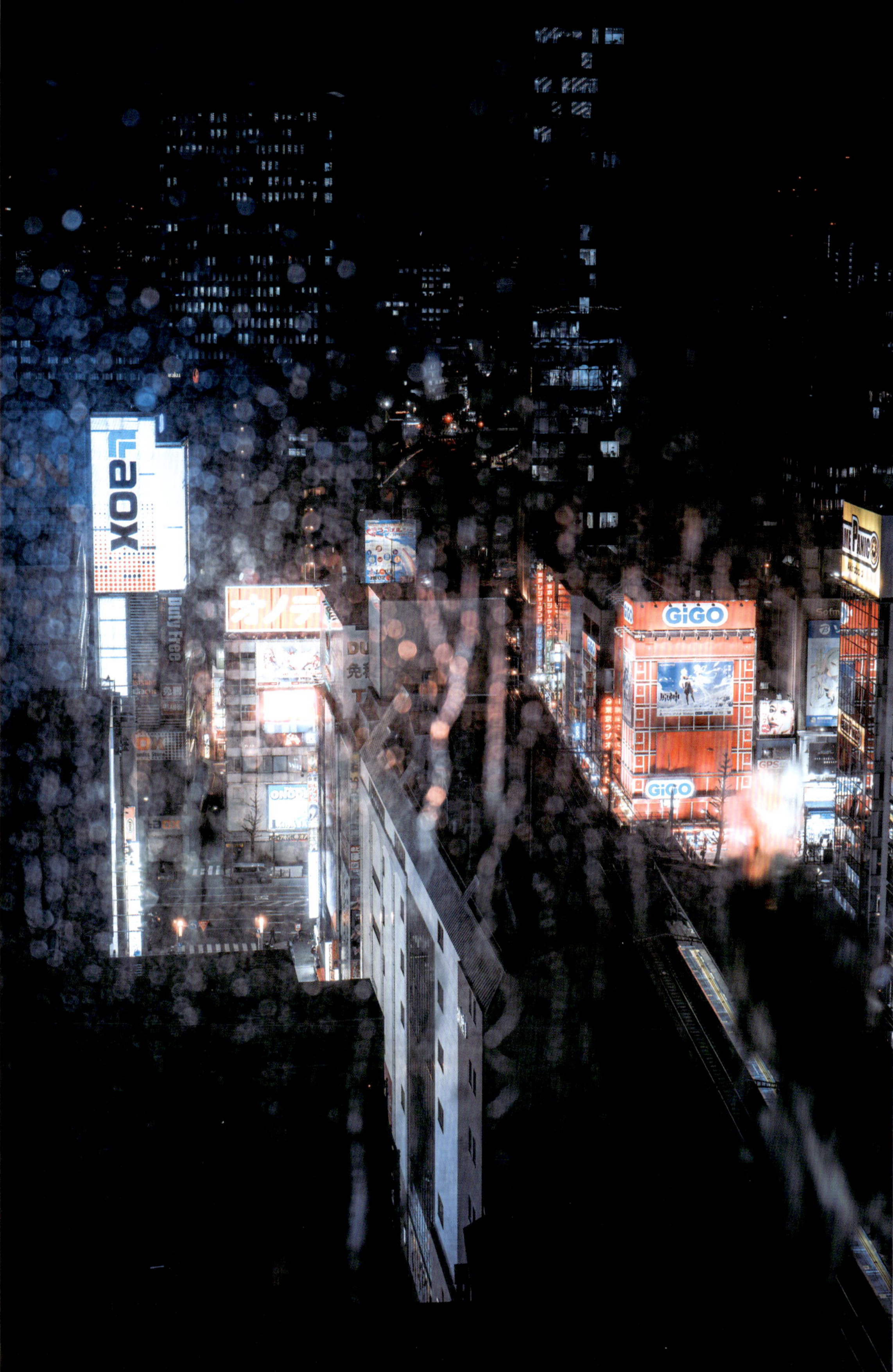
Laox
Duty Free
GiGO
GiGO

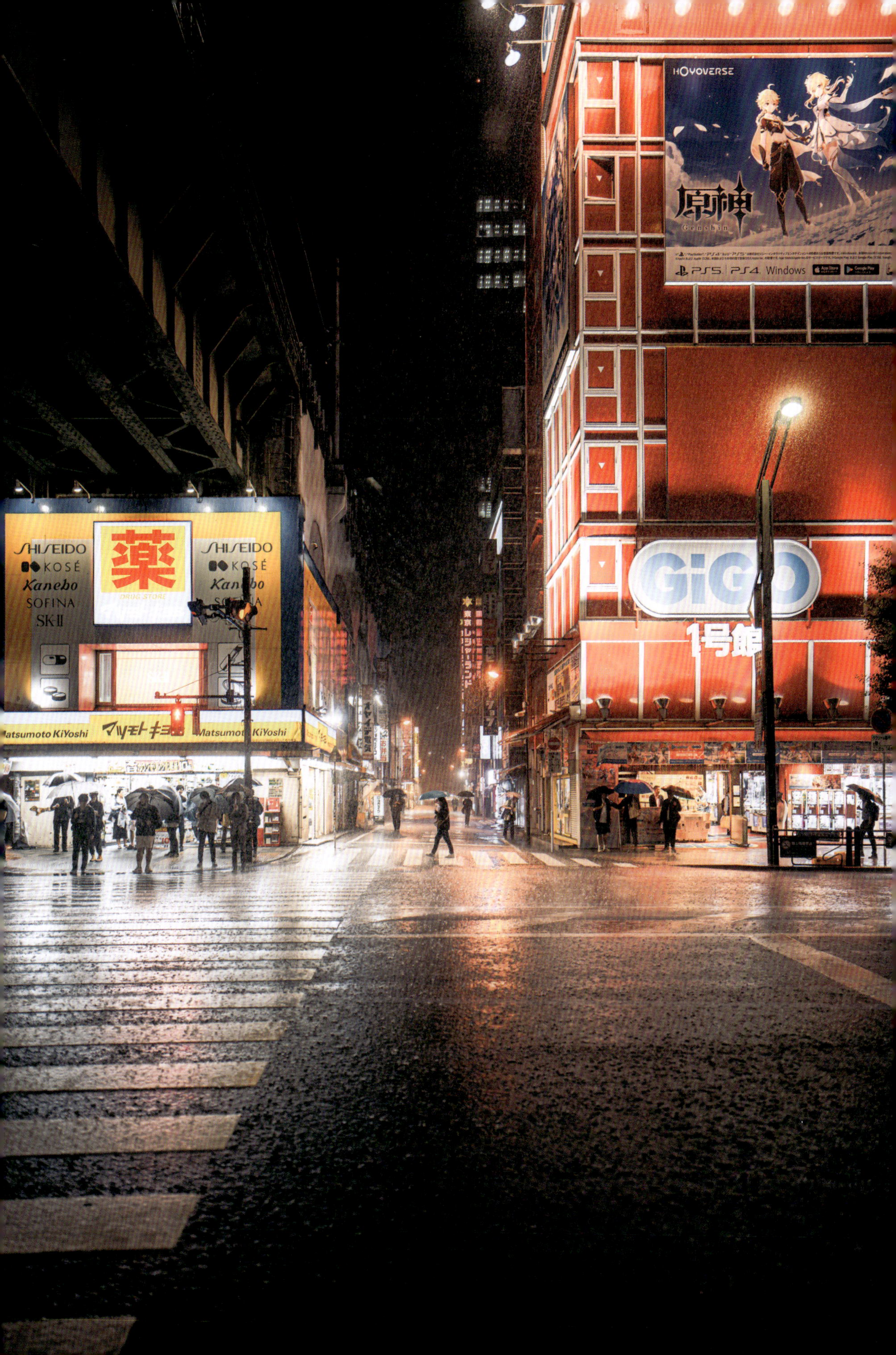

HOYOVERSE
原神
Genshin
PS5 PS4 Windows
SHISEIDO
KOSÉ
Kanebo
SOFINA
SK-II
薬
Matsumoto KiYoshi
1号館

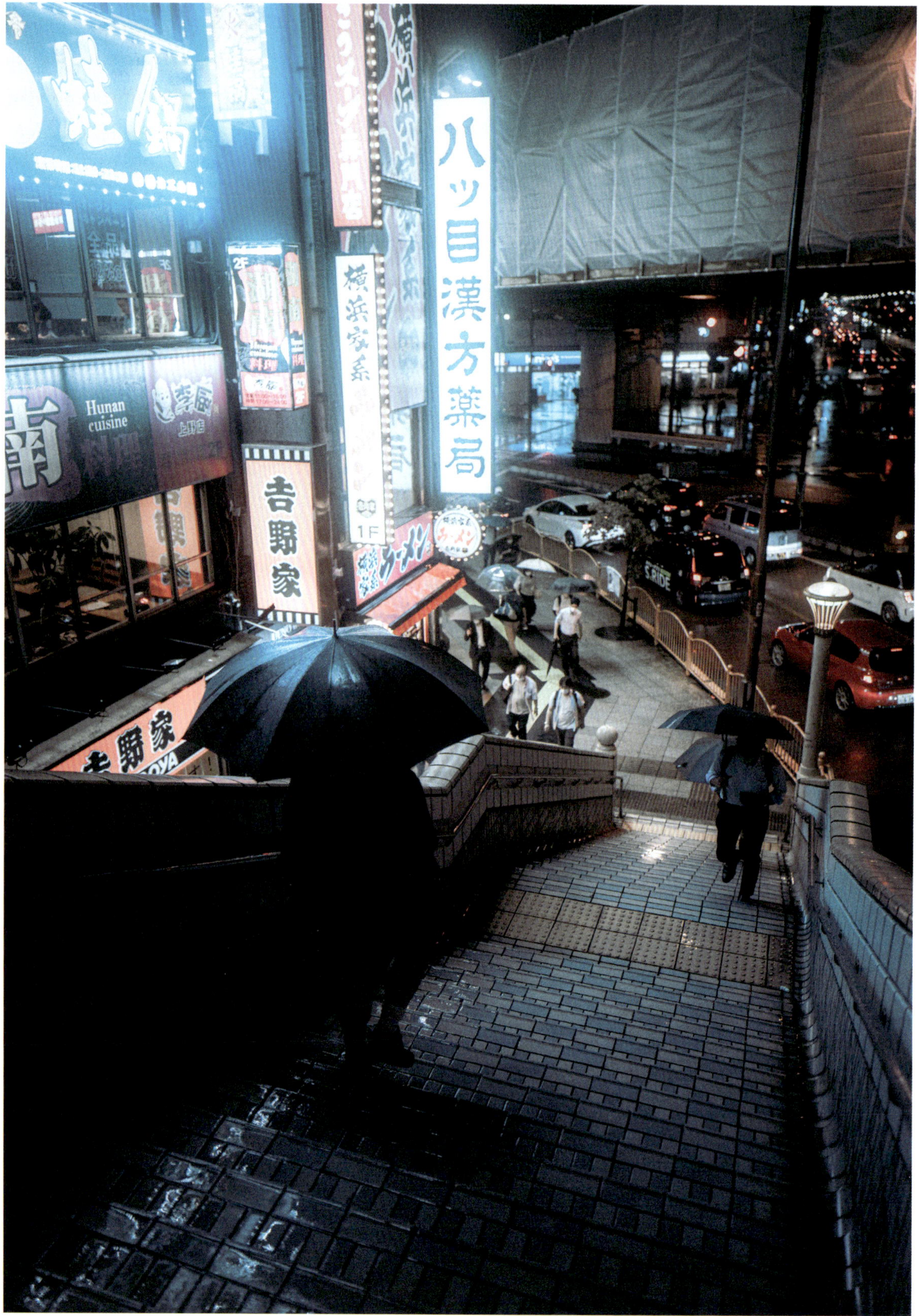
八ツ目漢方薬局
横浜家系
1F
ラーメン
吉野家
Hunan
cuisine
料理
2F
S.RIDE

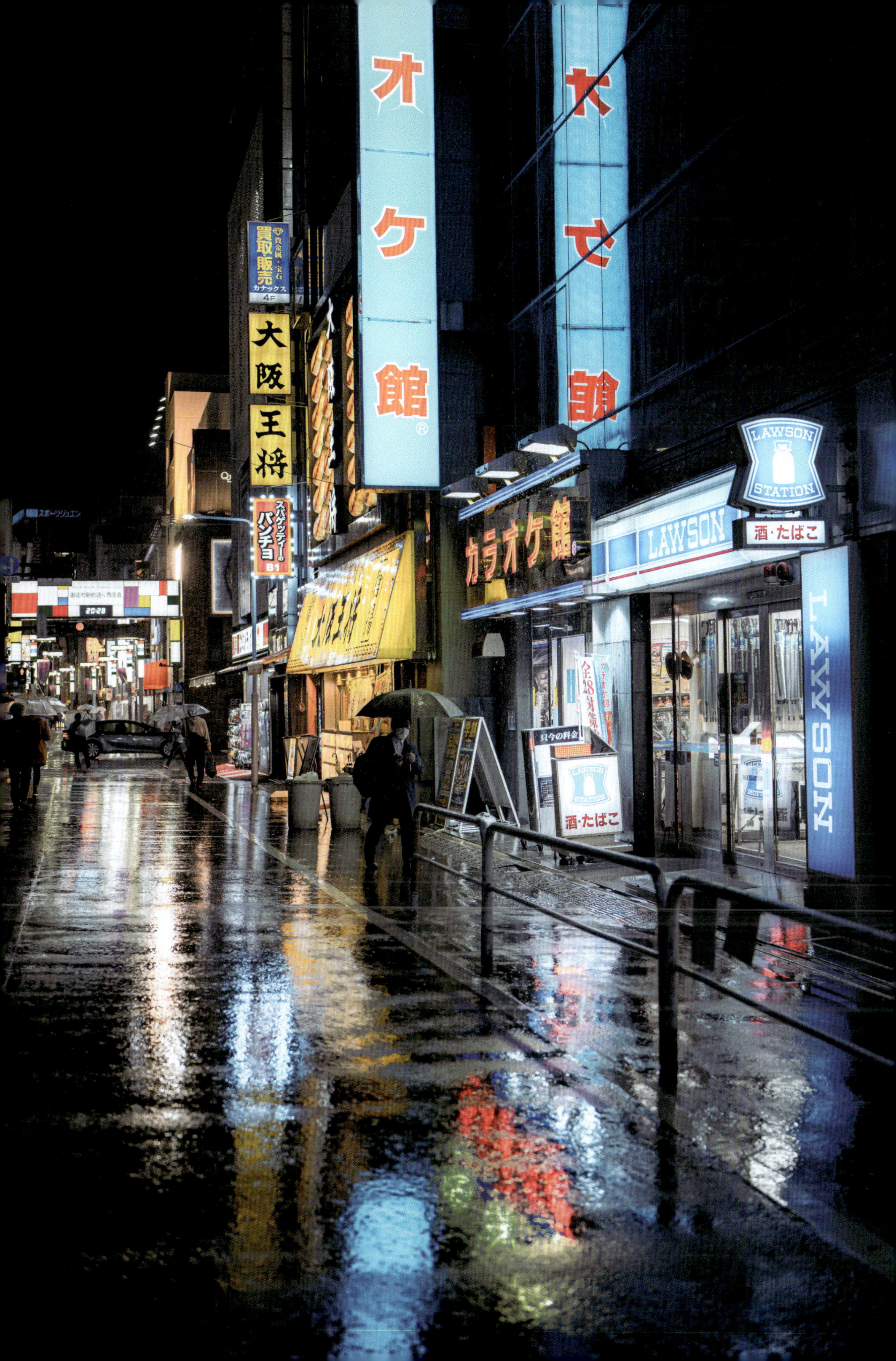

オケ館
買取販売
貴金属・宝石
カナックス
4F
大阪王将
スパゲッティーの
パンチョ
B1
カラオケ館
LAWSON
STATION
酒・たばこ
LAWSON
LAWSON
只今の料金
酒・たばこ

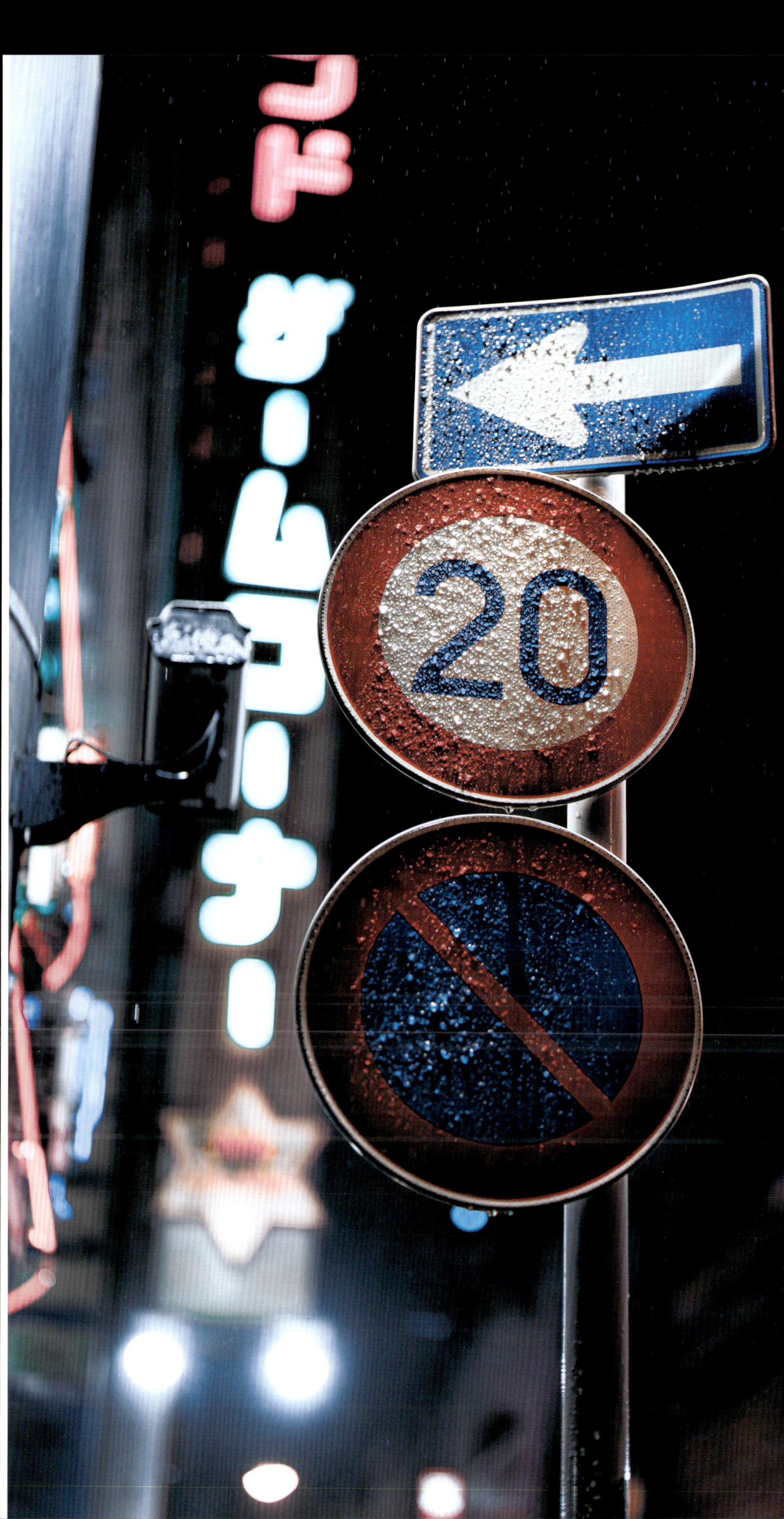
20

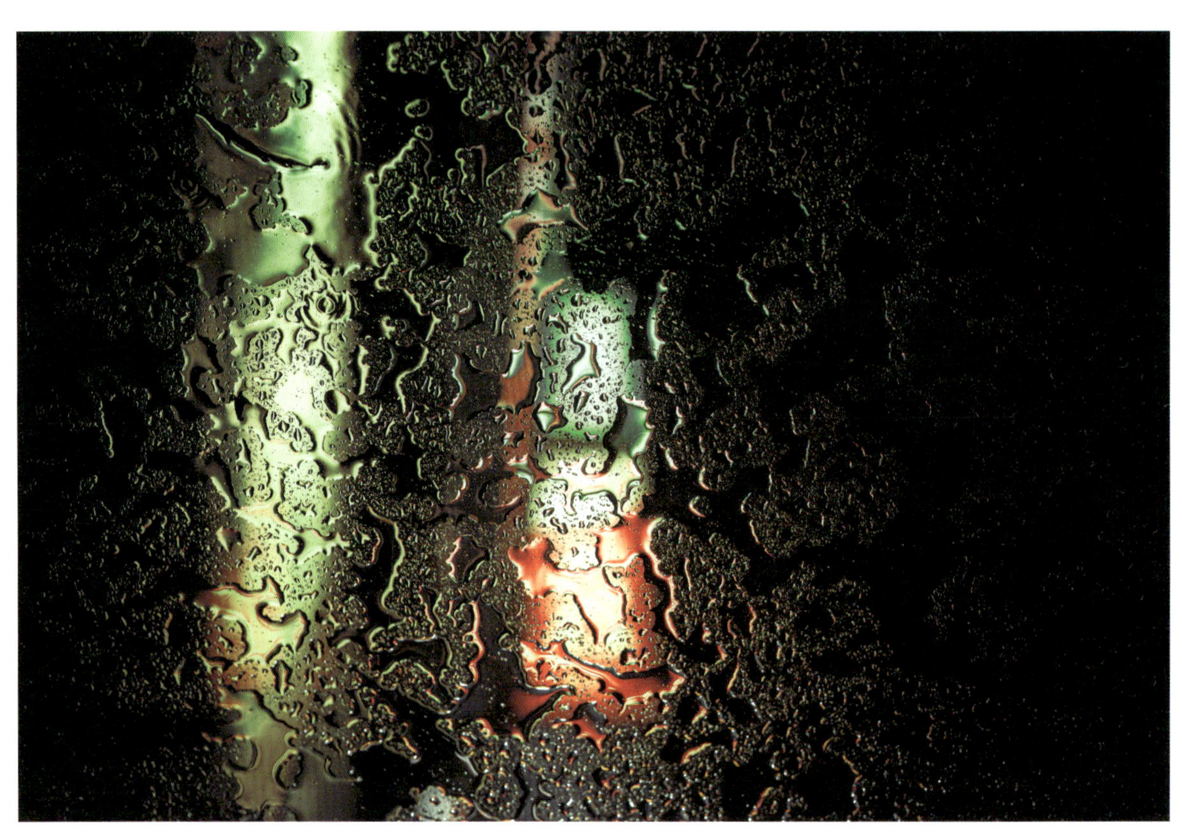

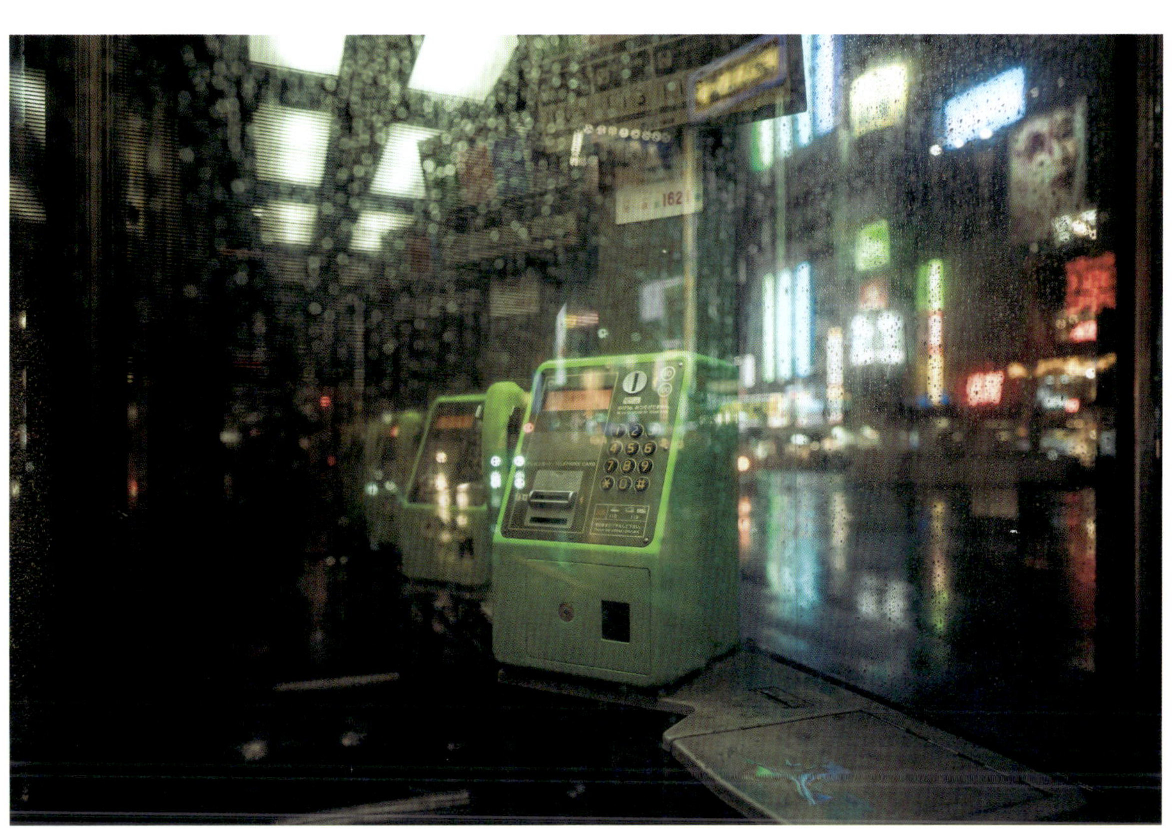

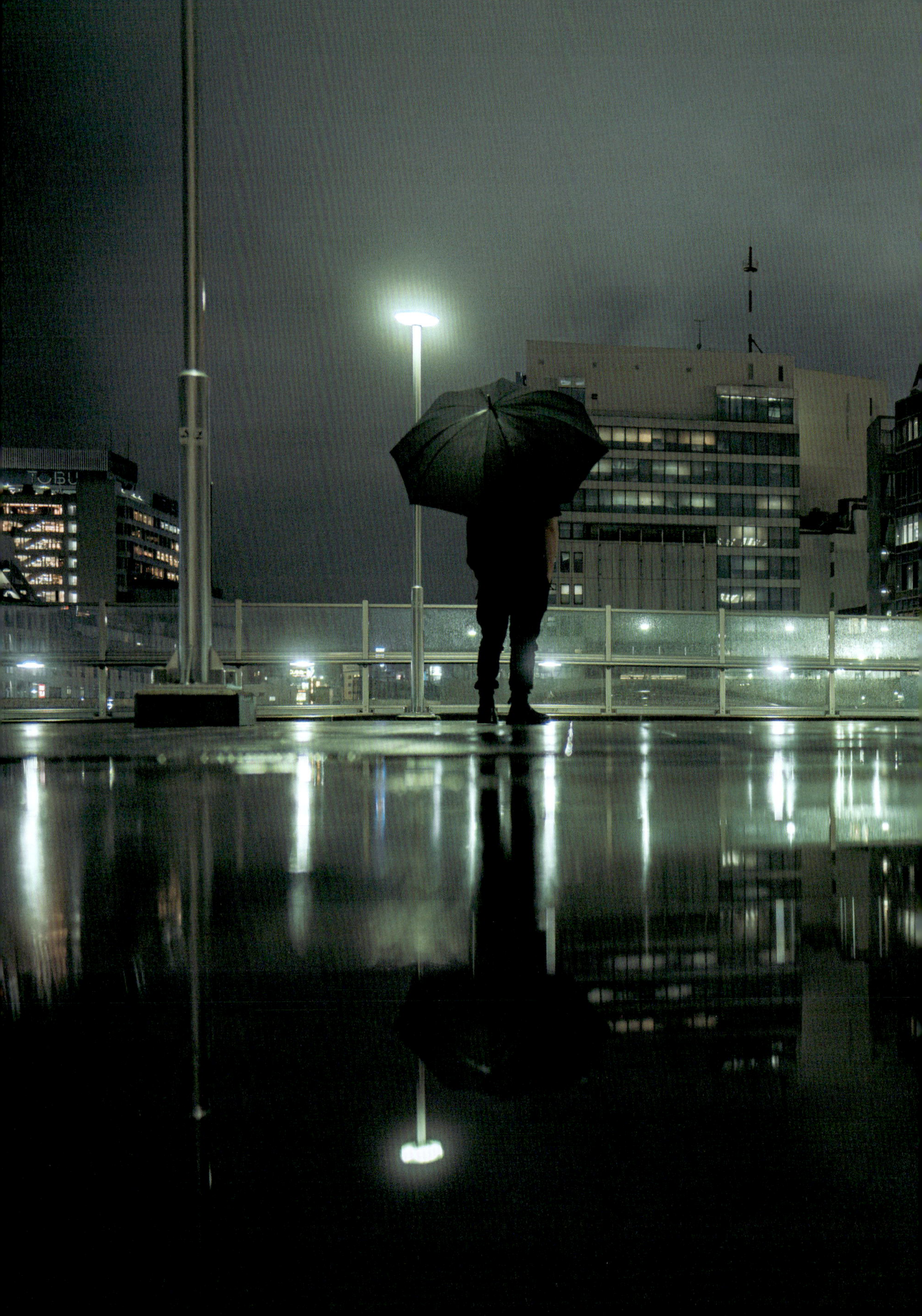
TOBU

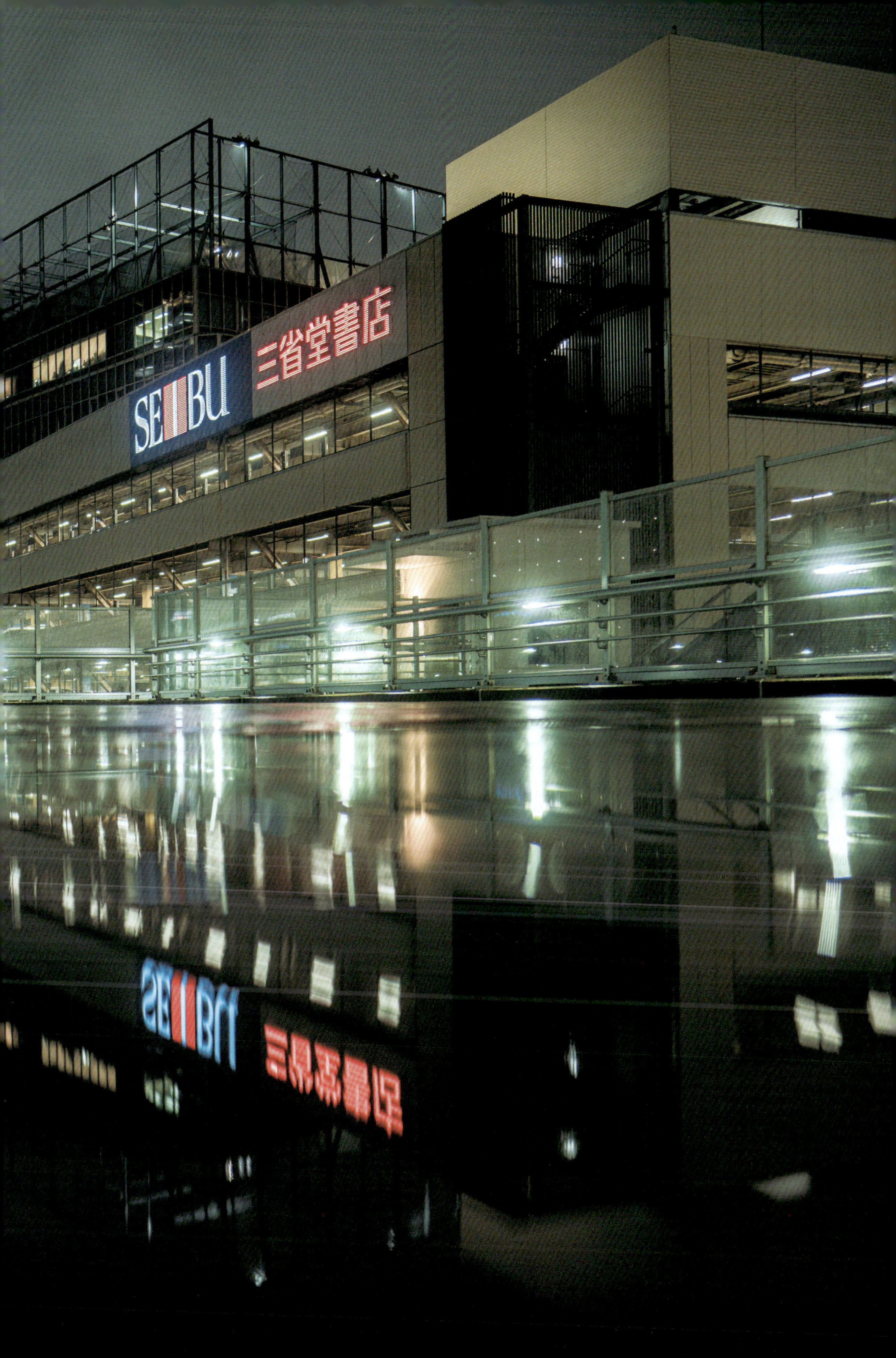
SEIBU
三省堂書店

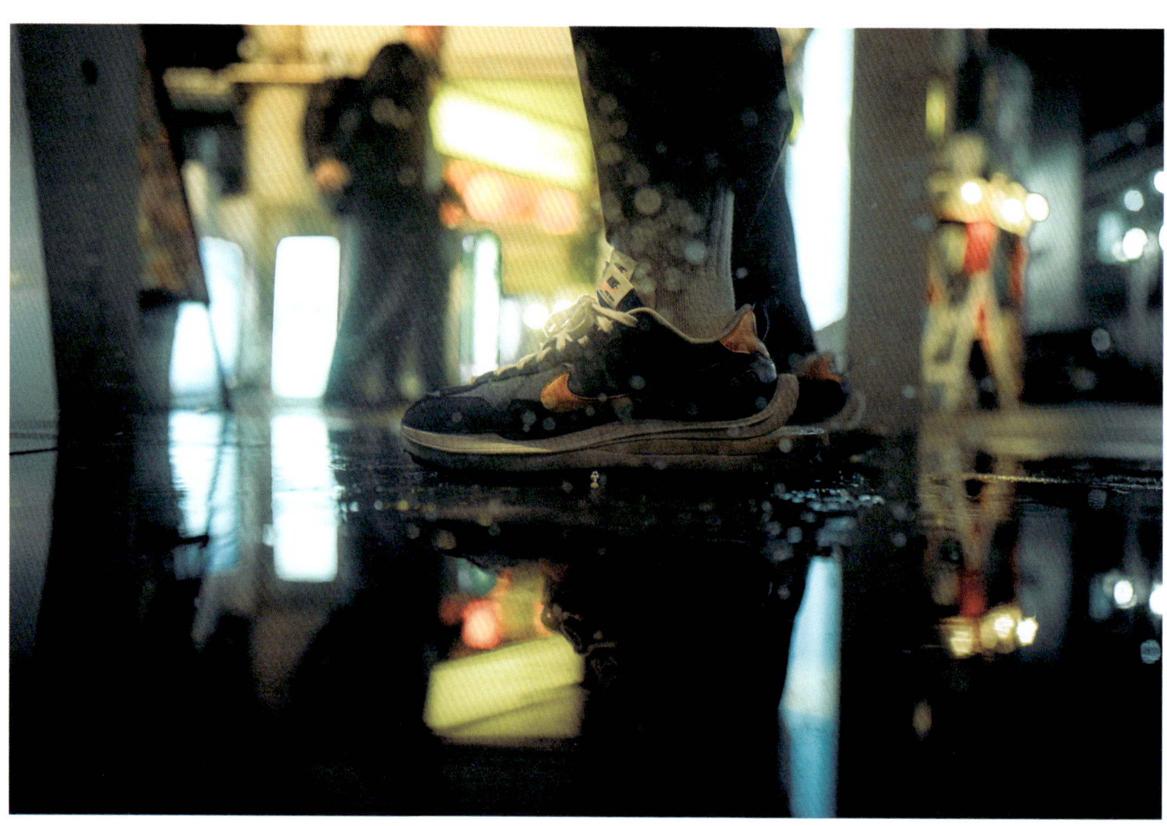

CHAPTER 2

千夜迷宮

Maze of Night City

夜の東京を上から観察することで気づかない街の一面に気づくことができる。
迷宮のように入り組んだ路地、建物を動かしている室外機やダクト、配管、鉄骨。
そういった場所を探索していると「都市の内臓」を見ているような感覚になる。

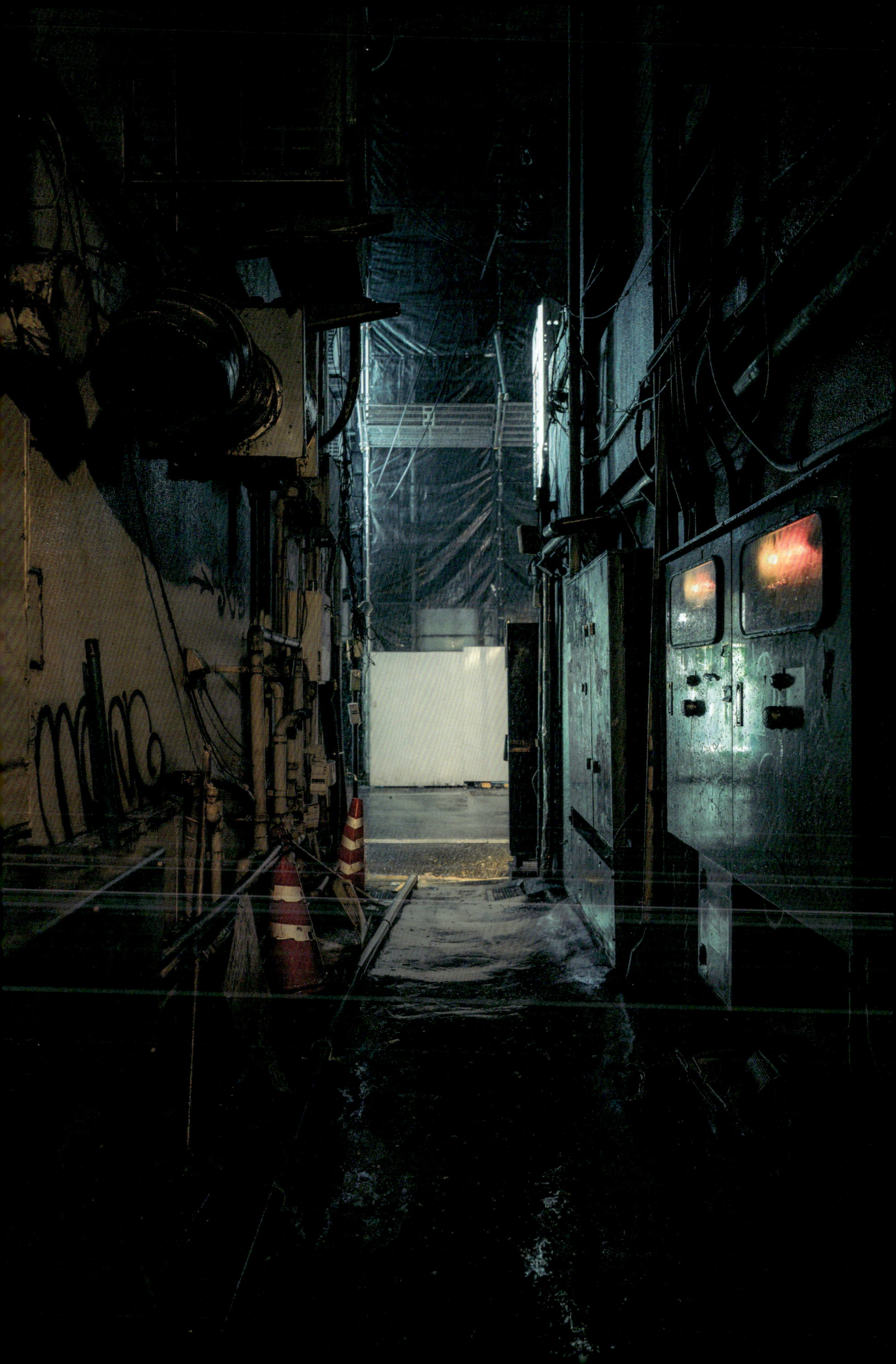

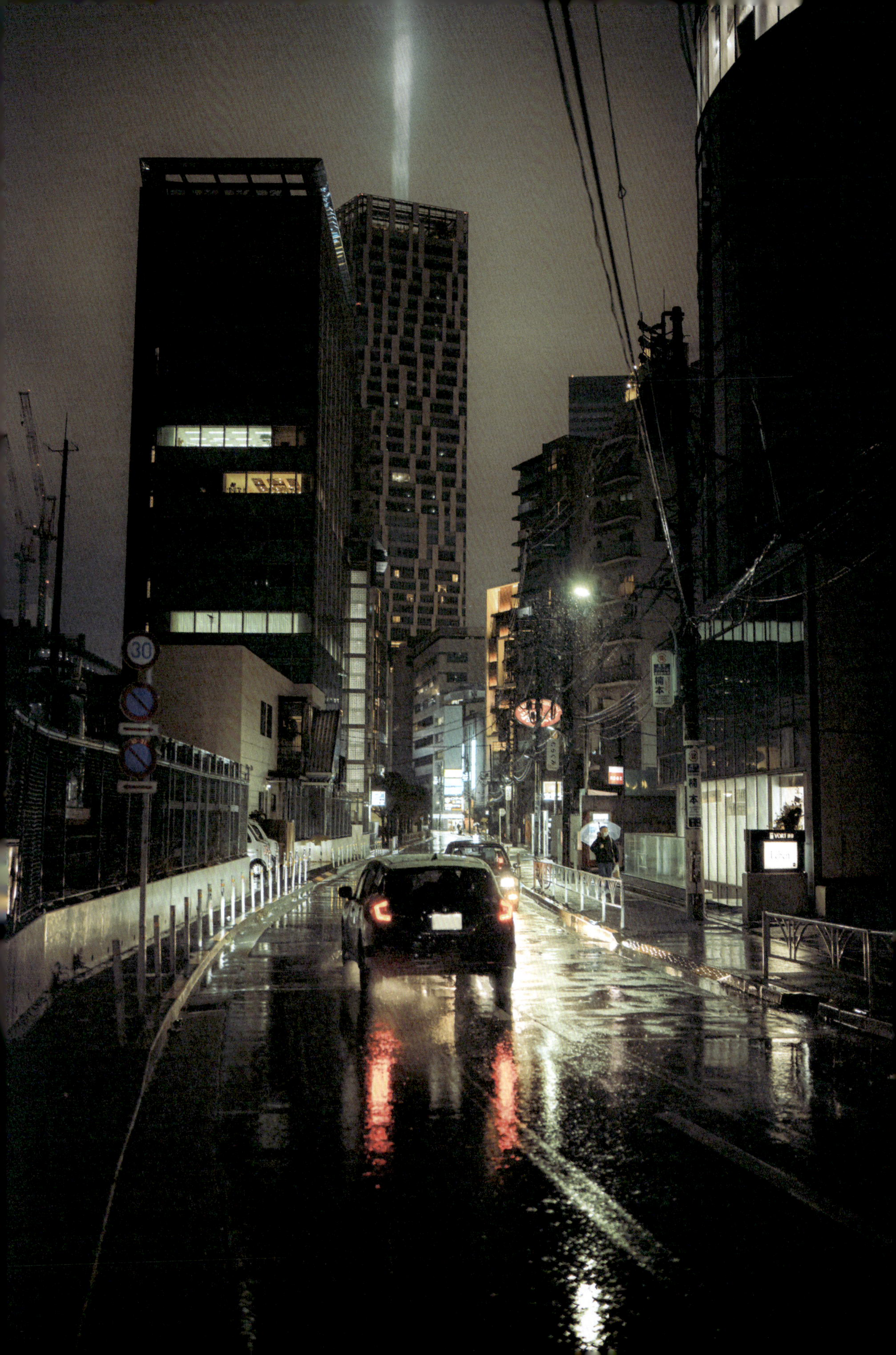
30

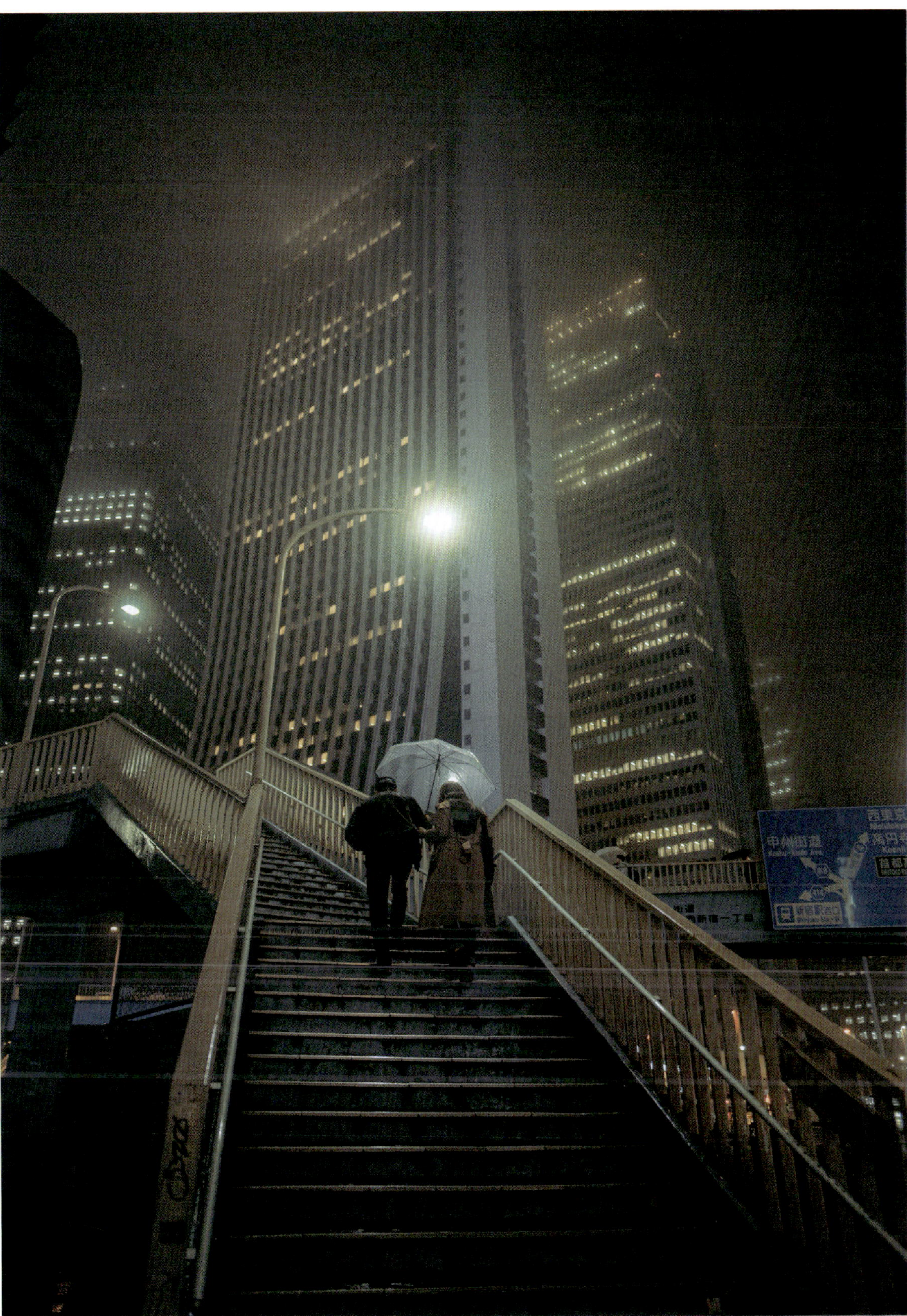
甲州街道
新宿駅西口

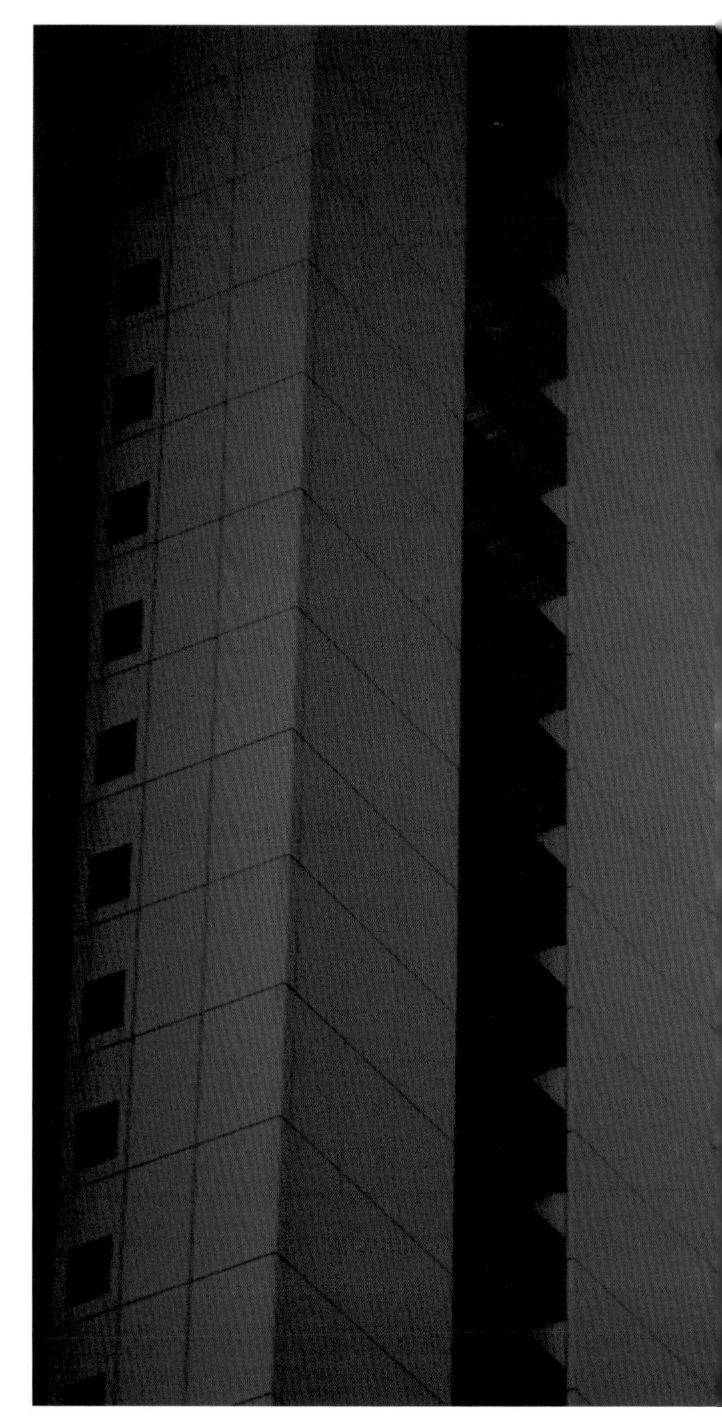

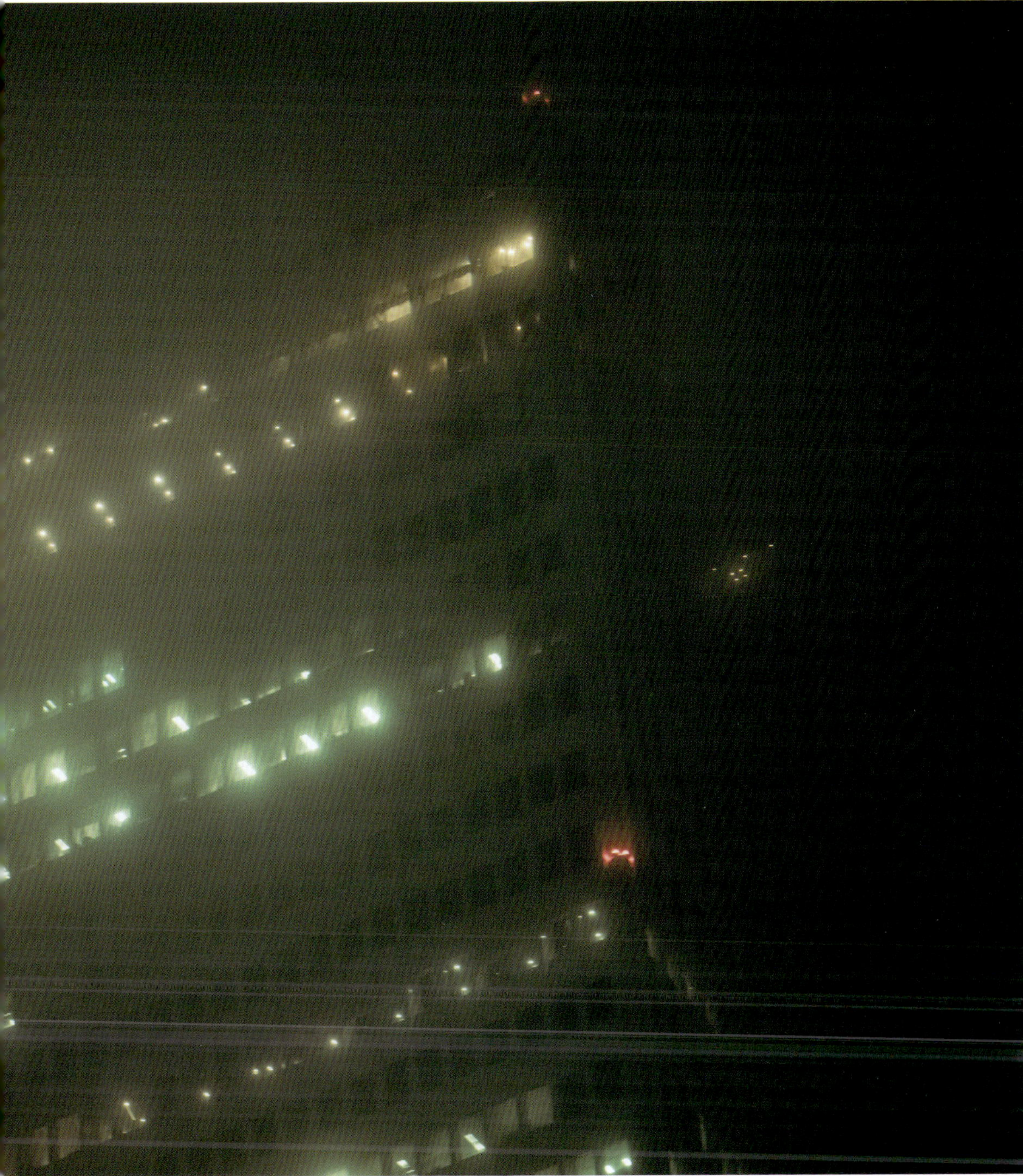

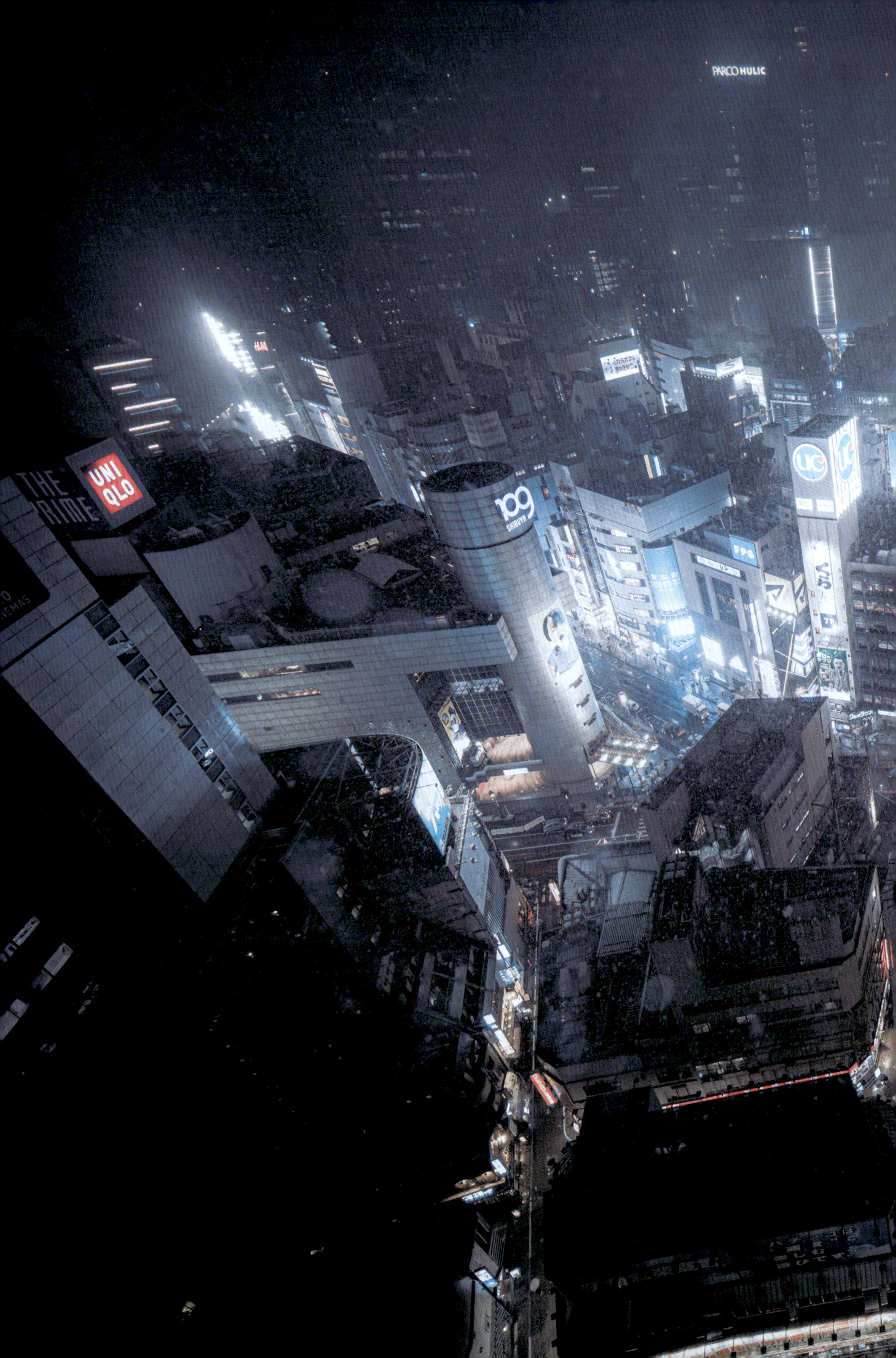
PARCO HULIC
THE
UNI
QLO
109
SHIBUYA
FPG

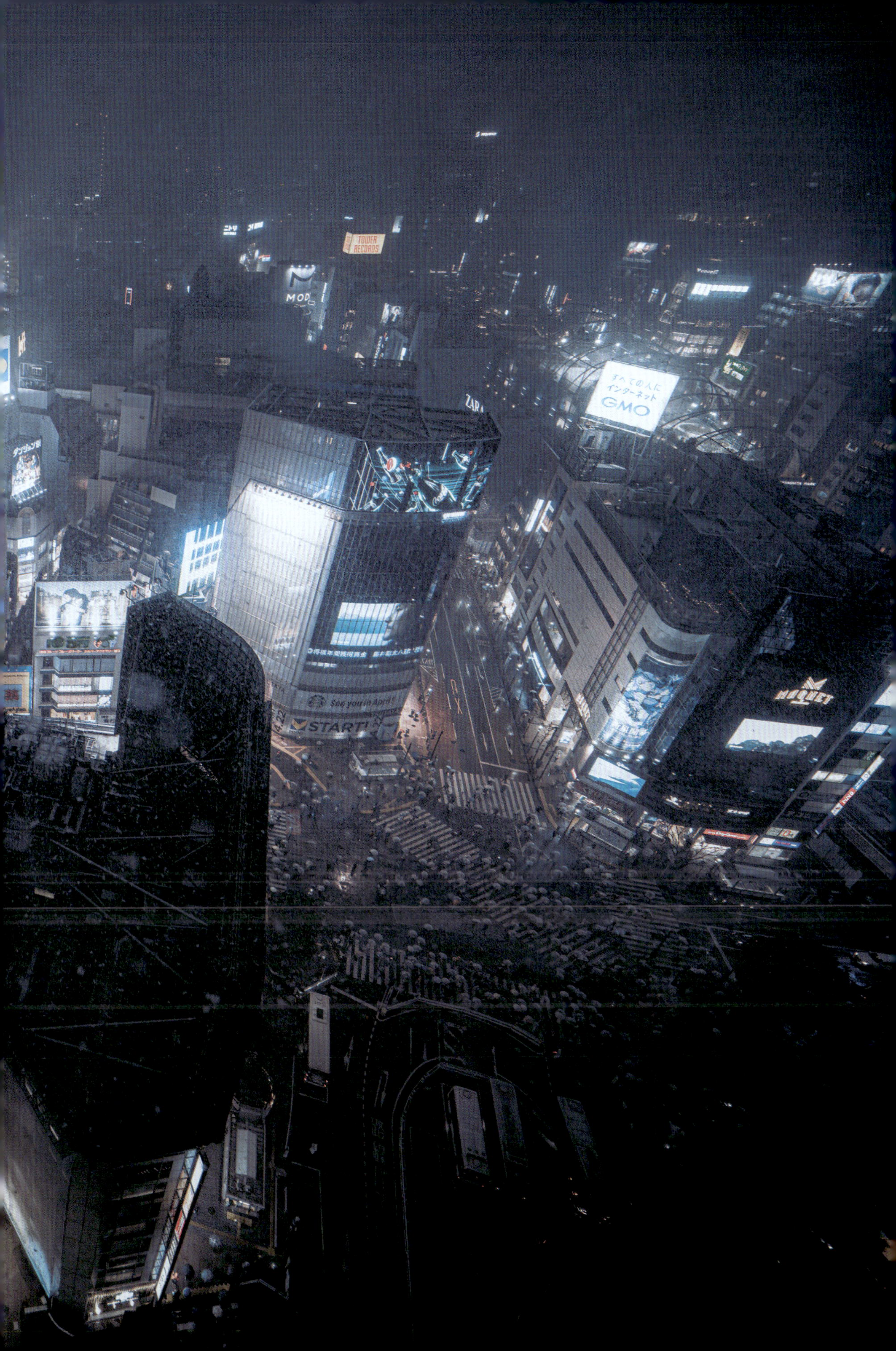
TOWER RECORDS
ZARA
すべての人に
インターネット
GMO
See you in April!
START!

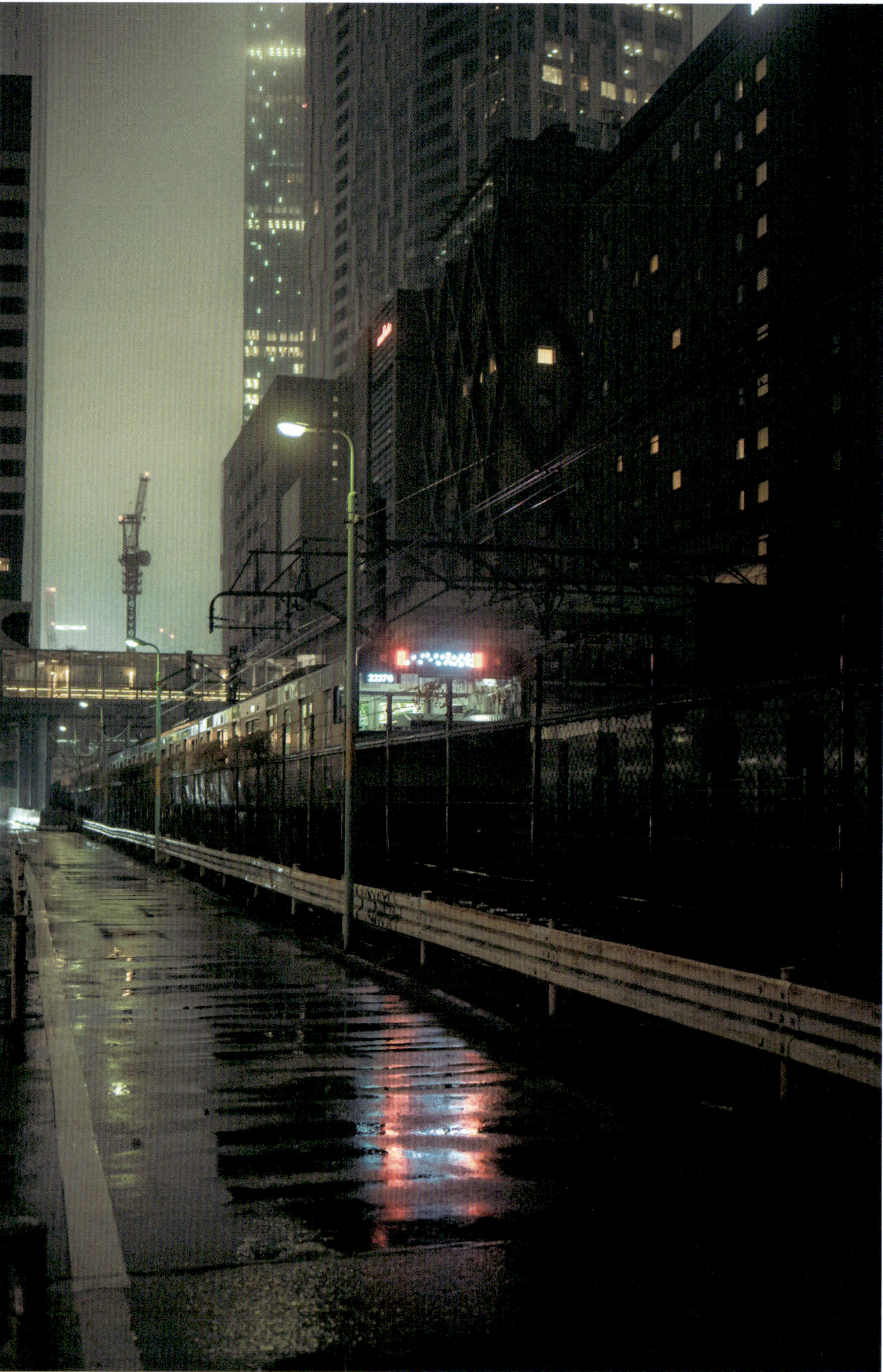

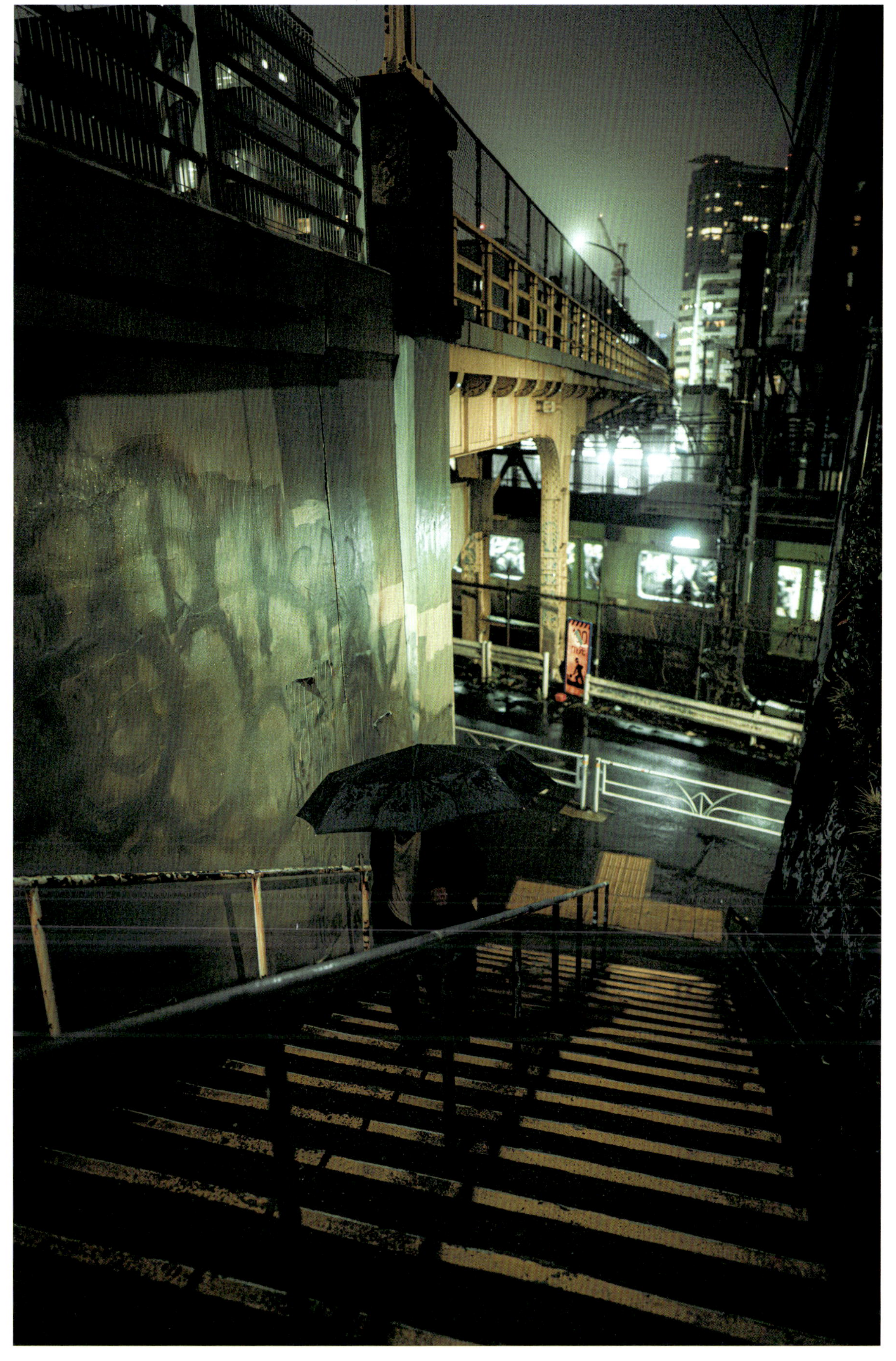

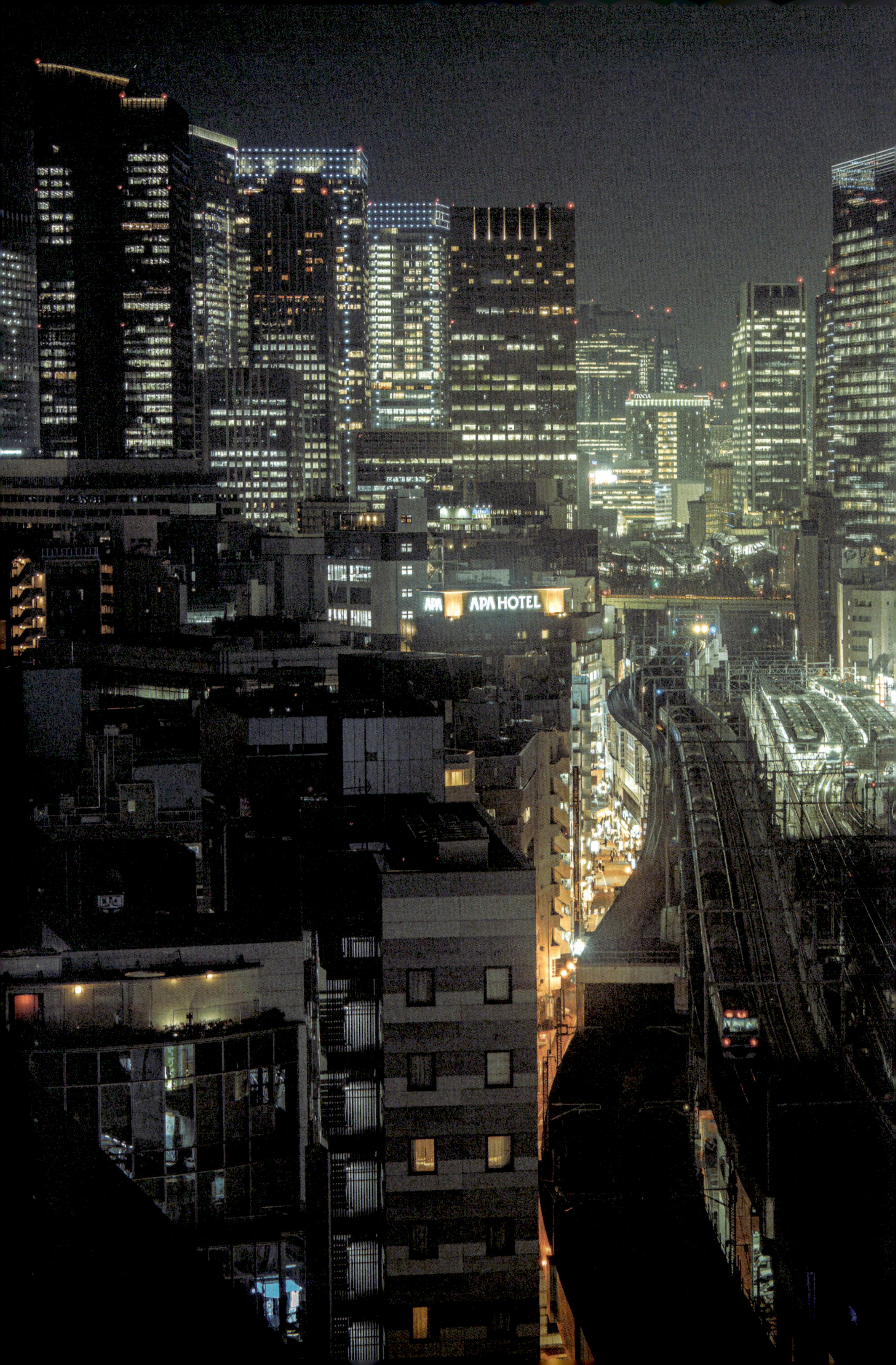
APA
APA HOTEL

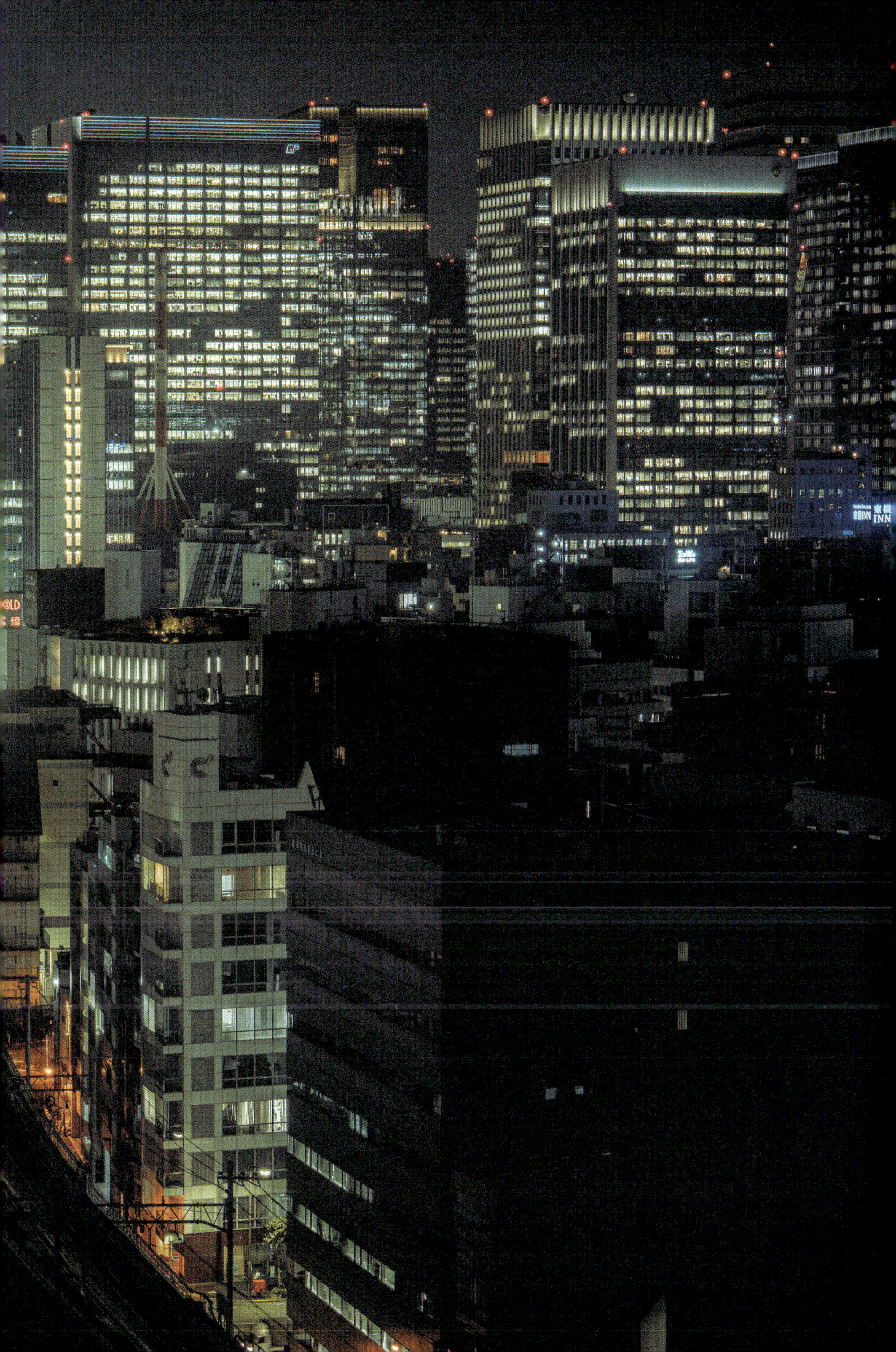
東横
INN

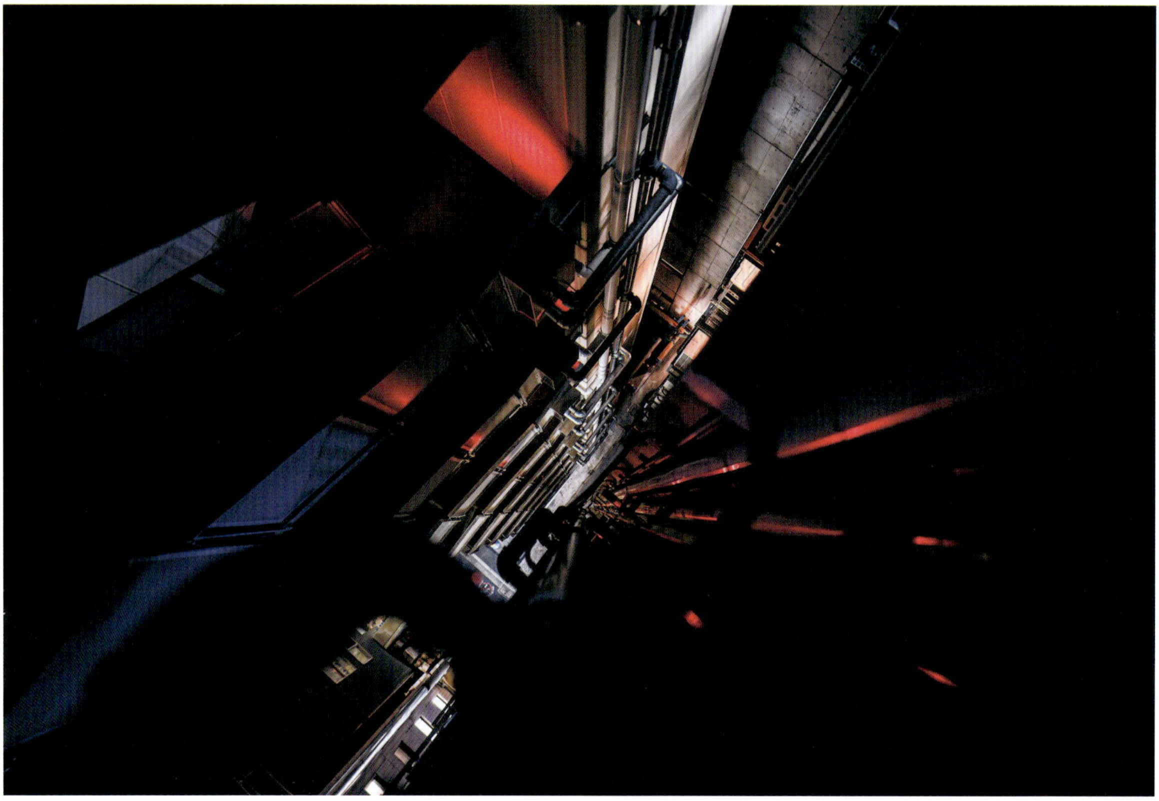

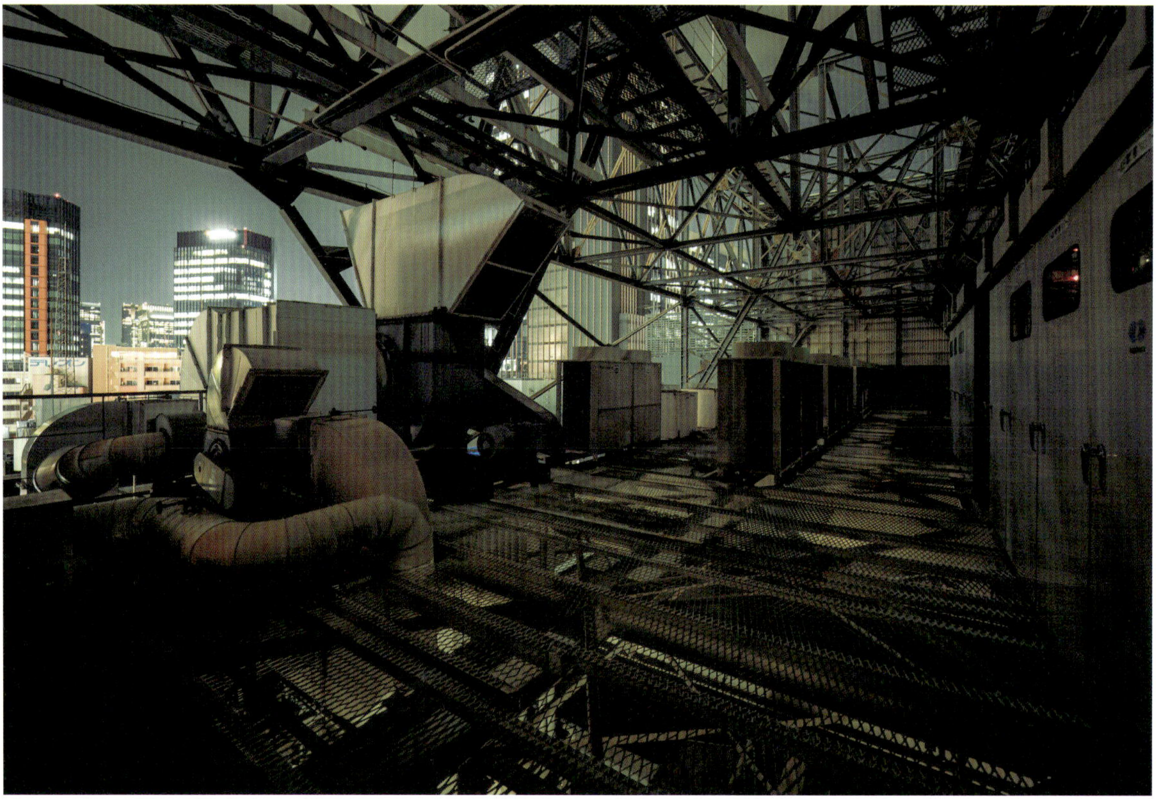

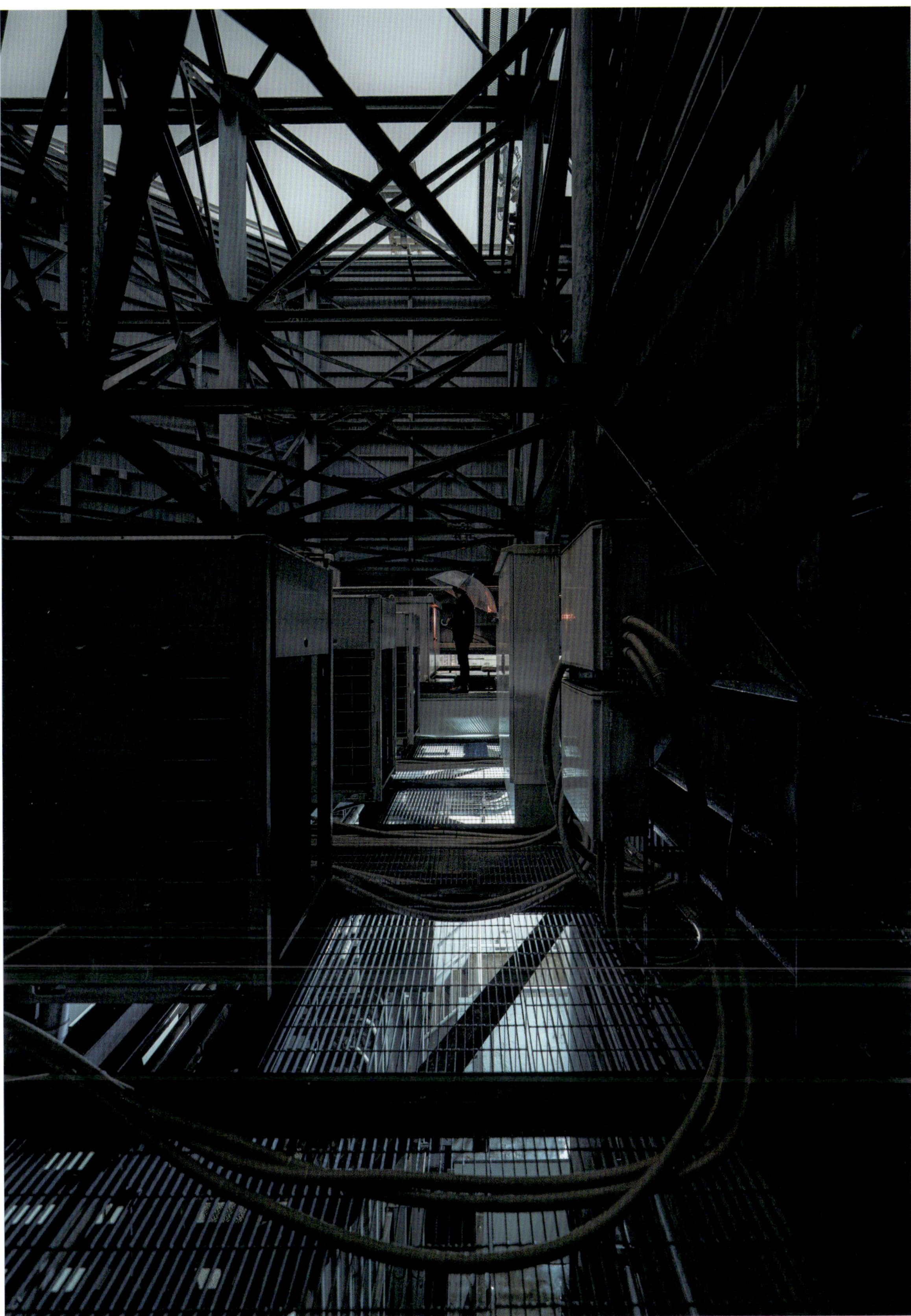

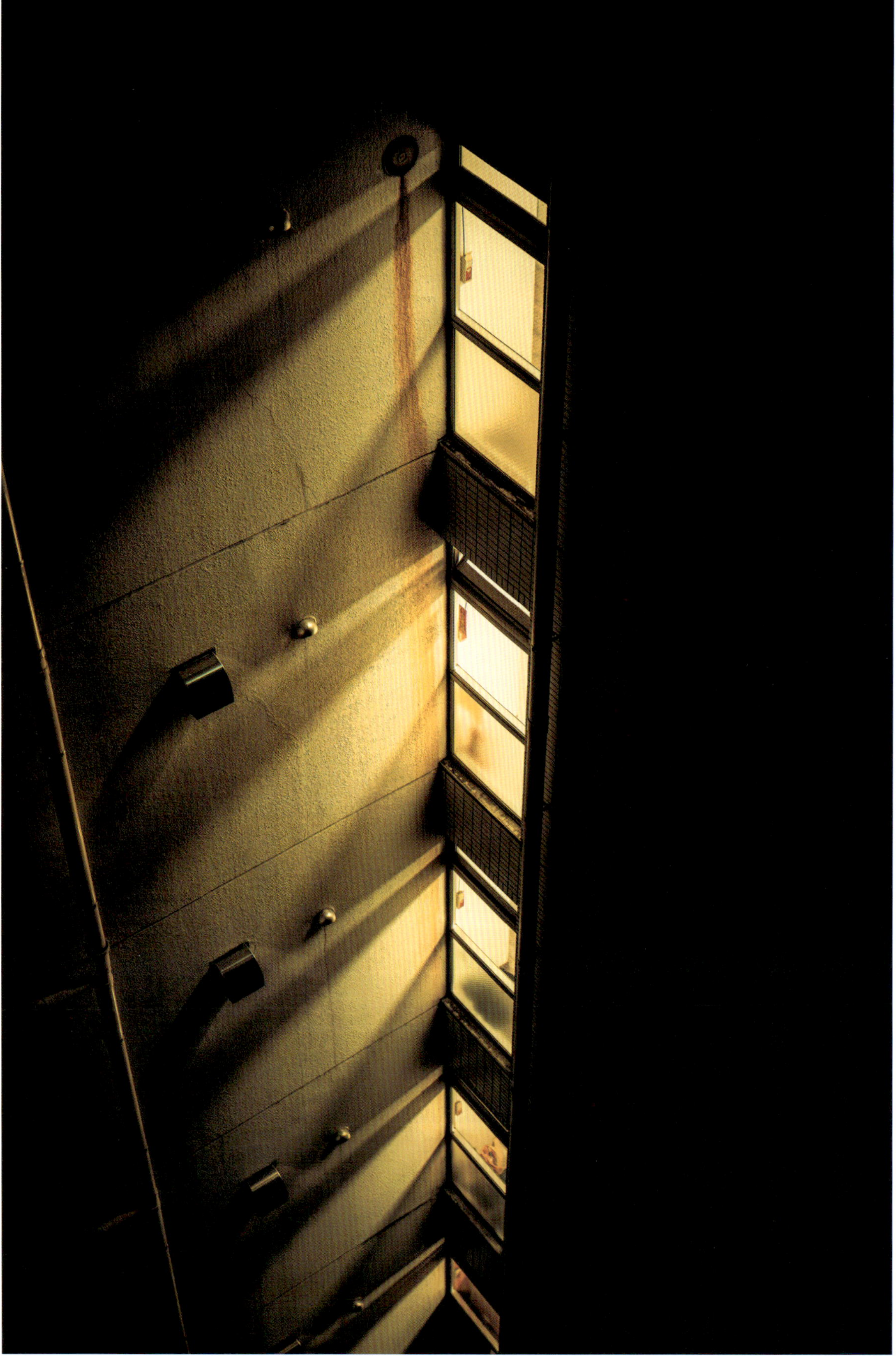

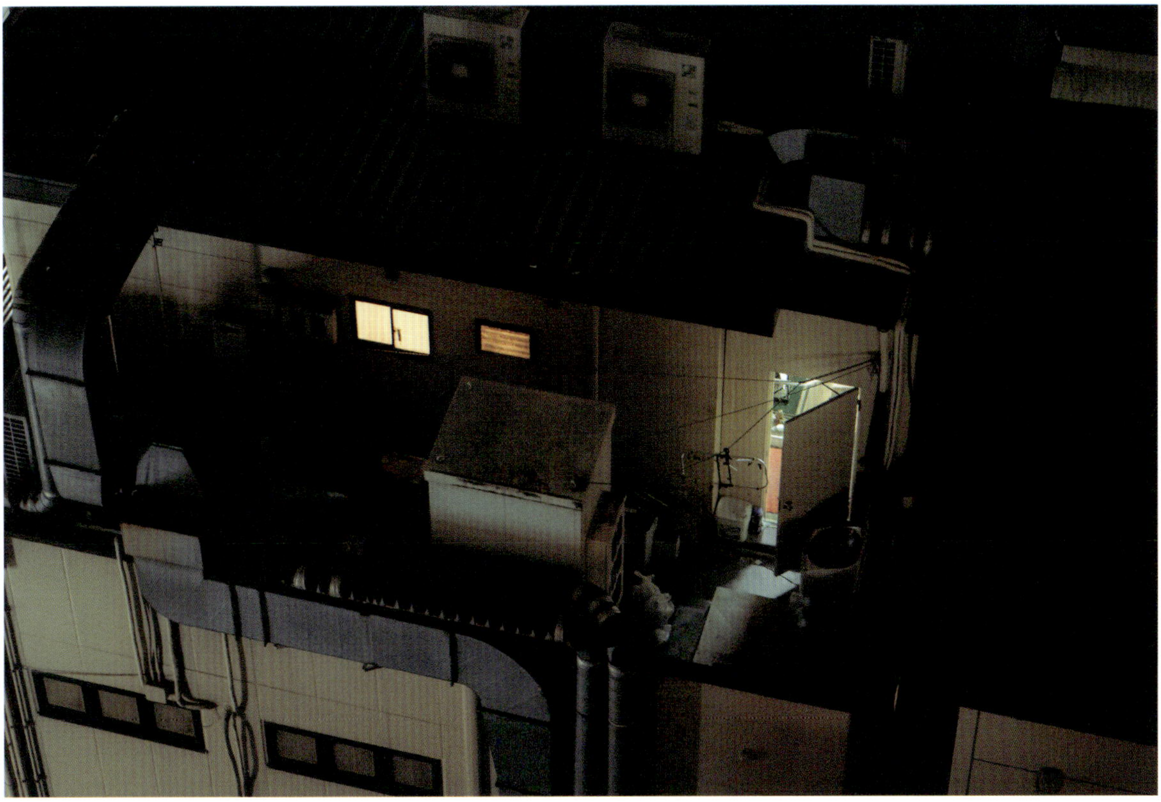

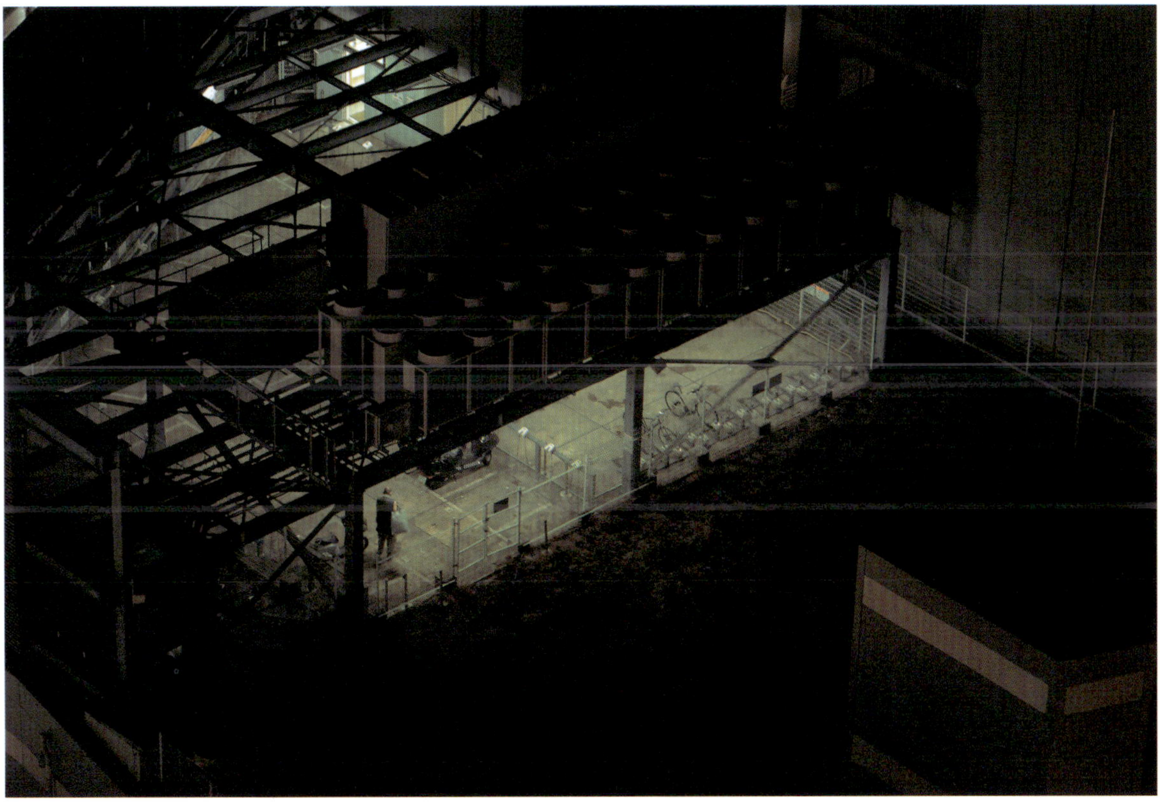

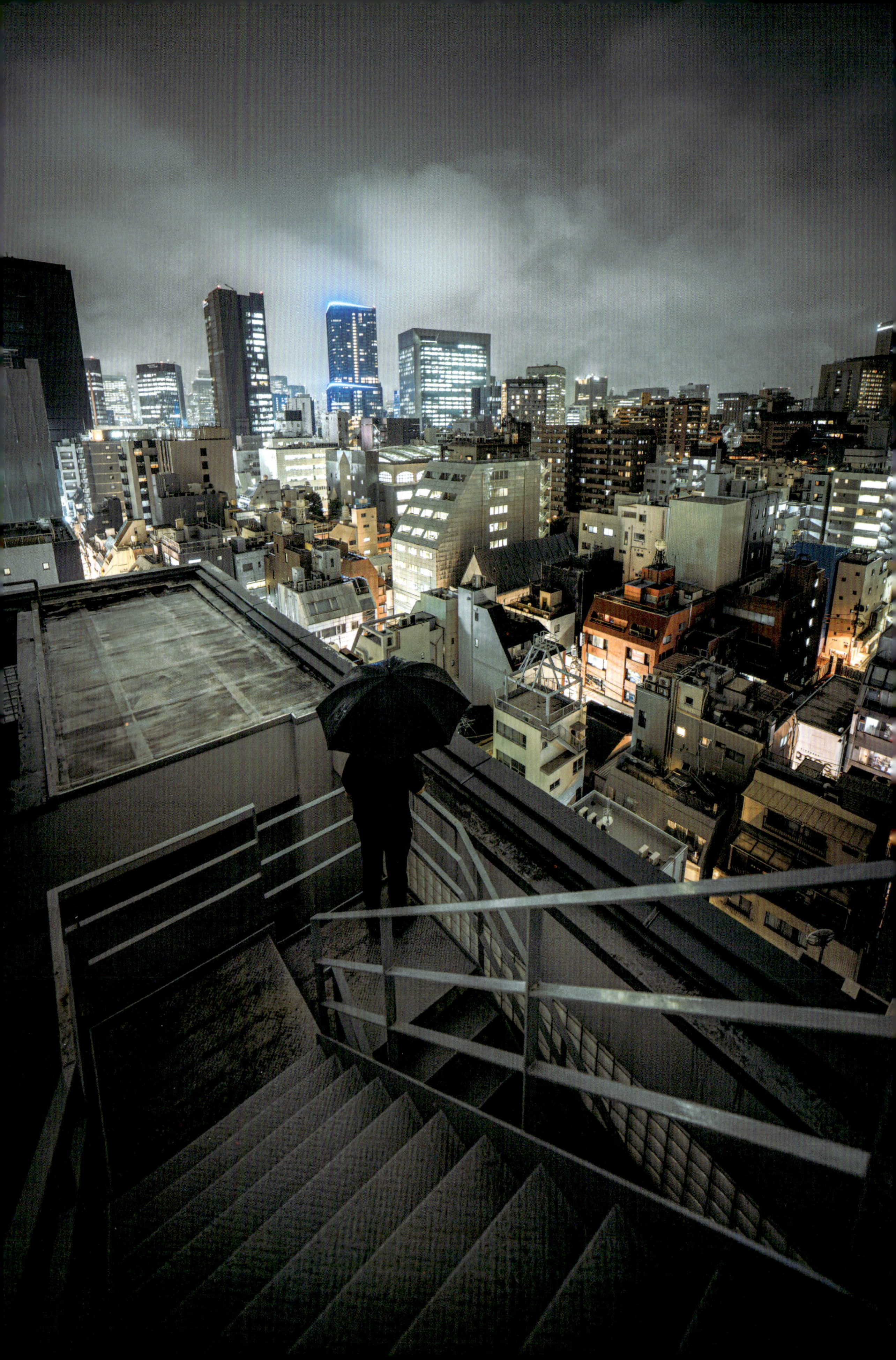

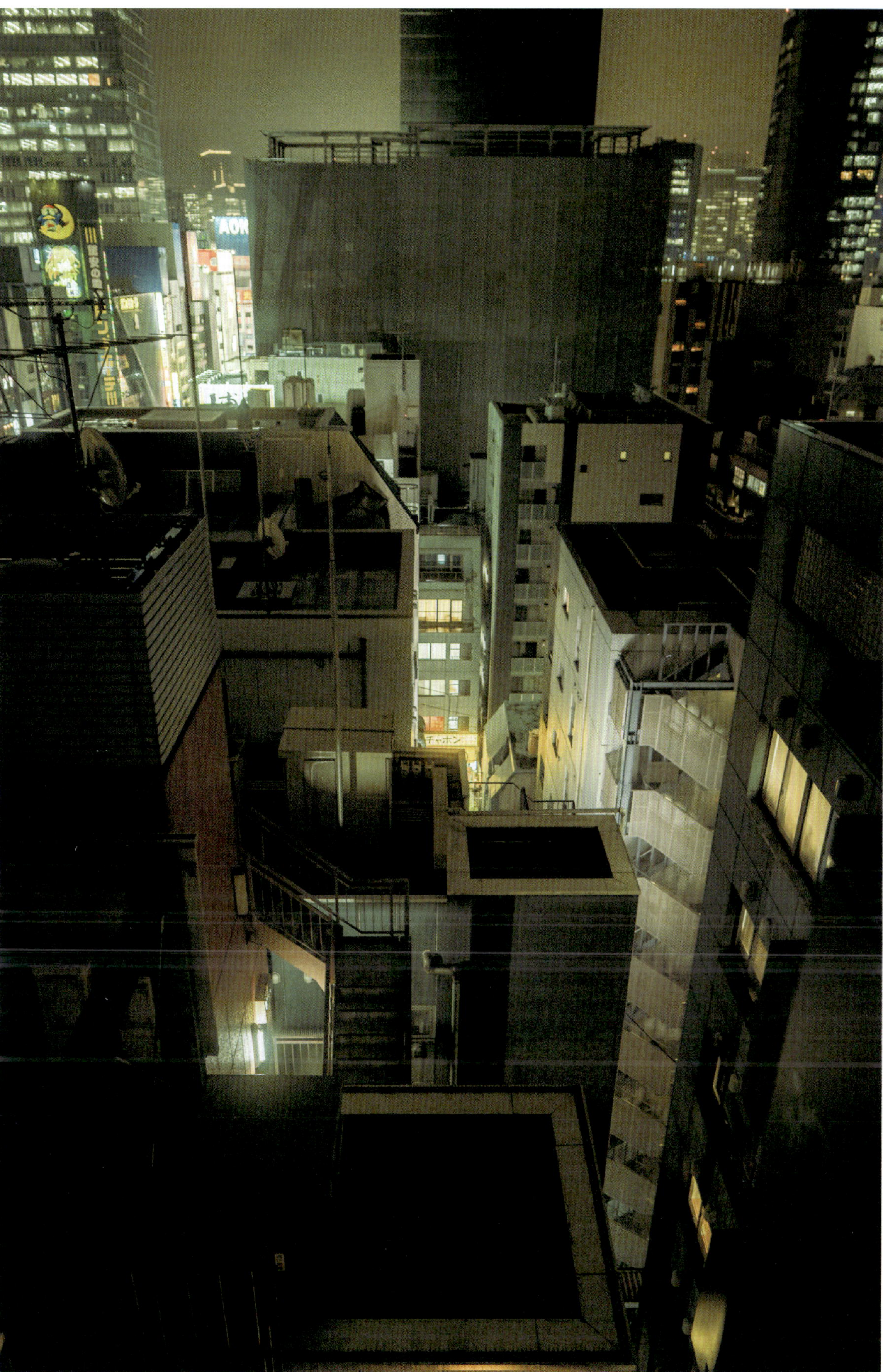

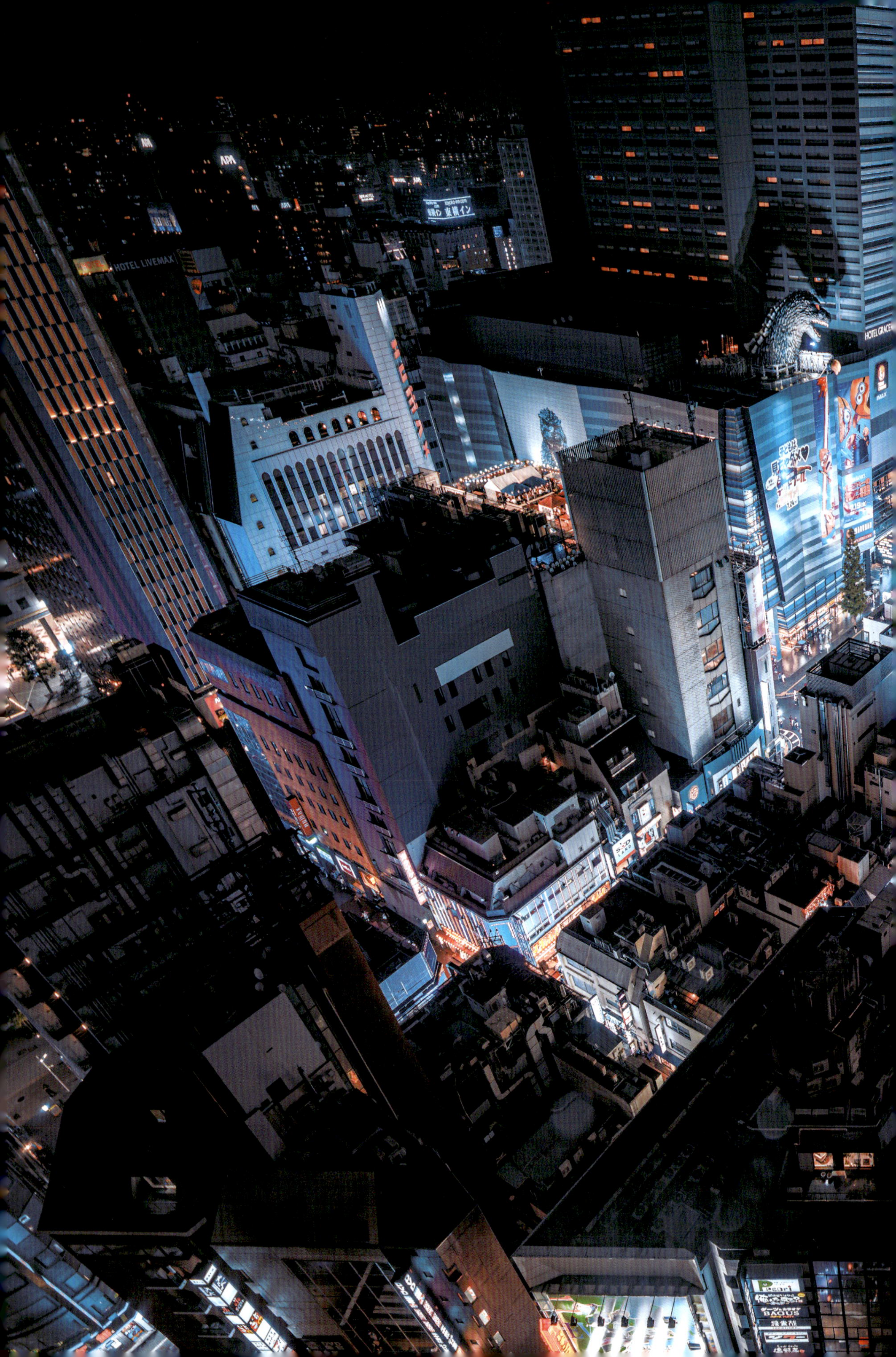
APA
東横イン
HOTEL LIVEMAX
BAGUS

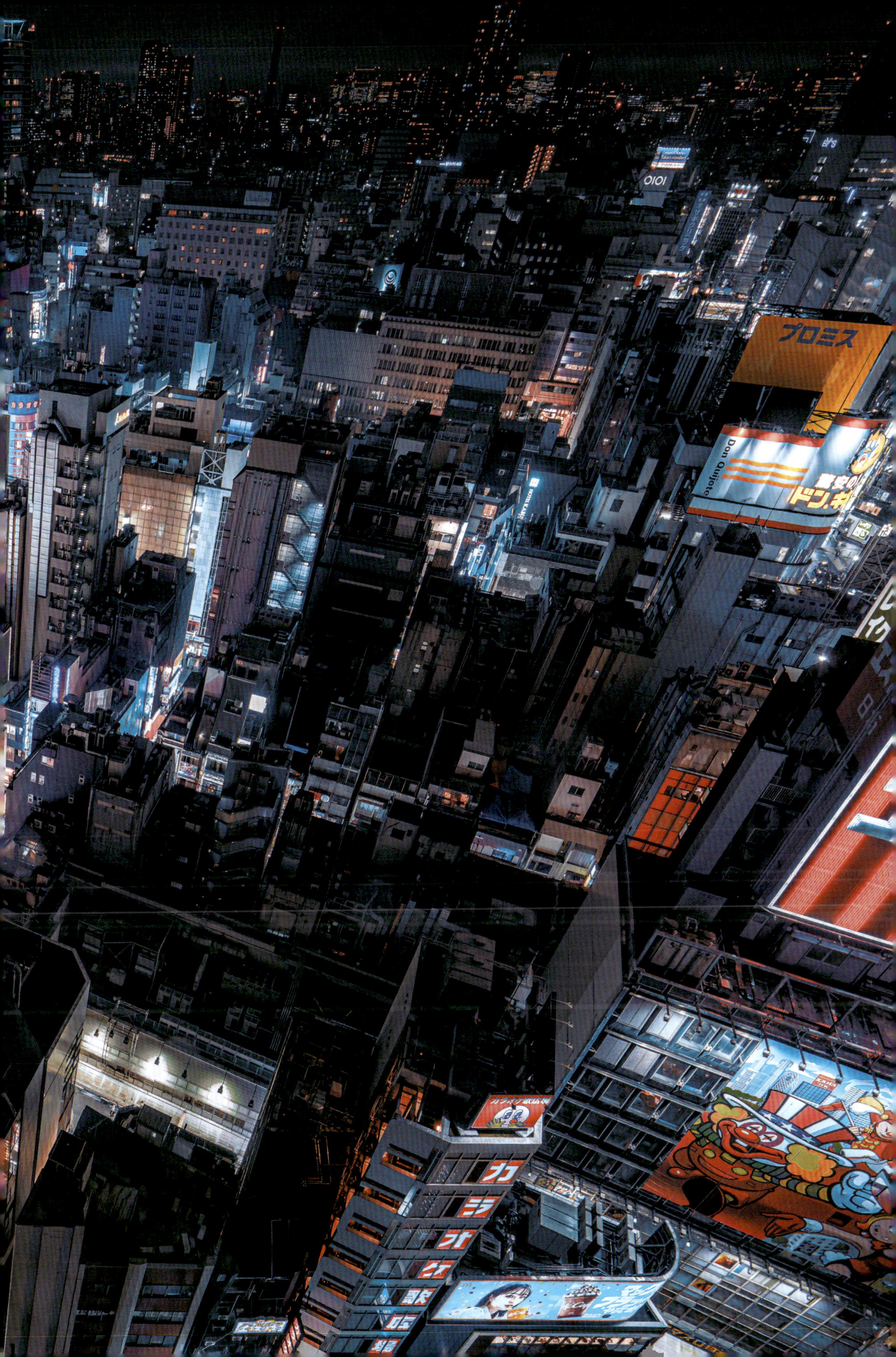
プロミス
Don Quijote
0101

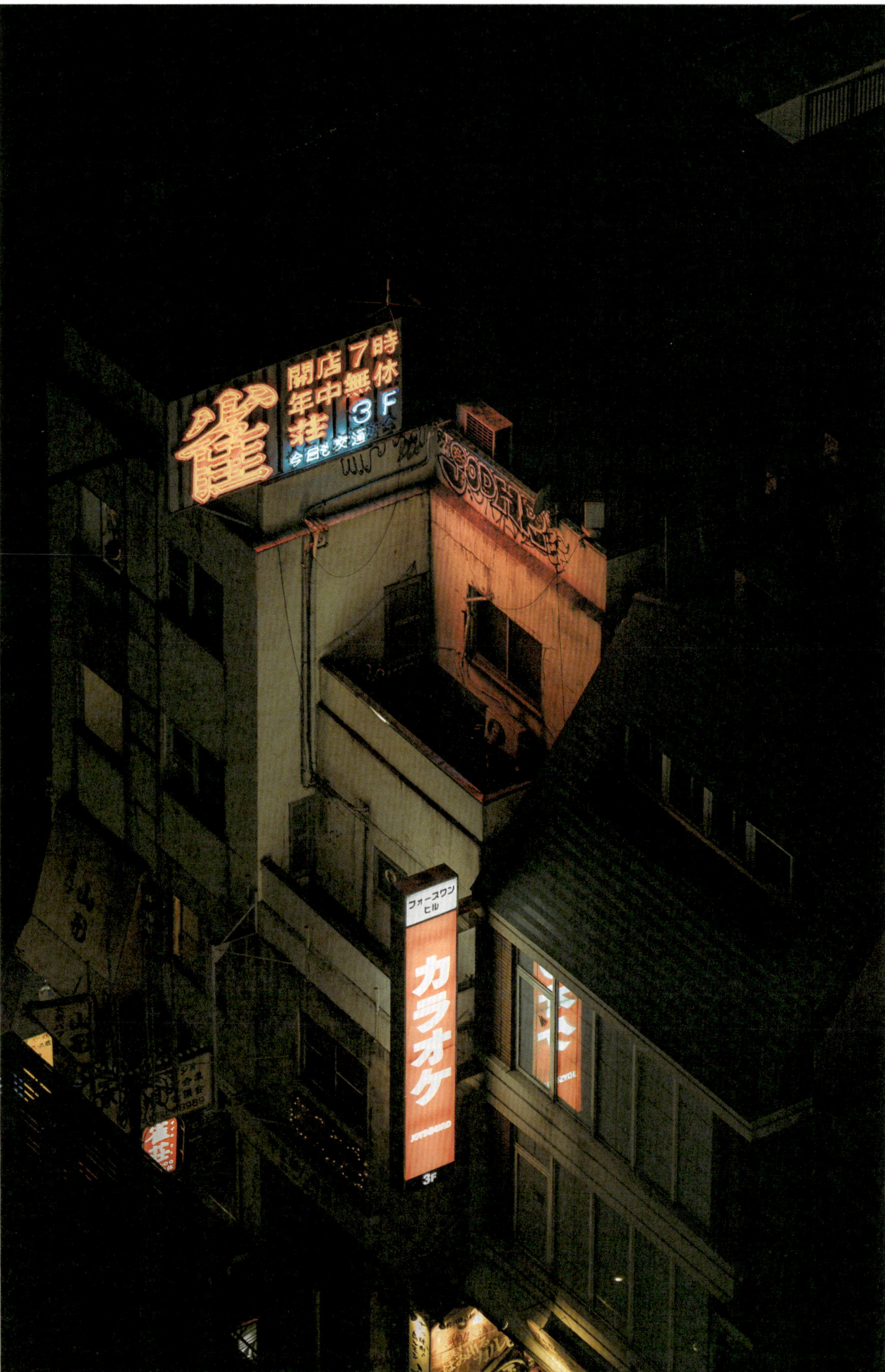
雀
開店7時
年中無休
3F
フォースワン
ヒル
カラオケ
3F

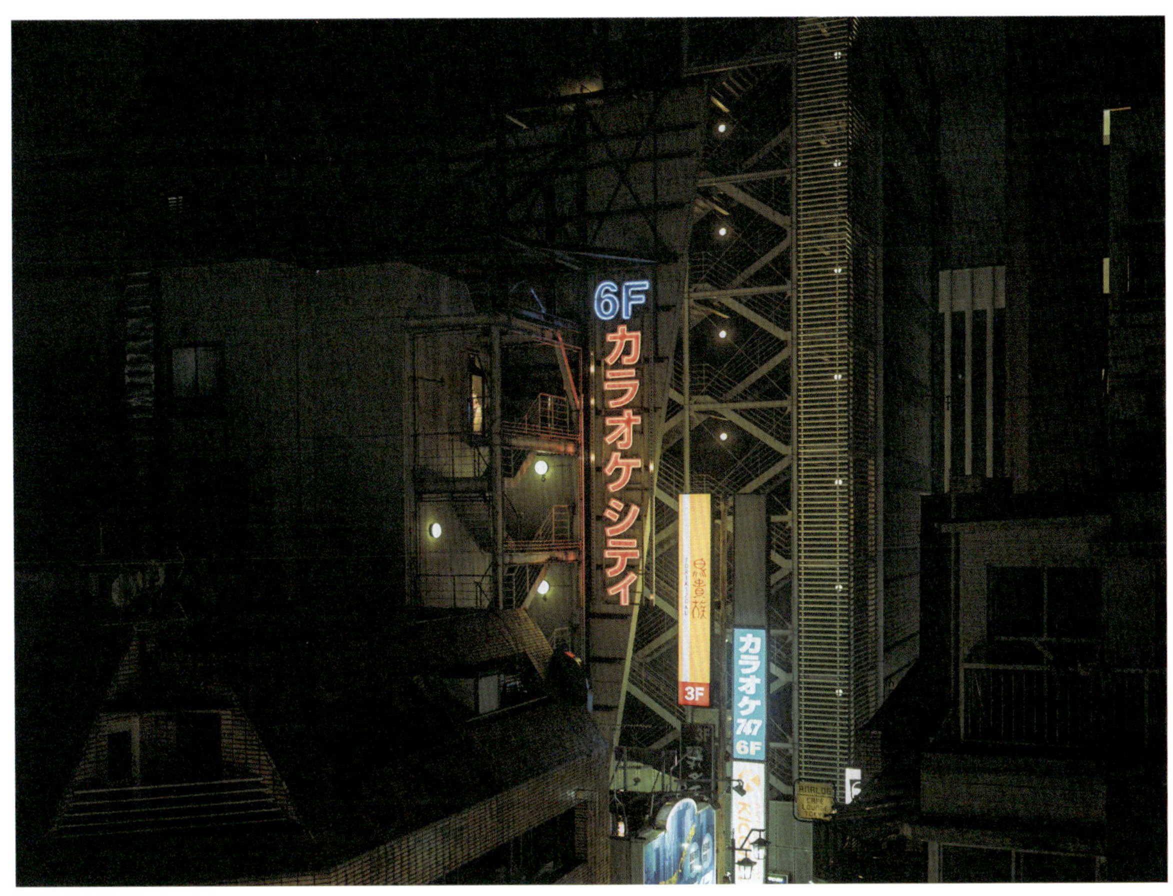
6F
カラオケシティ
3F
カラオケ747
6F

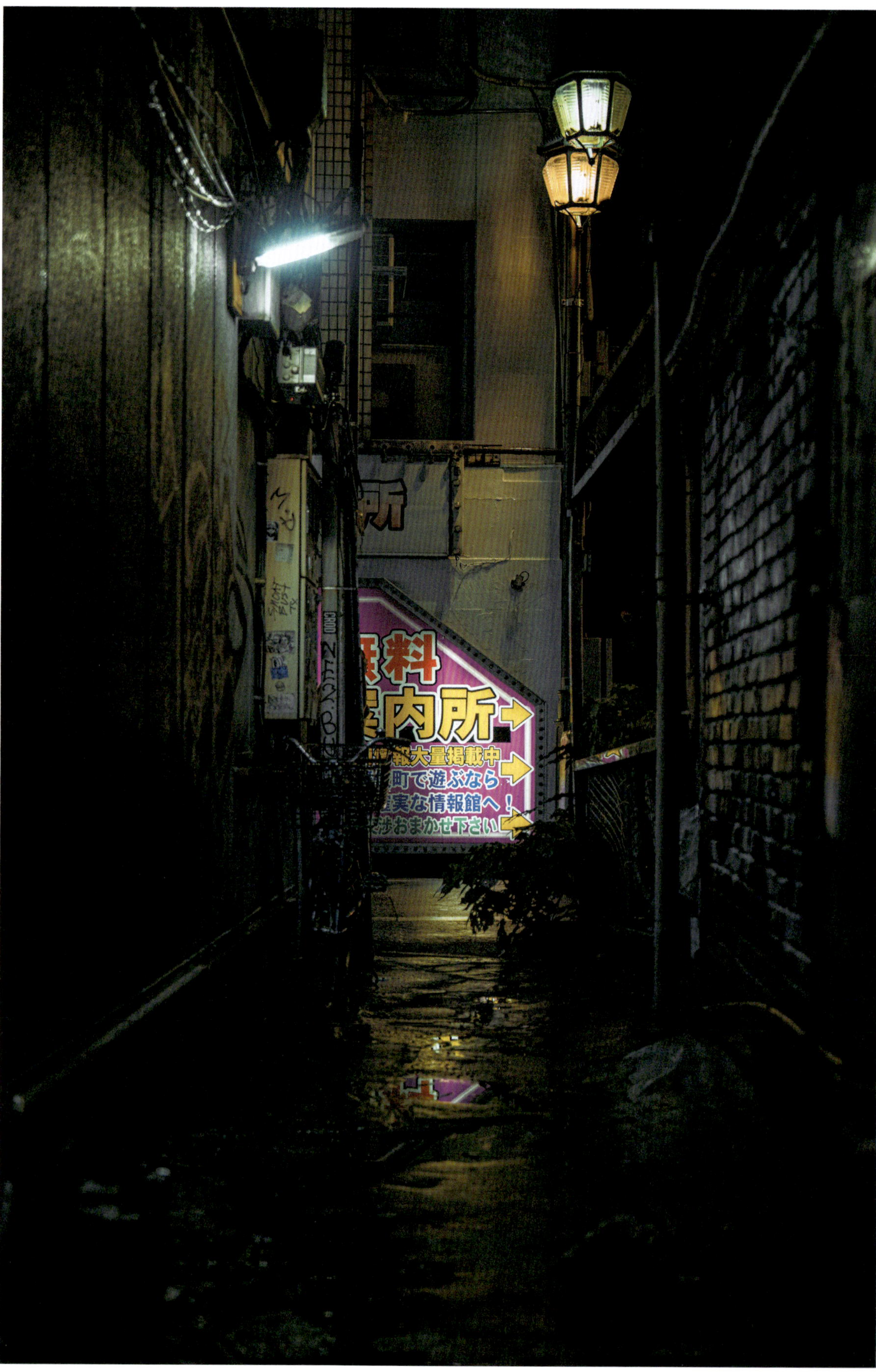
料
内所
報大量掲載中
町で遊ぶなら
実な情報館へ！
おまかせ下さい

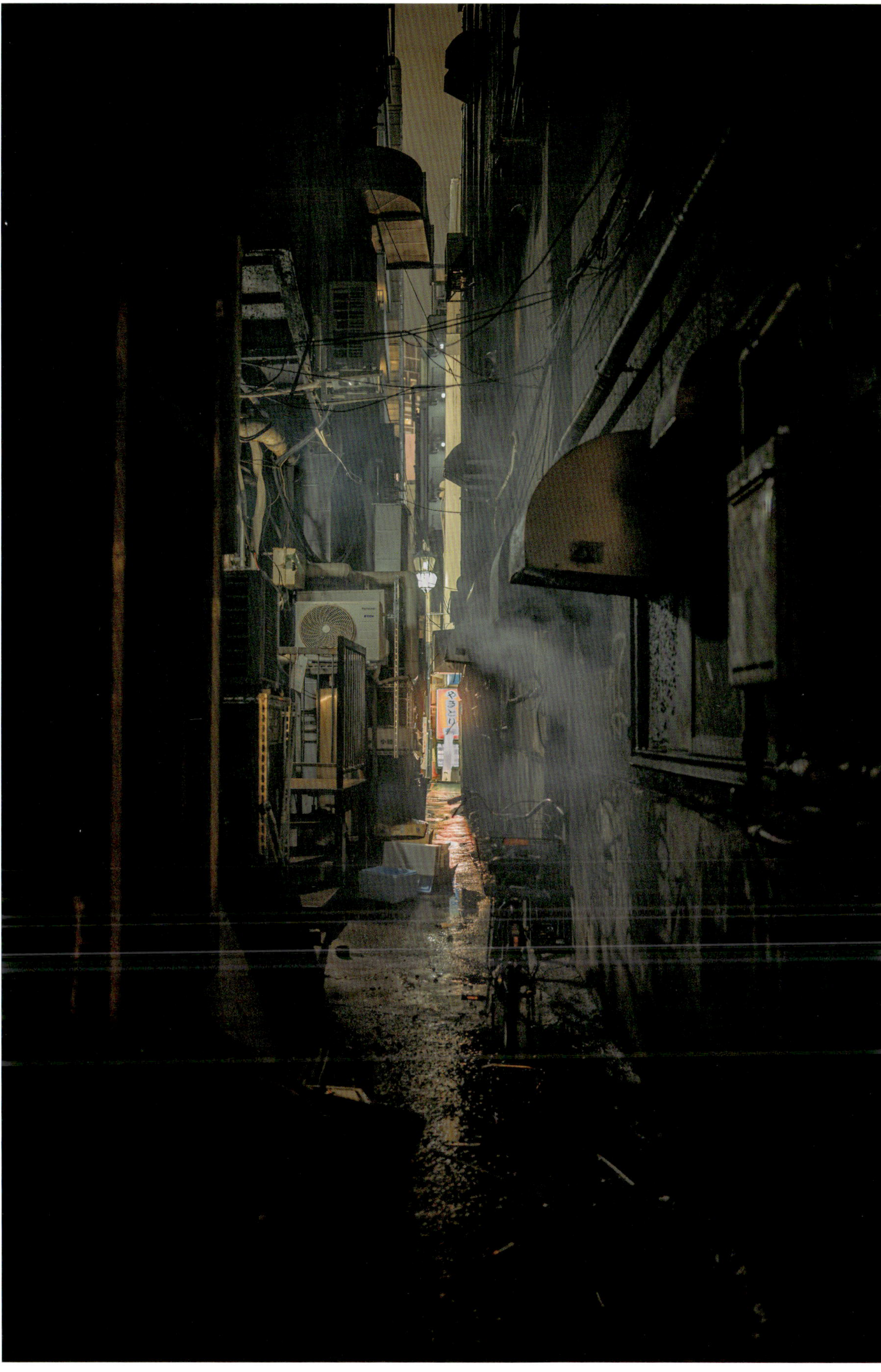
やきとり

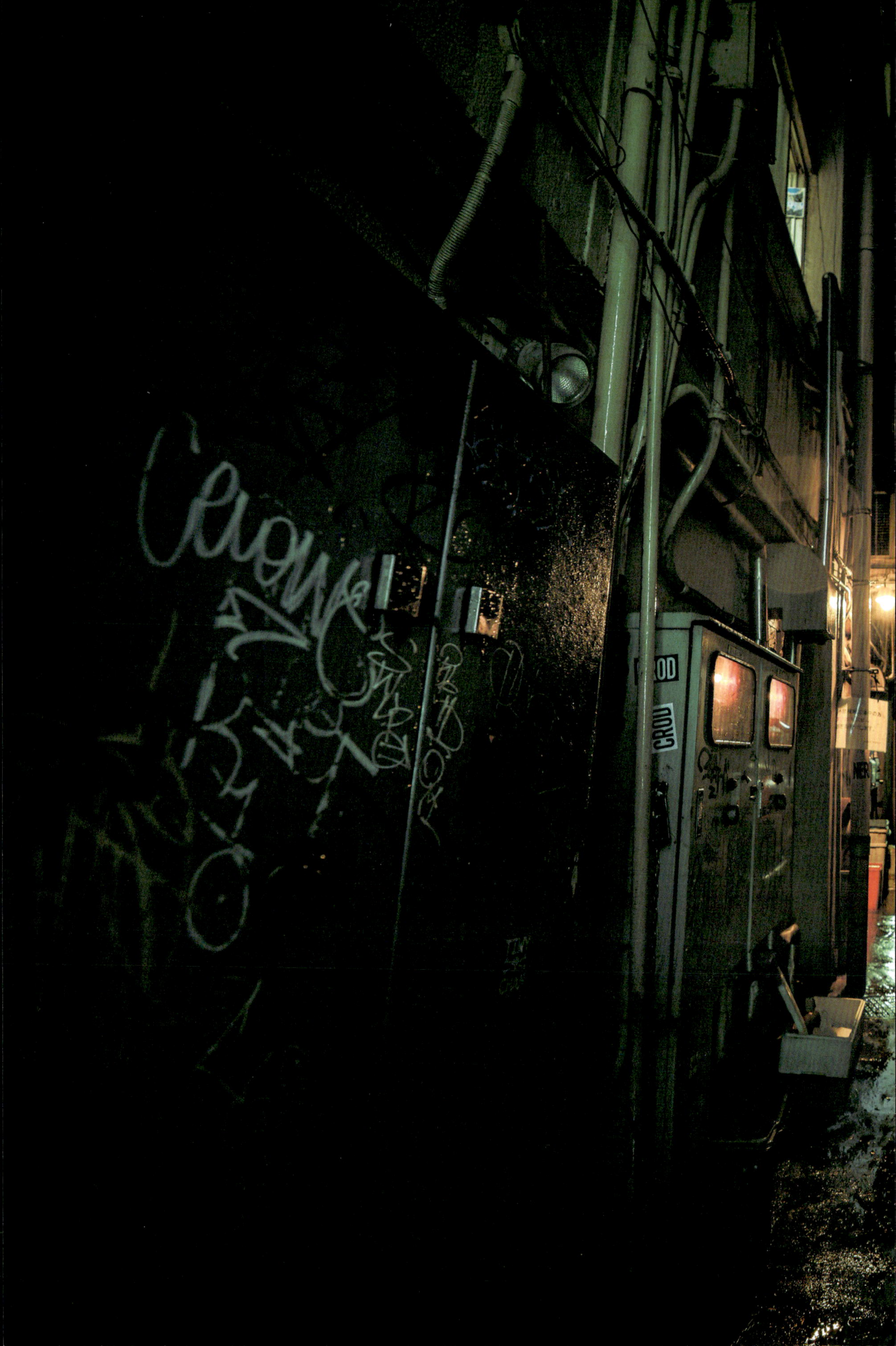
CROD

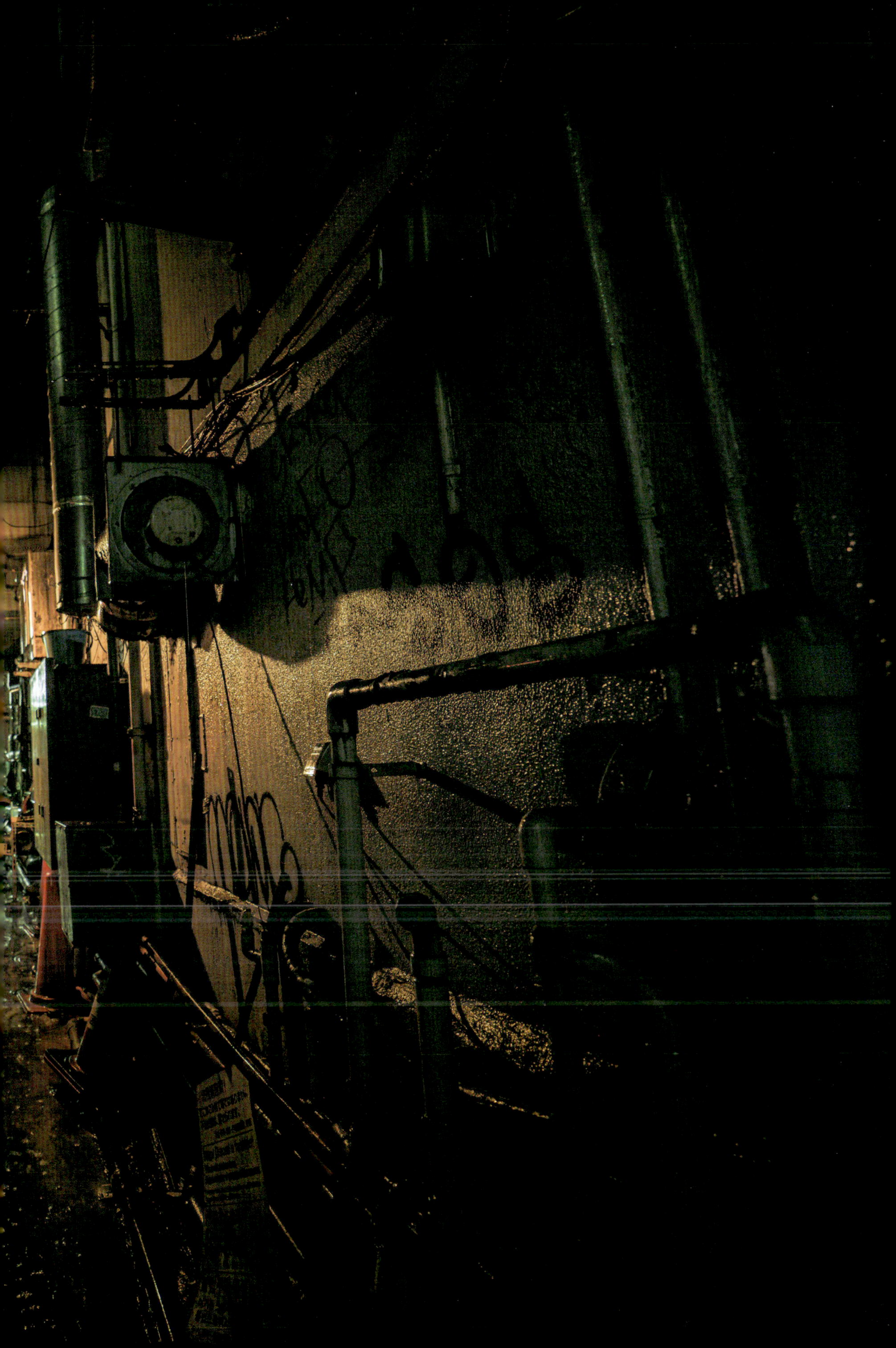

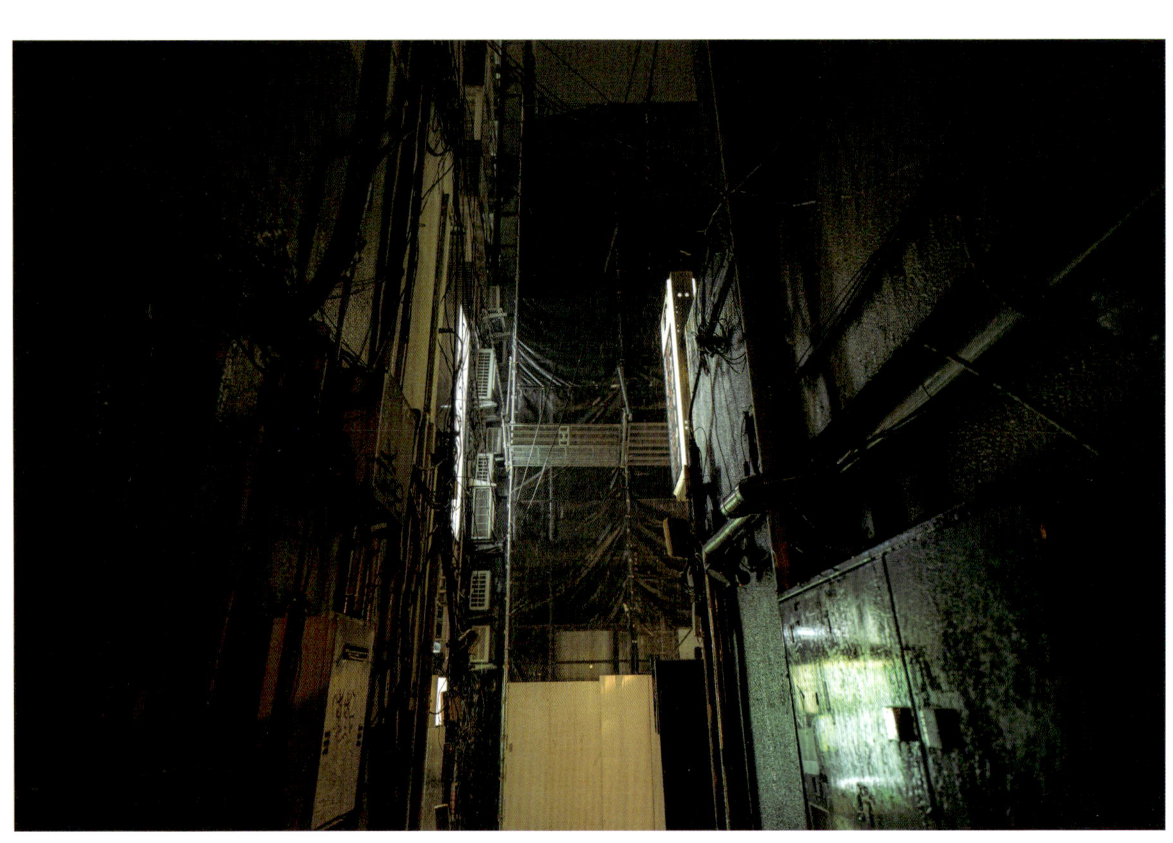

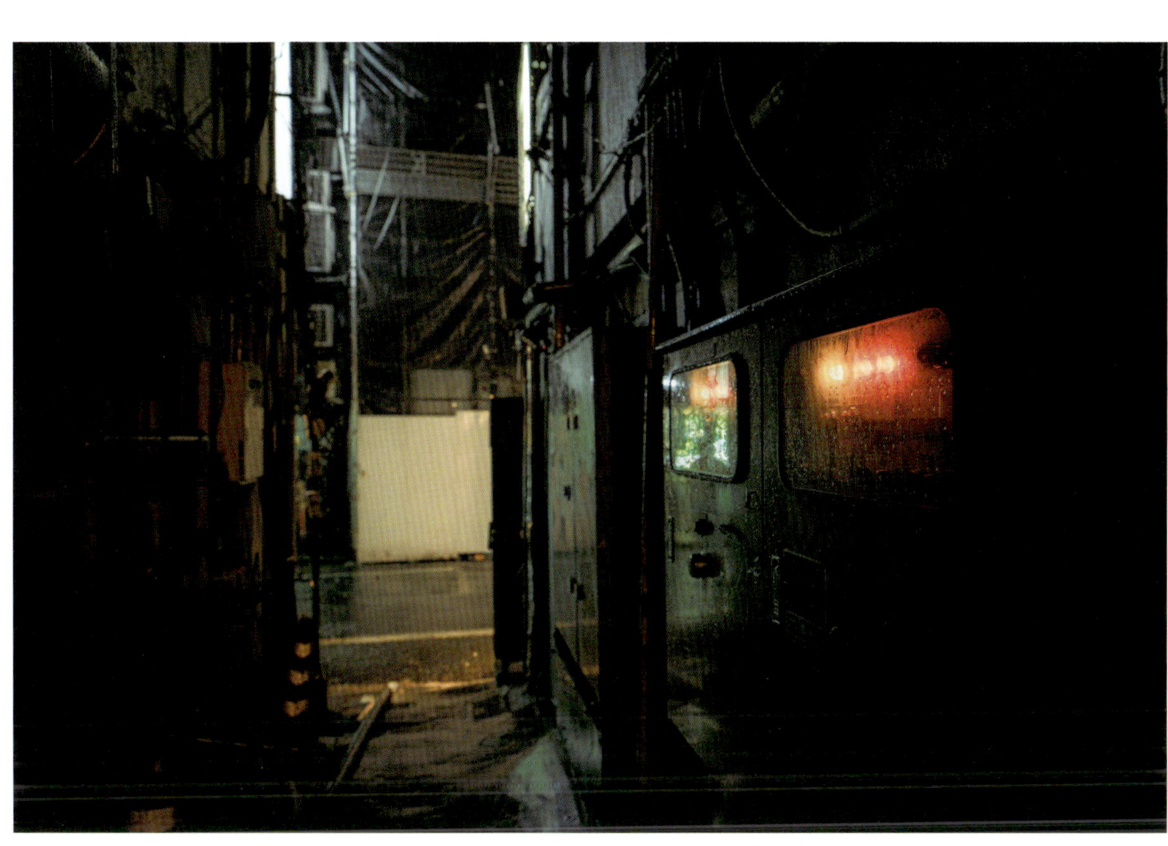

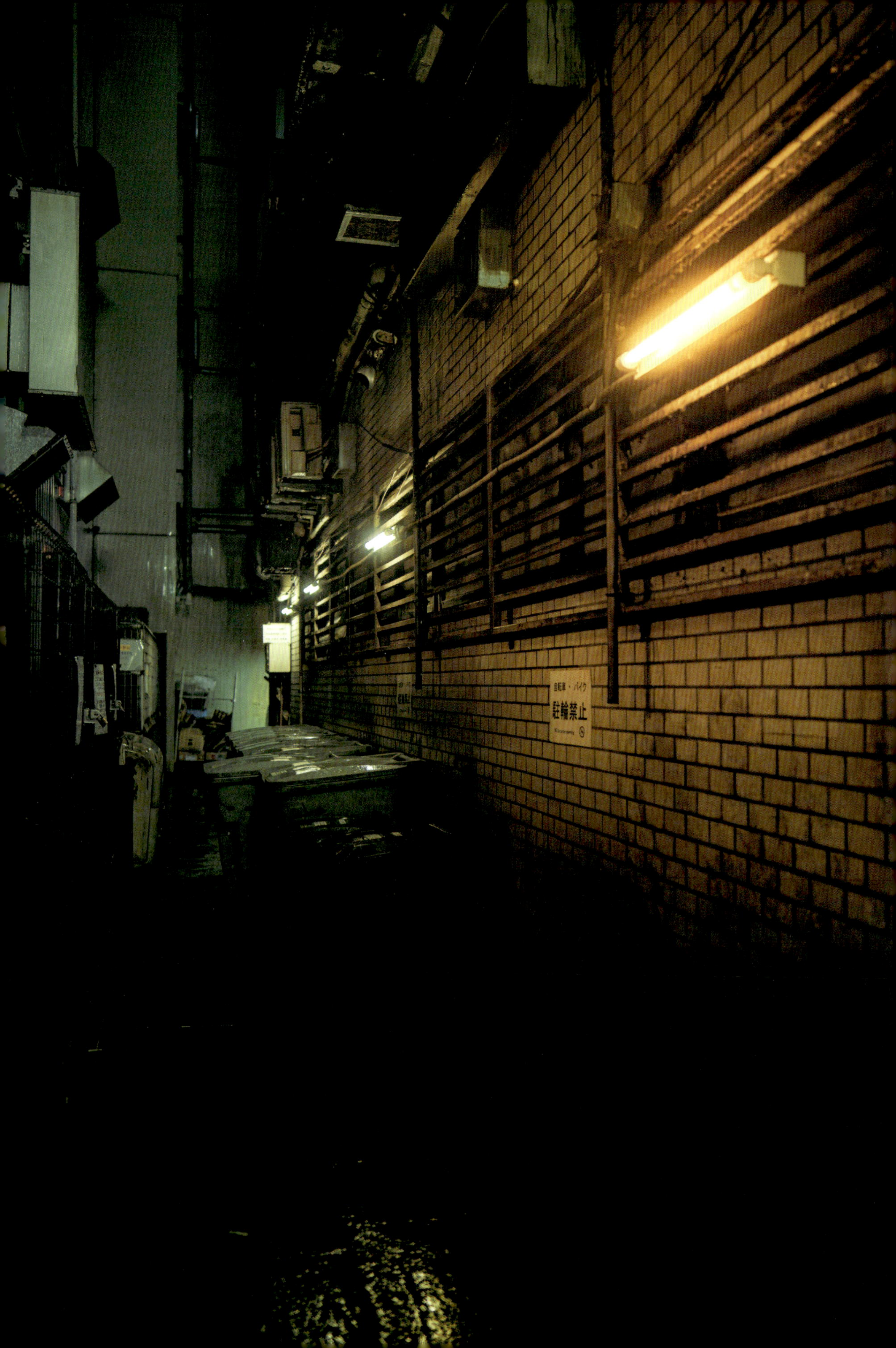
自転車・バイク
駐輪禁止

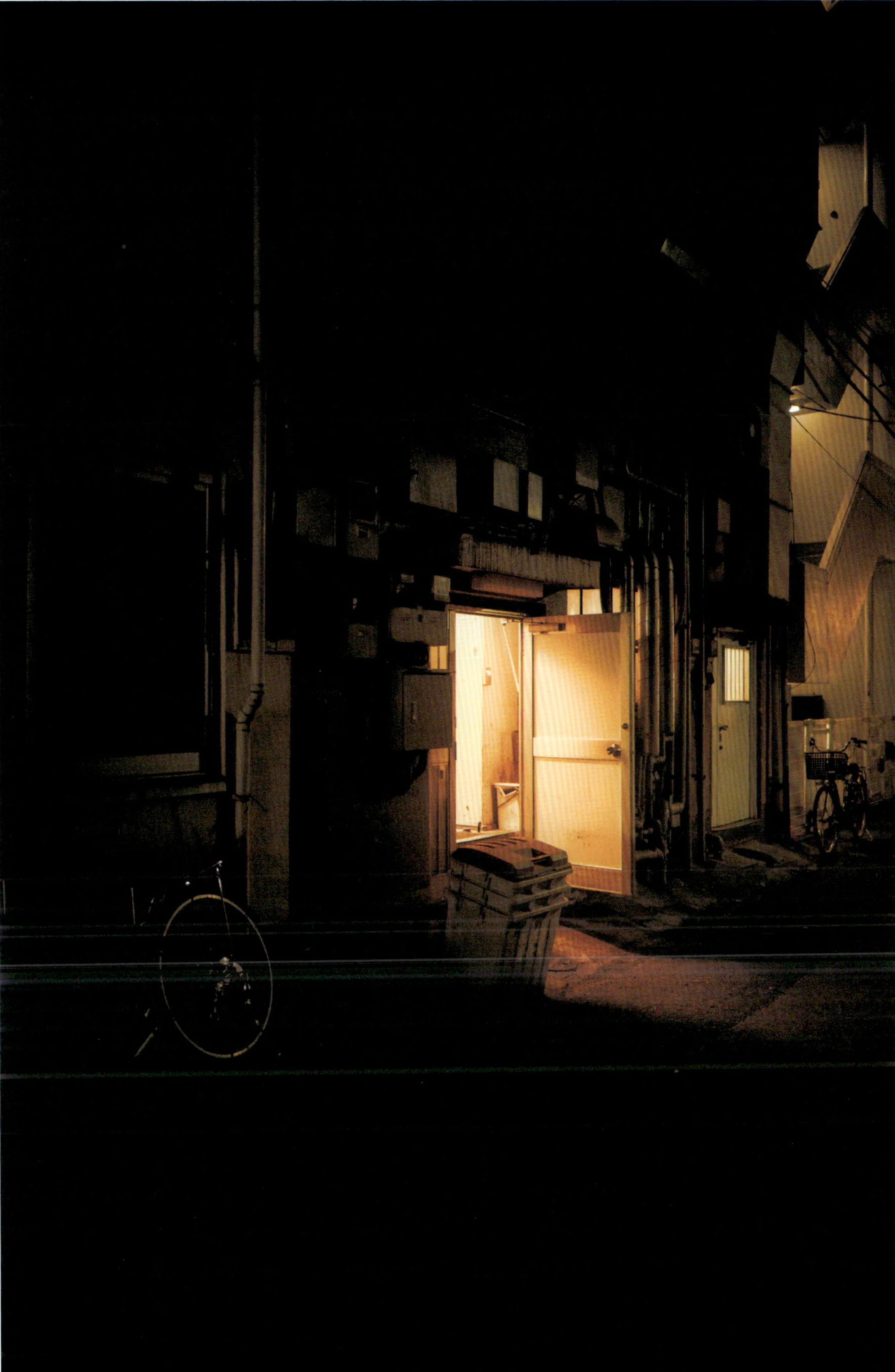

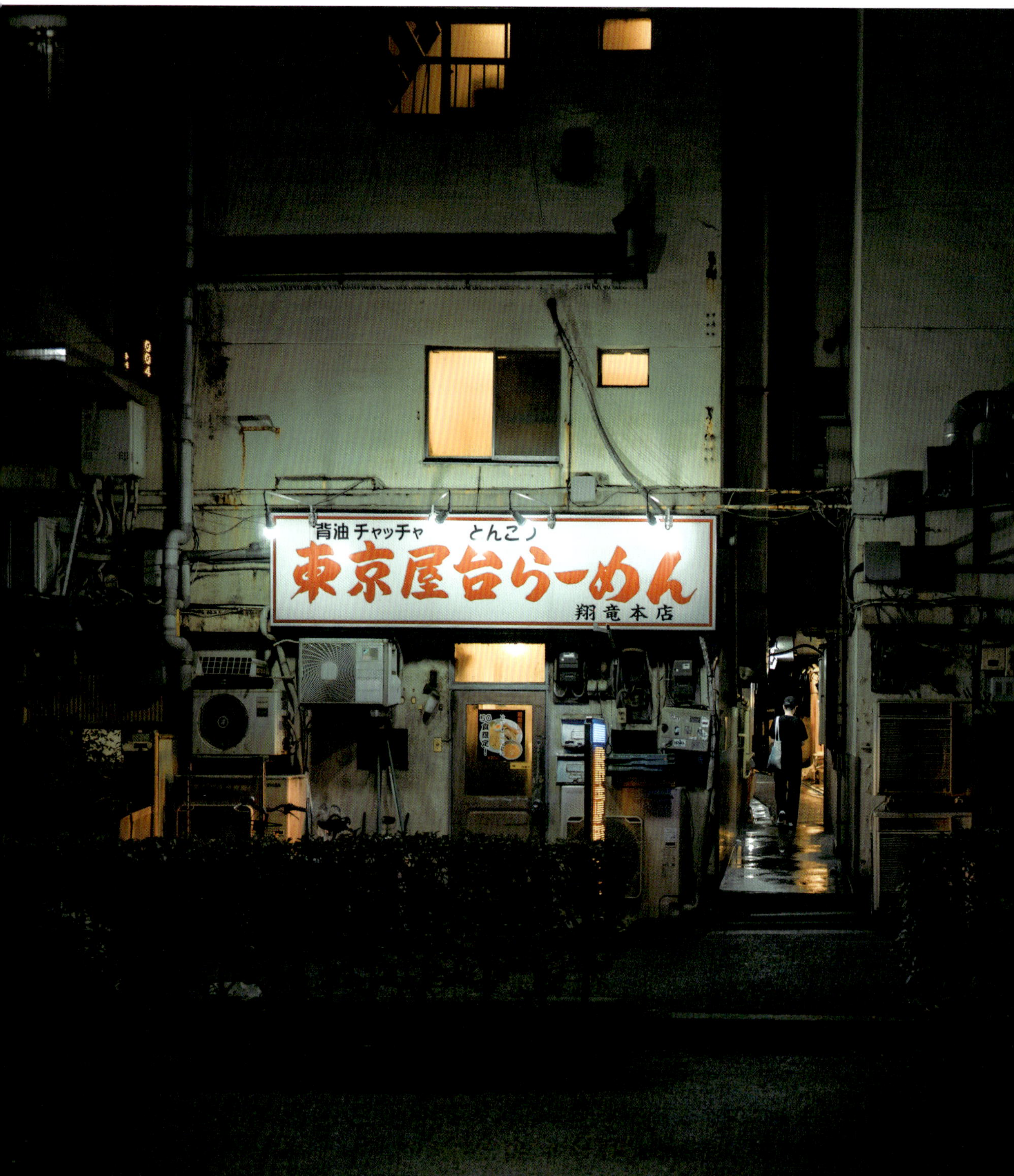
背油チャッチャ　とんこつ
東京屋台らーめん
翔竜本店

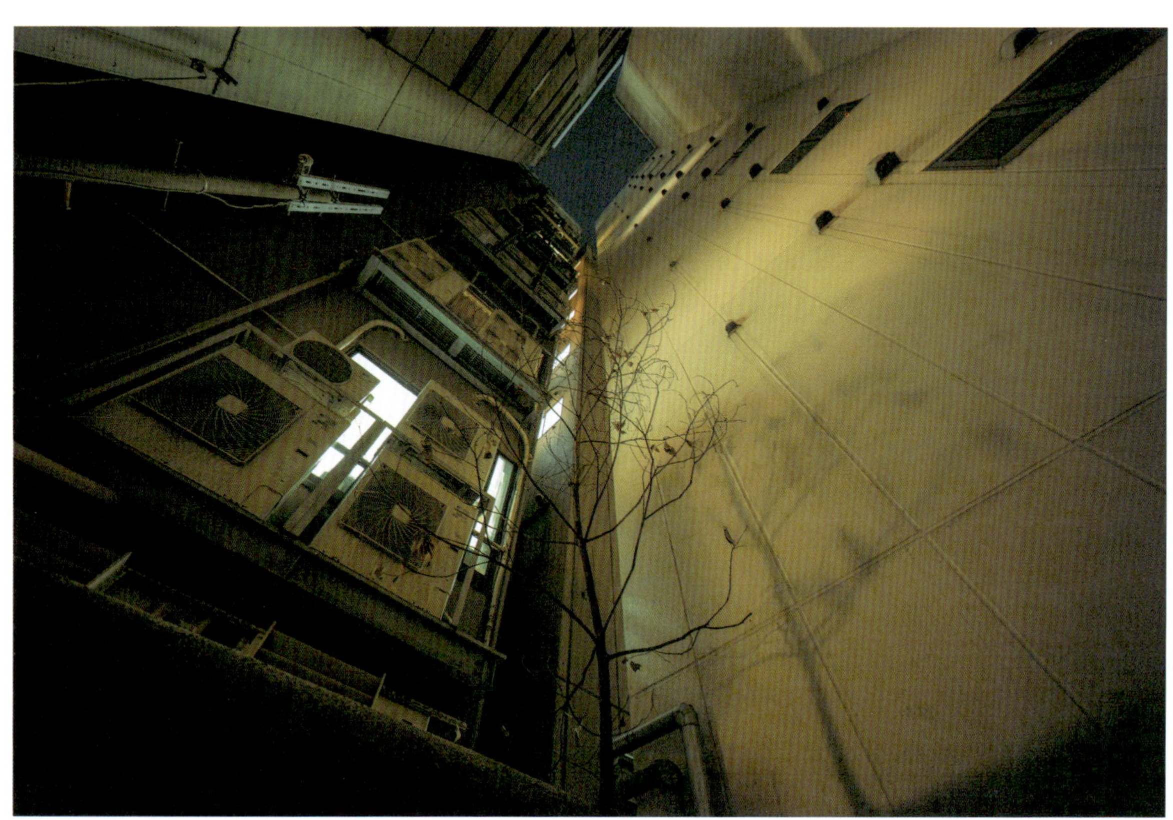

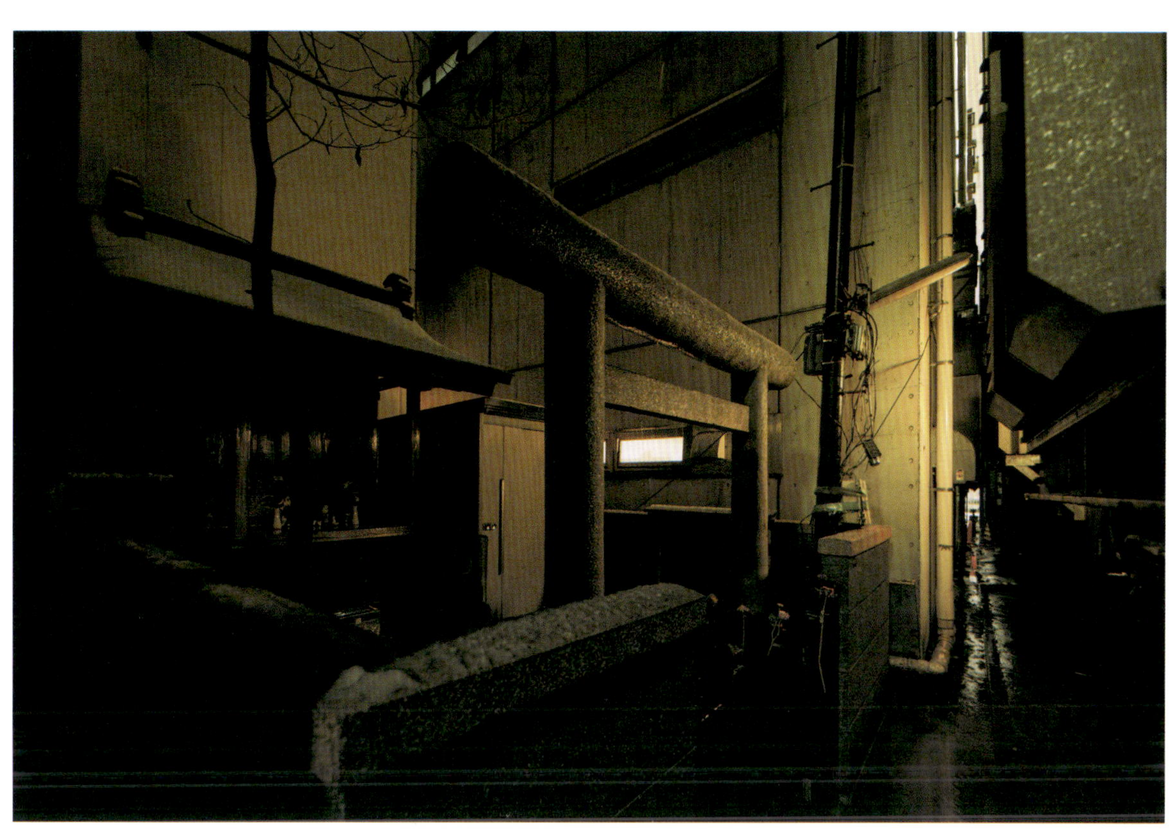

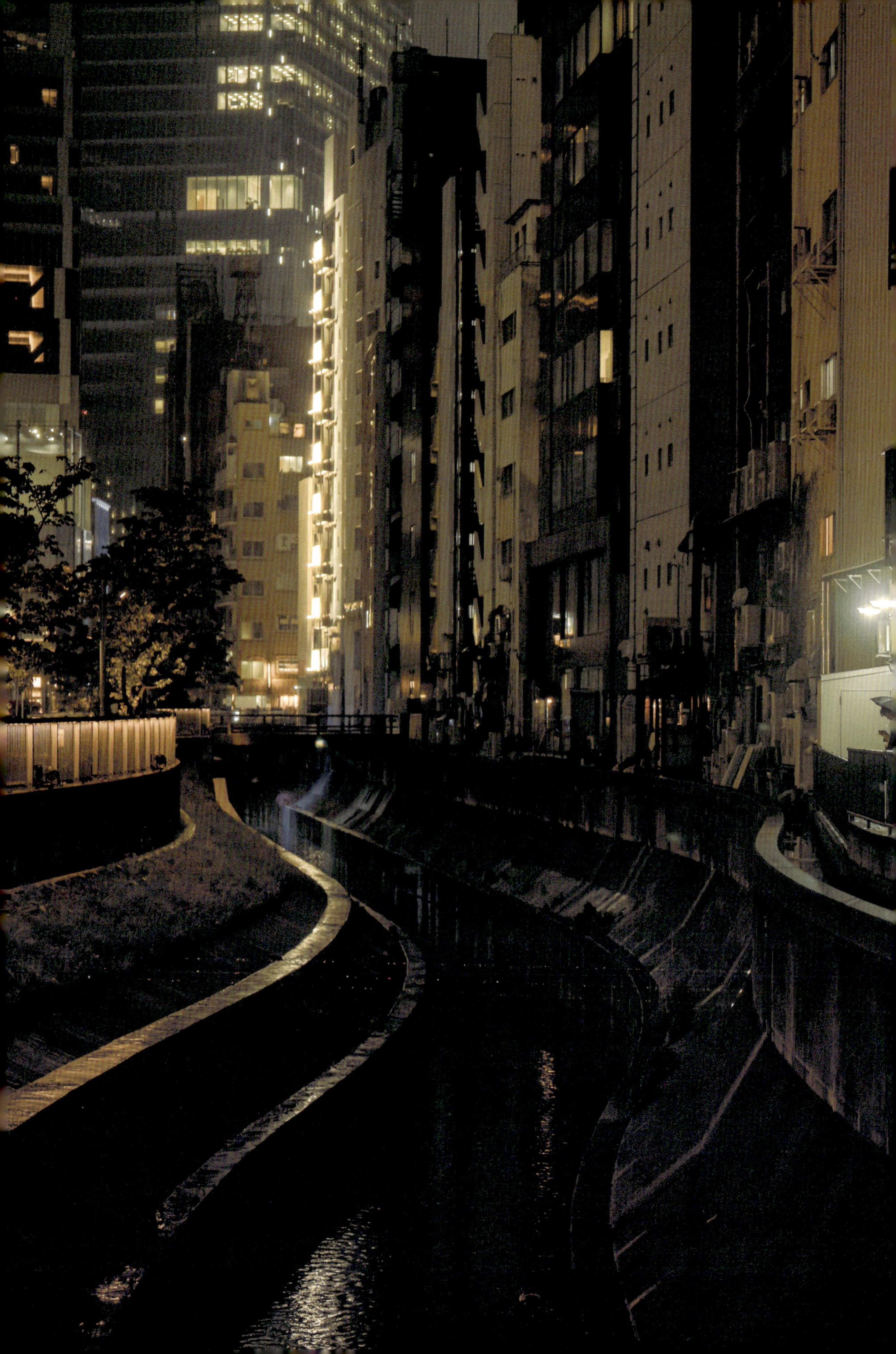

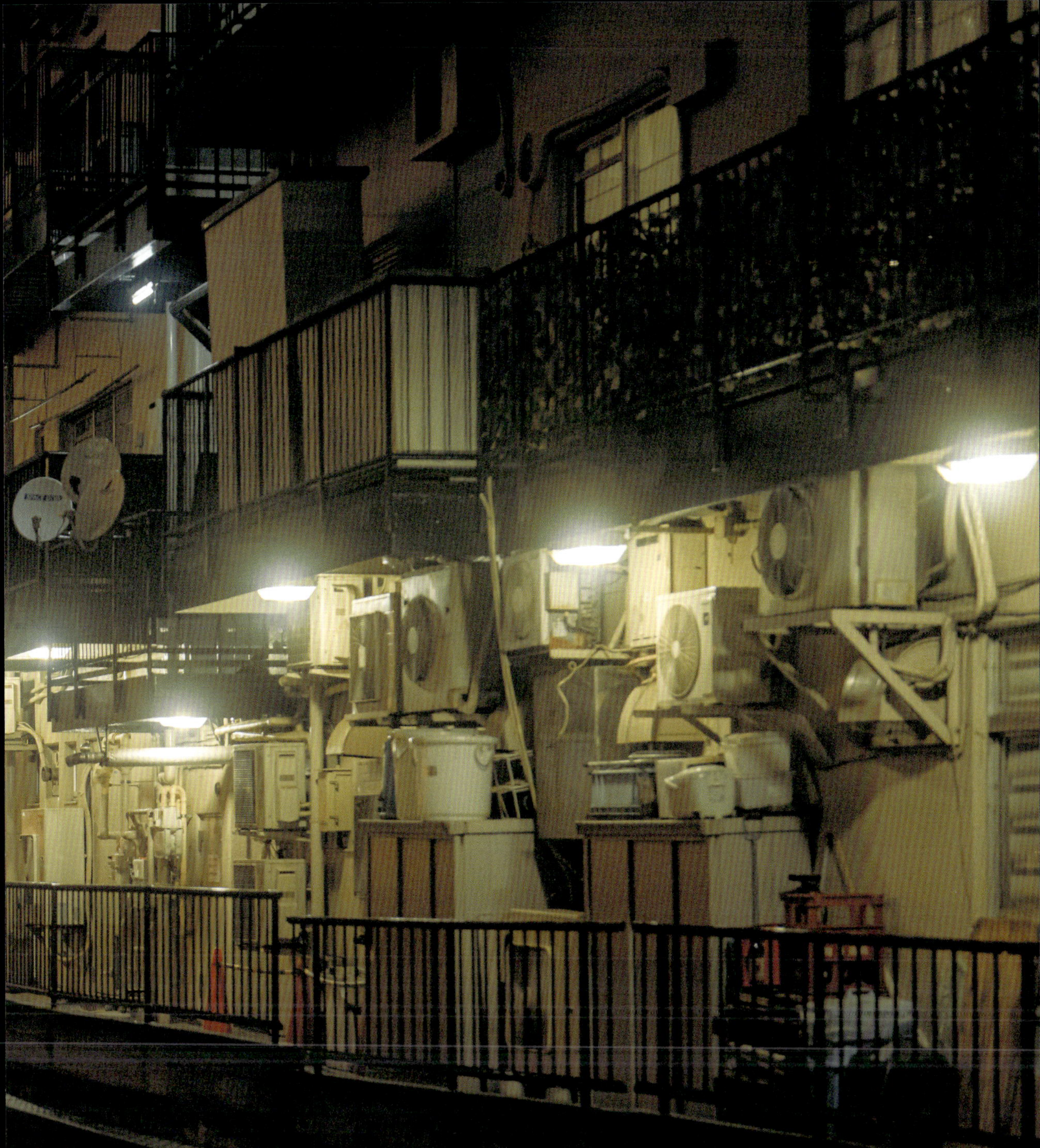

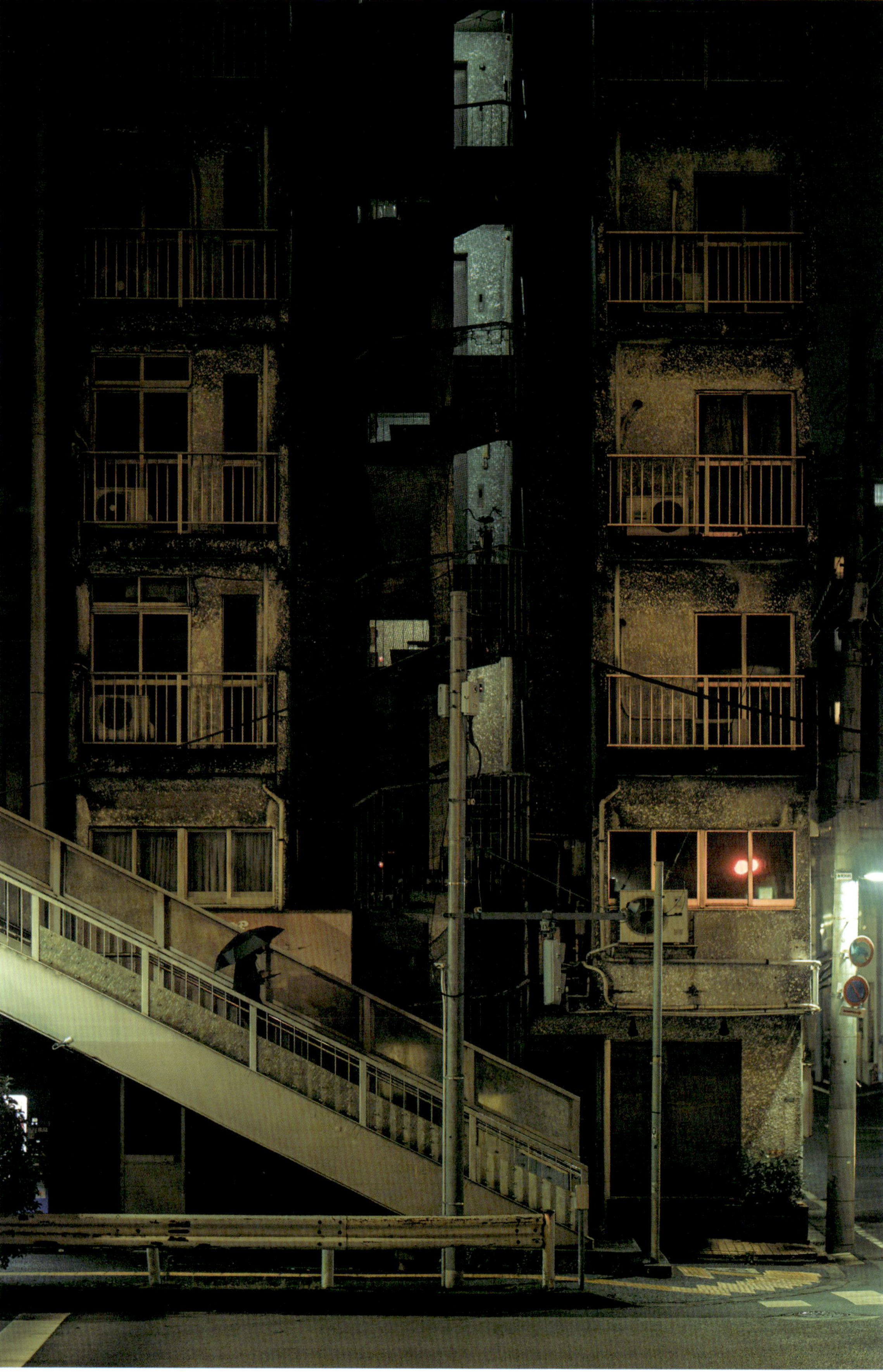

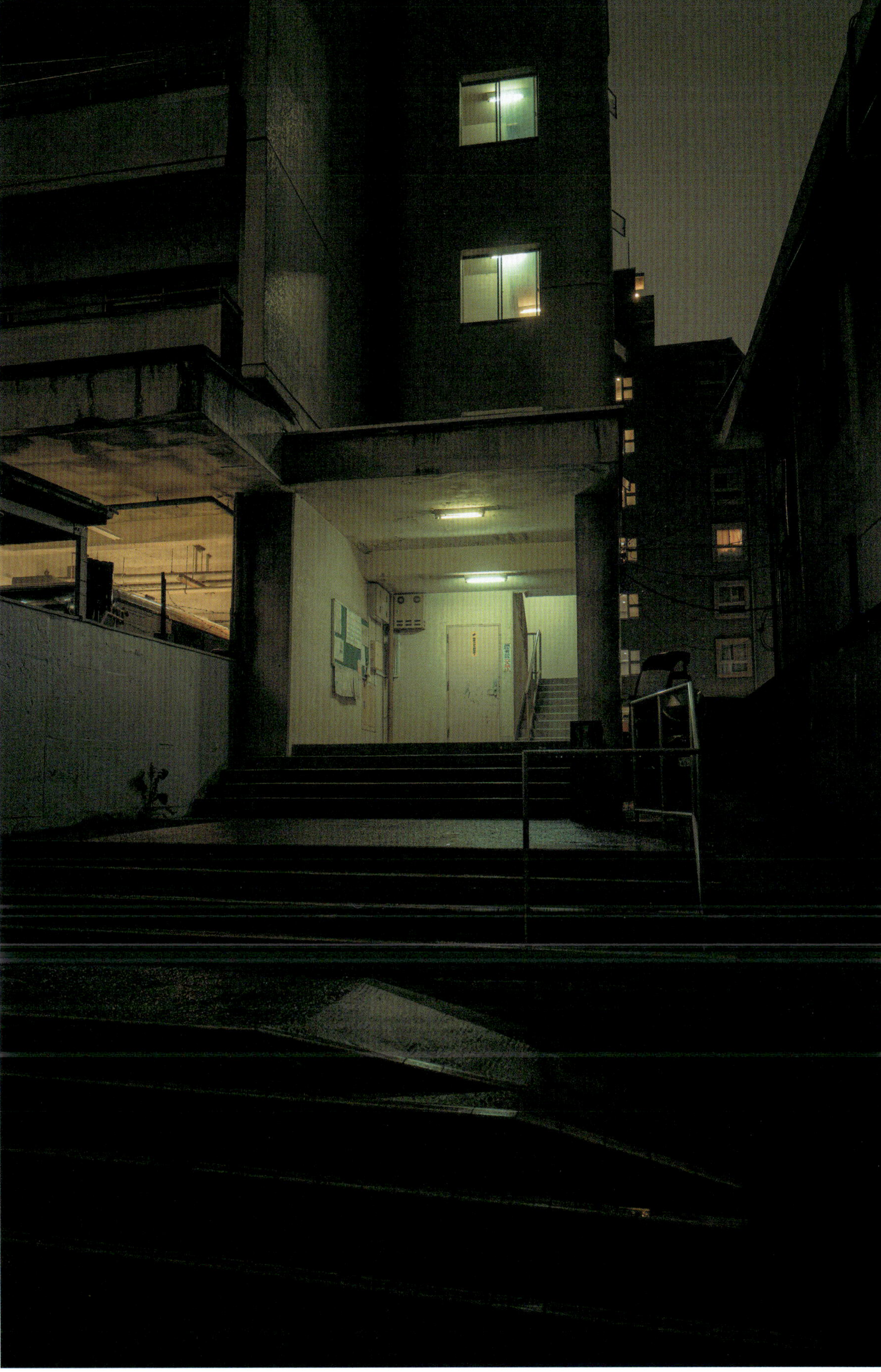

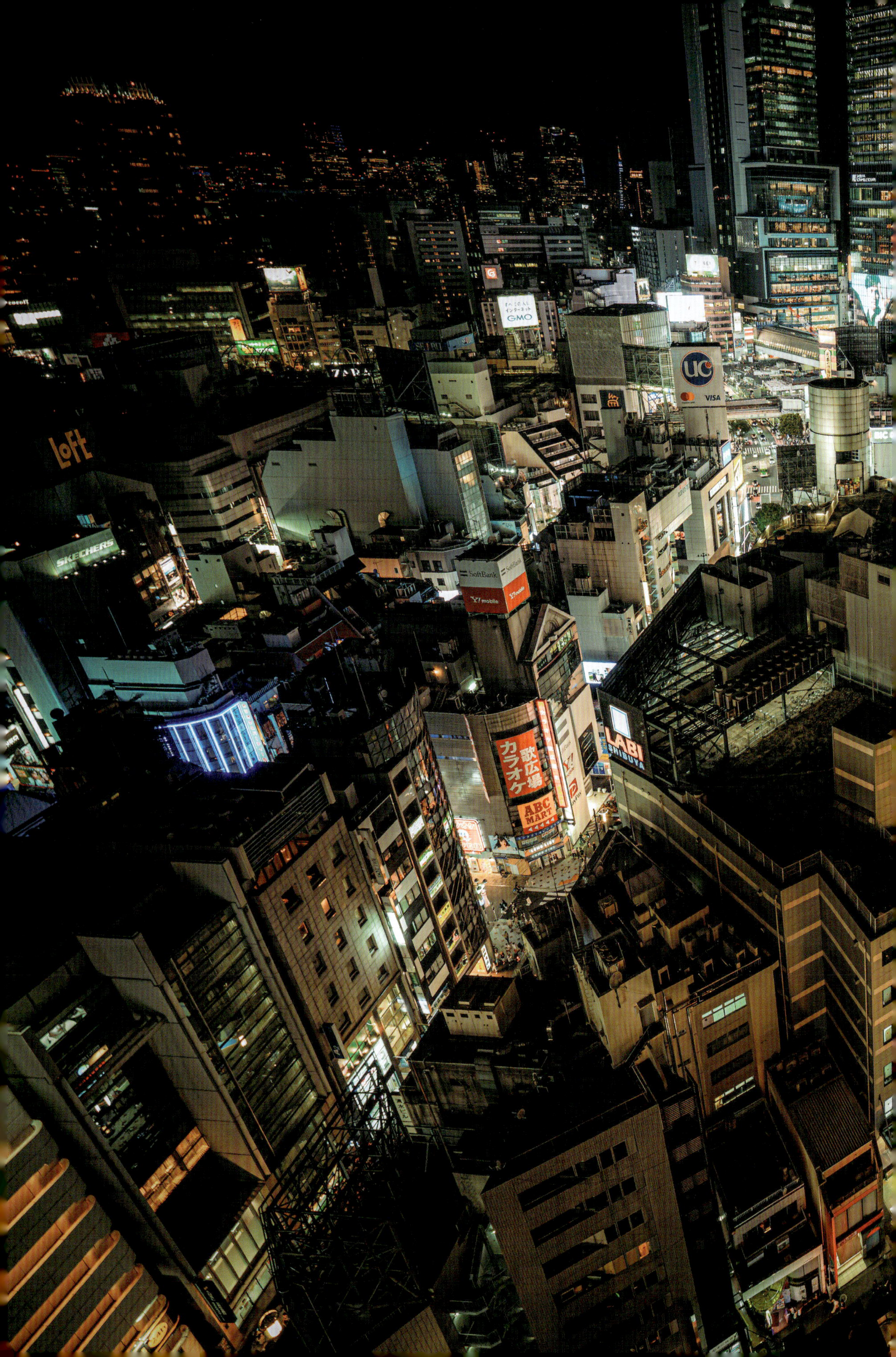
Loft
SKECHERS
ZARA
SoftBank
Y!mobile
カラオケ
歌広場
ABC MART
LABI
SHIBUYA
UC
VISA
GMO

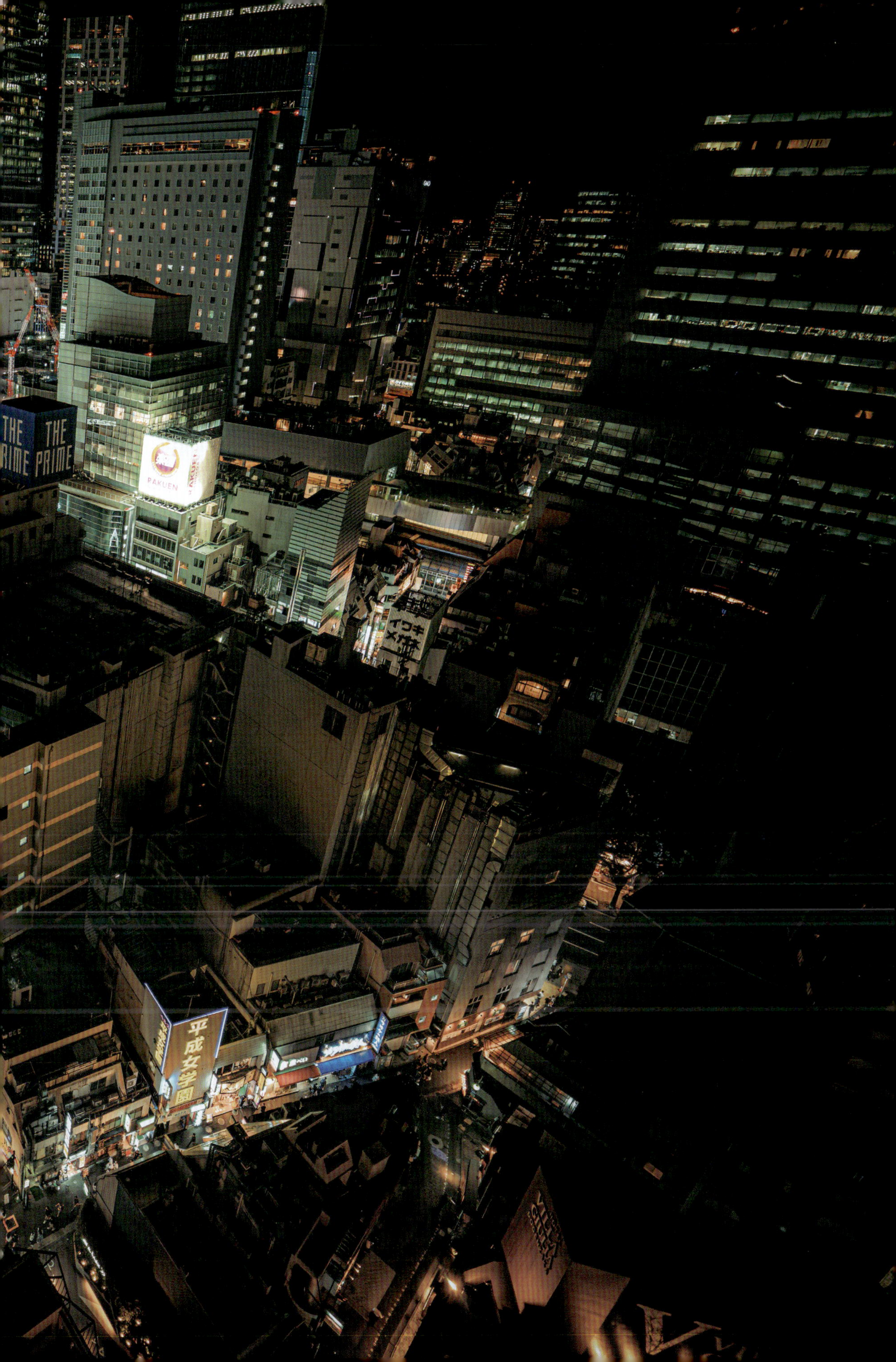
THE PRIME
THE PRIME
PAKUEN
平成女学園

CHAPTER 3

陰翳礼讃

In Praise of Shadows

鮮明なネオンカラーよりも、薄明かりと暗がりが絶妙に共存する日本的な美しさに惹かれる。
雨夜のしっとりとした陰翳に浮かぶ桜や提灯、石畳、雪が舞台装置となり、
時代に取り残されたような不思議な感覚に陥る。

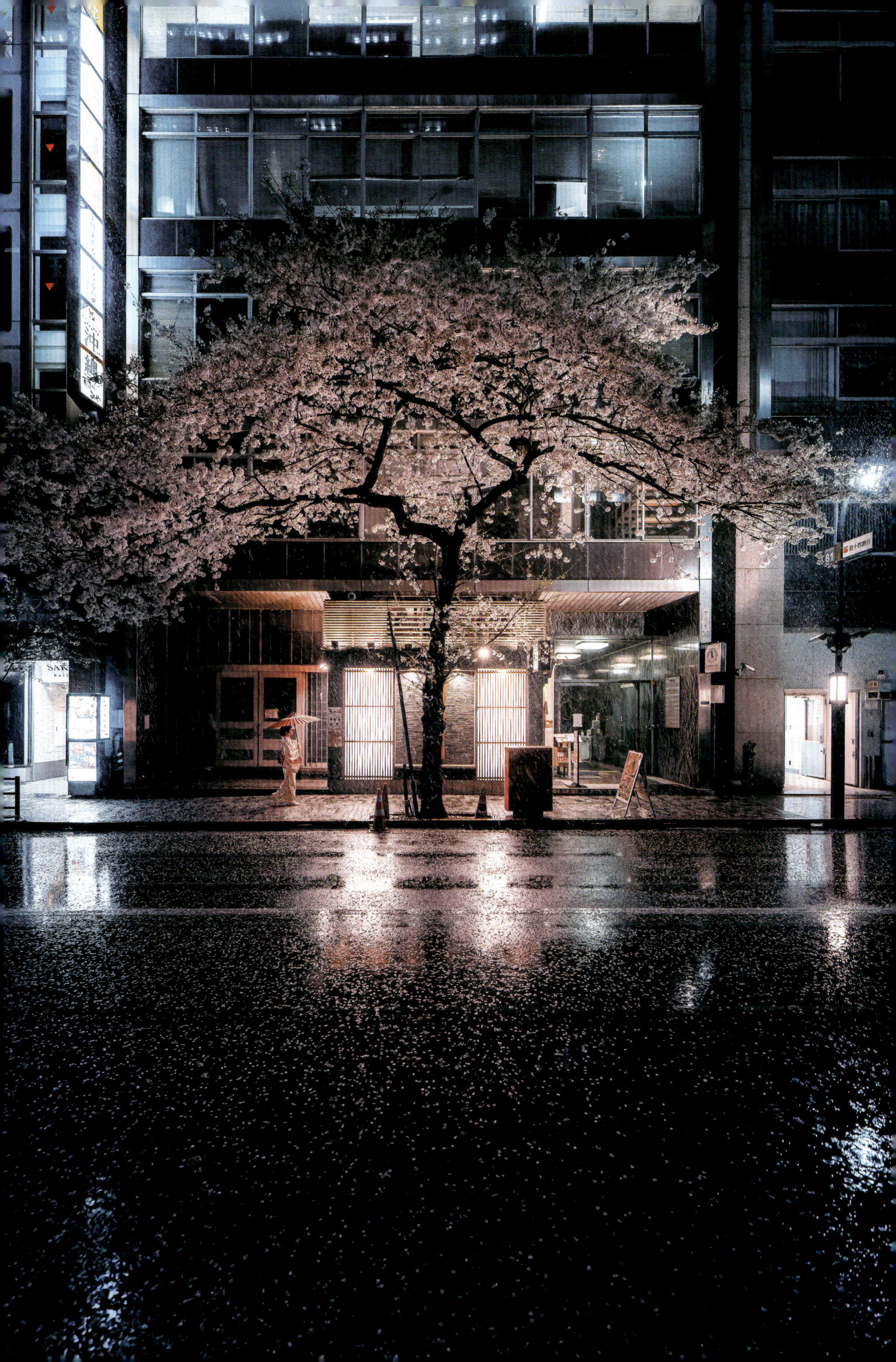
沖縄

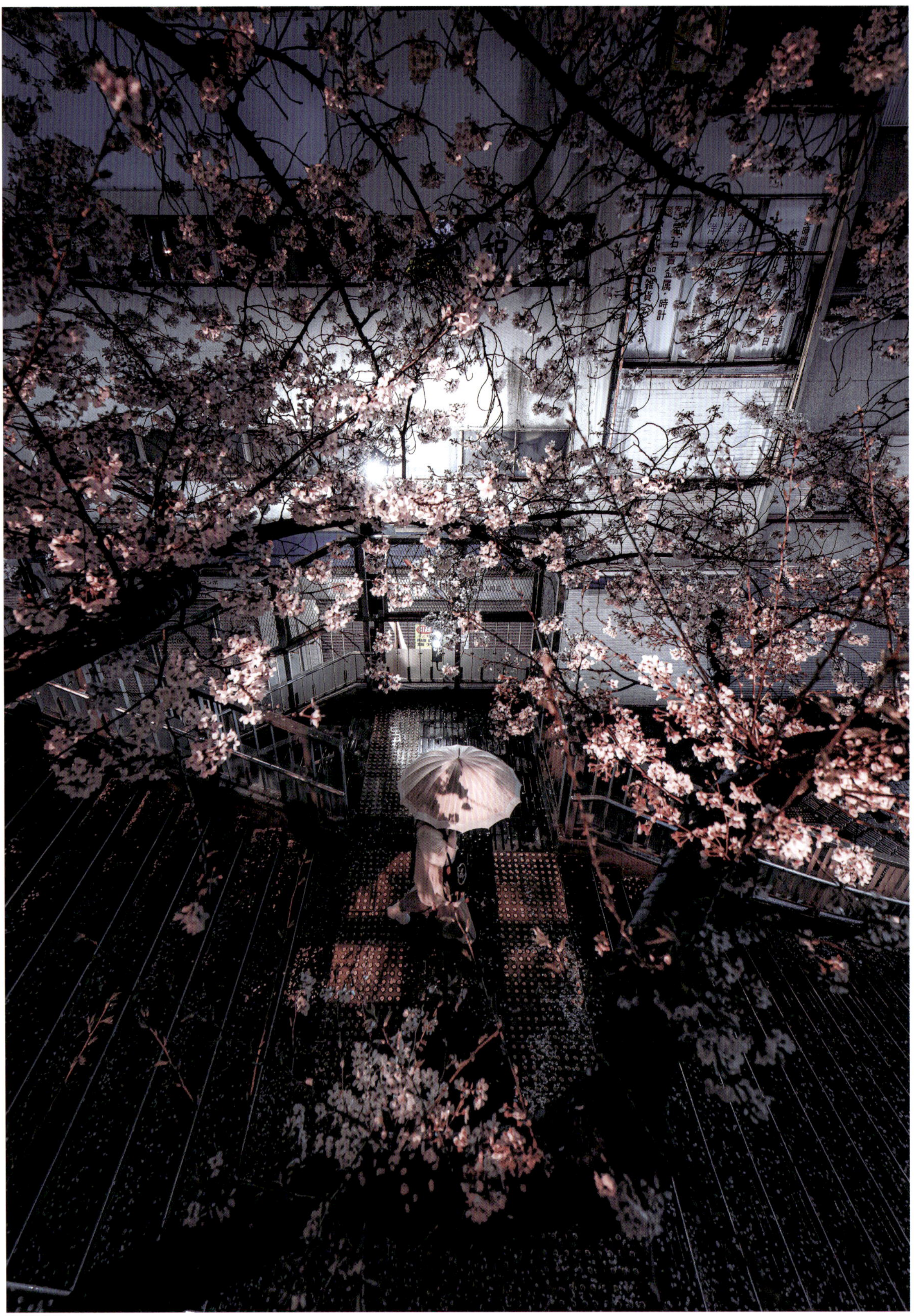
金属・時計

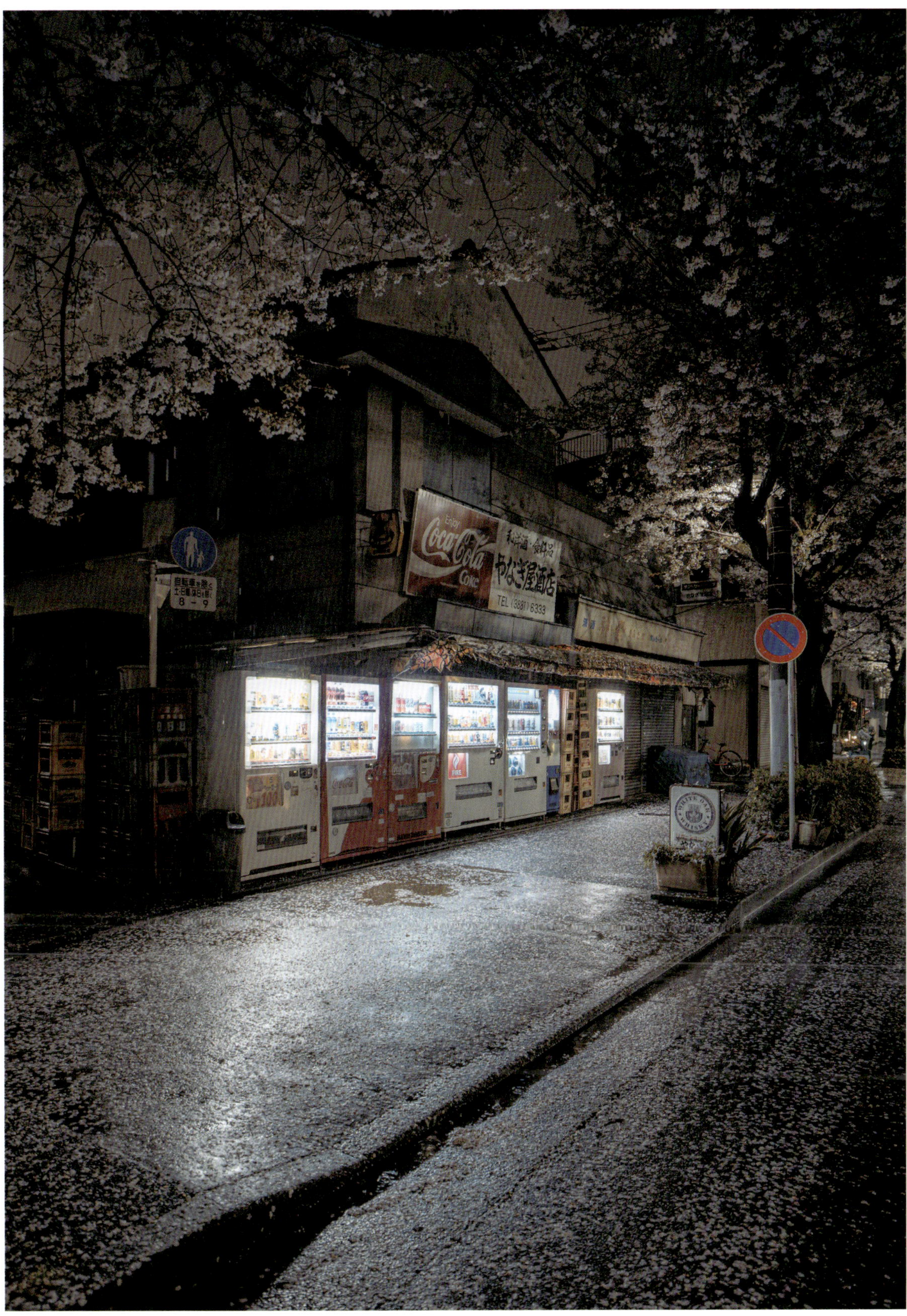
自転車を除く
8 - 9
Enjoy
Coca-Cola
Coke
和洋酒・食料品
やなぎ屋酒店
TEL (3881) 6333

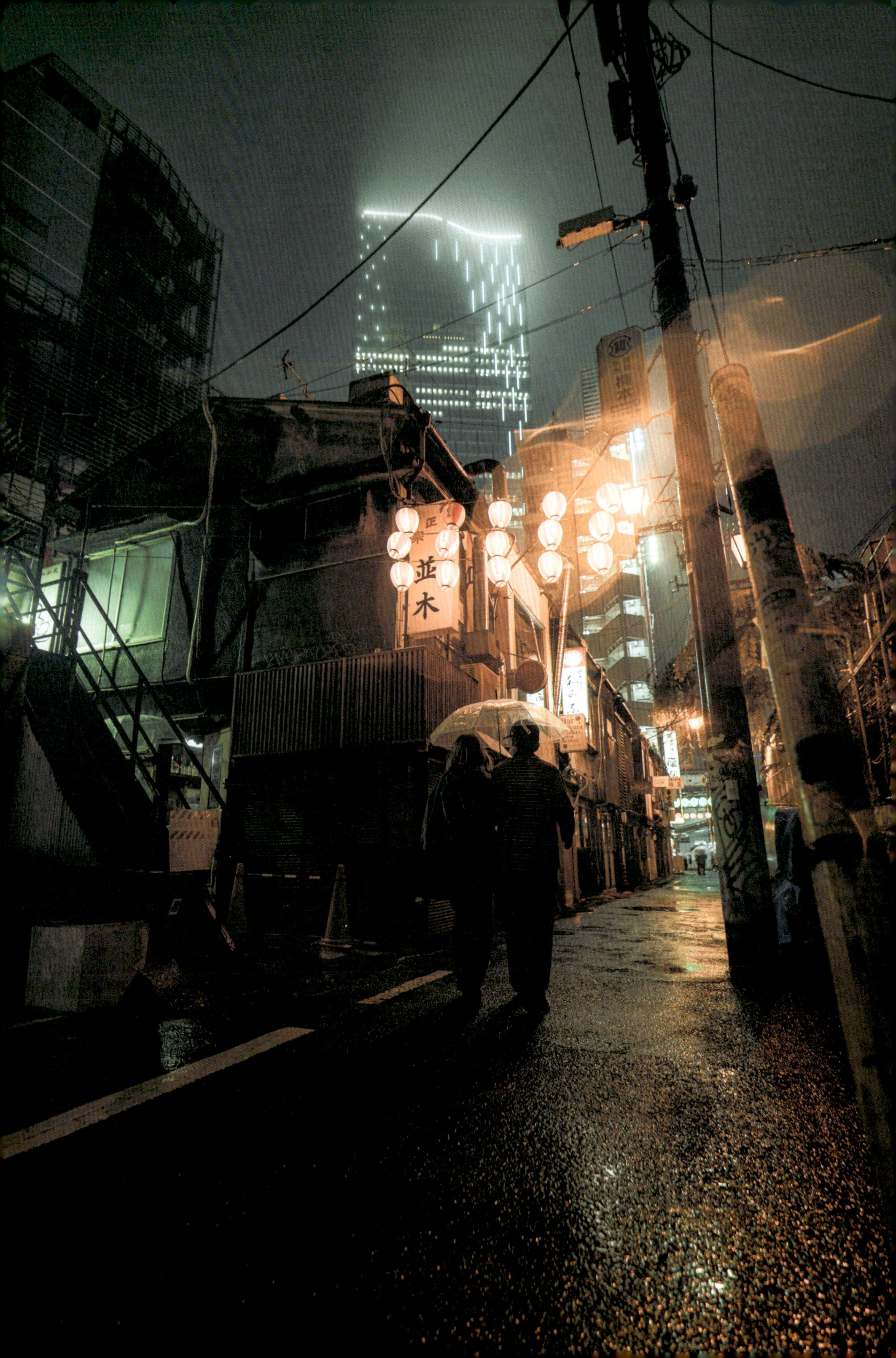
並木
Bar

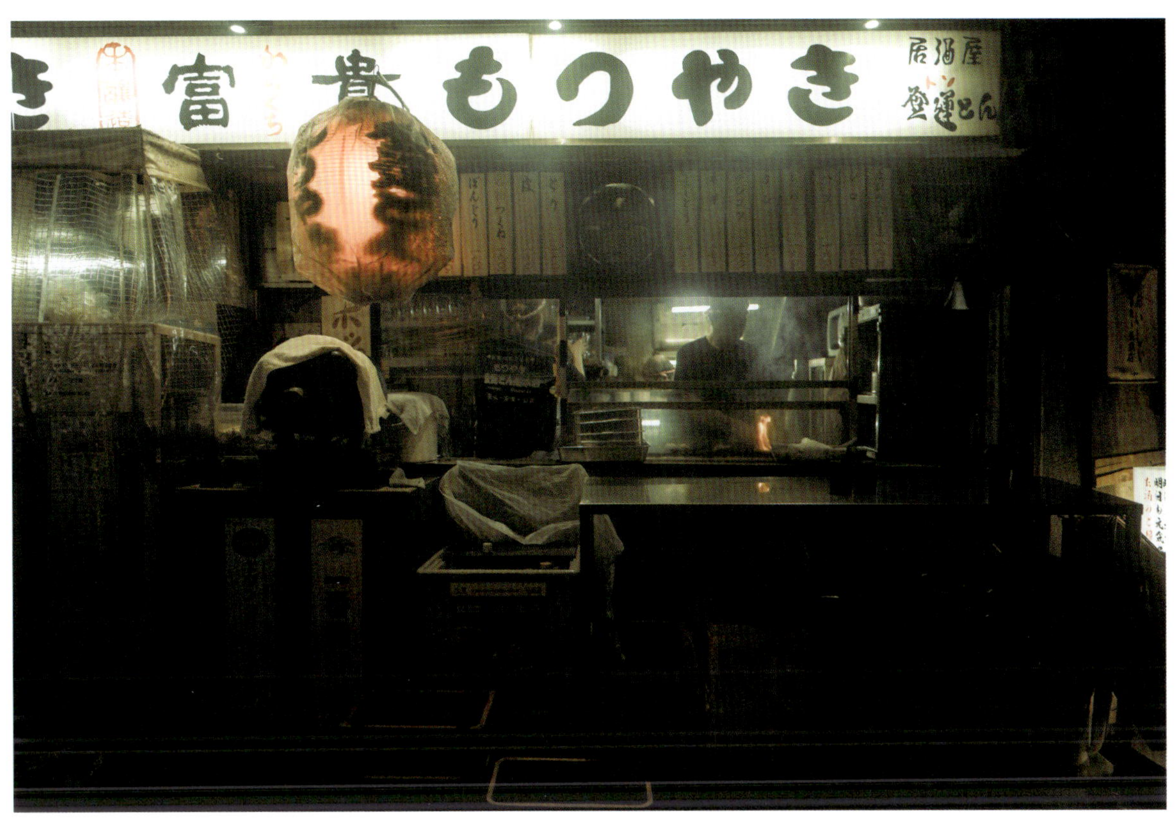

富
もつやき
居酒屋
登運とん

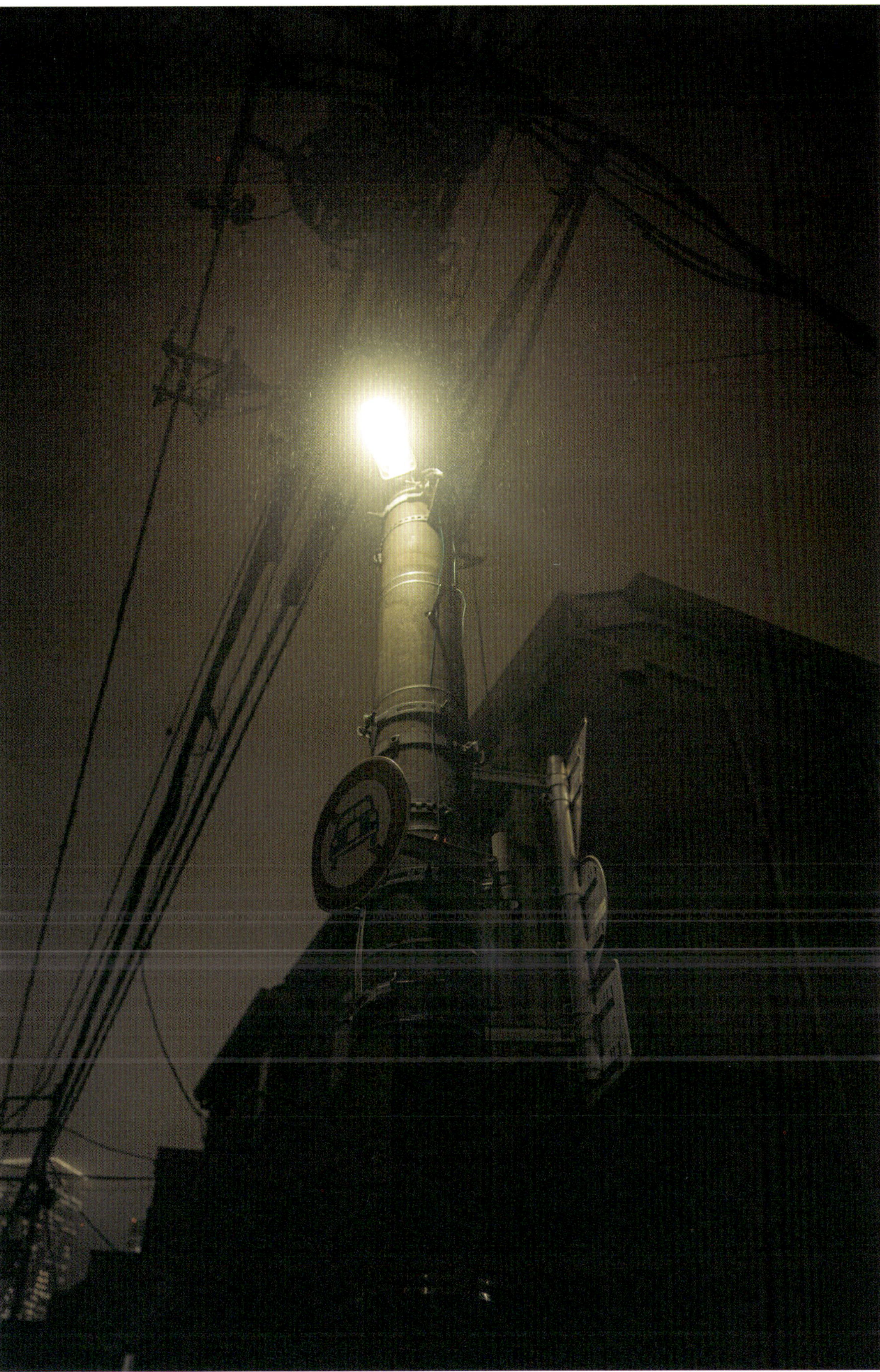

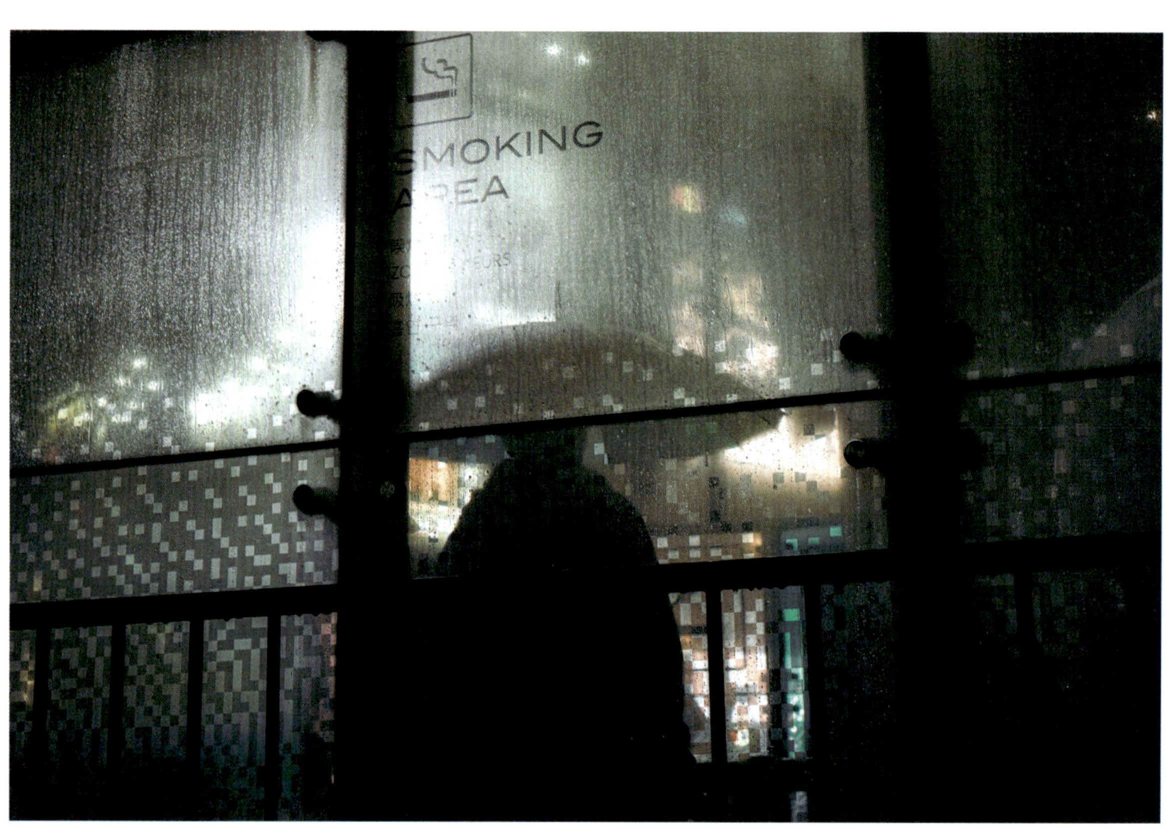
SMOKING

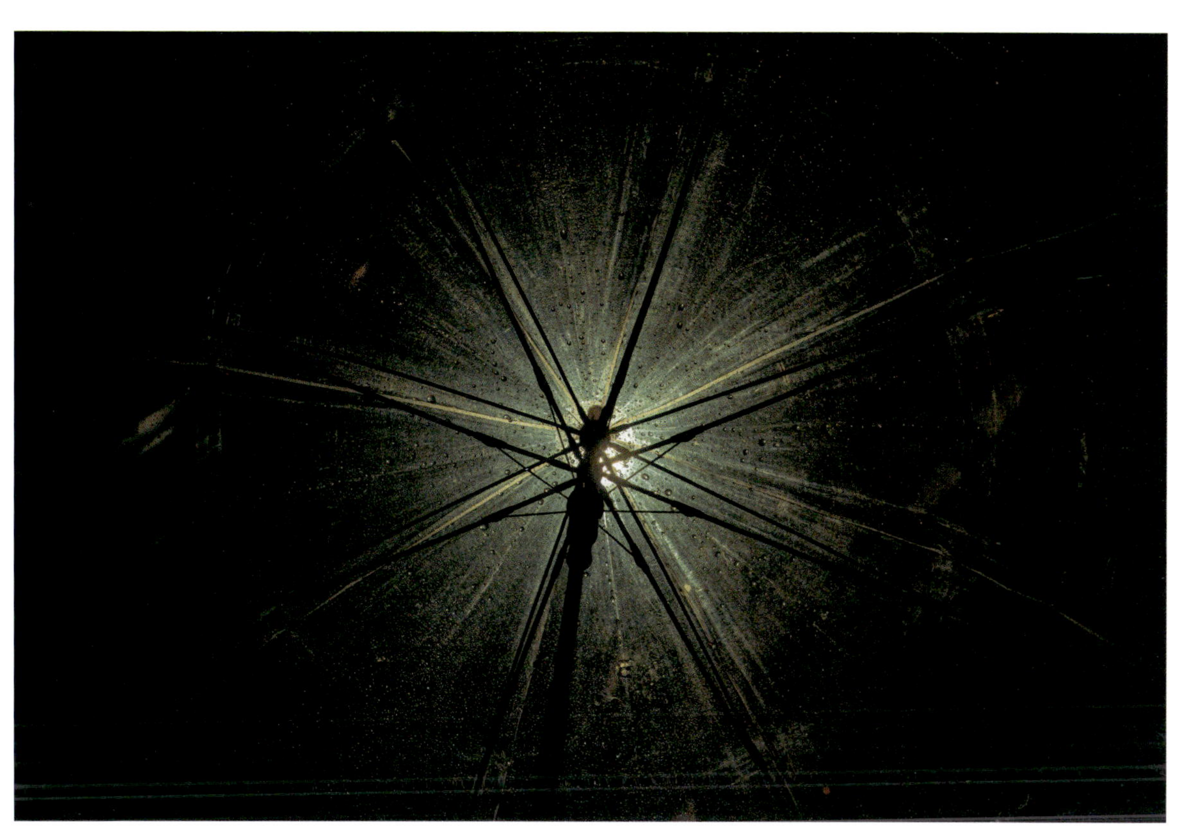

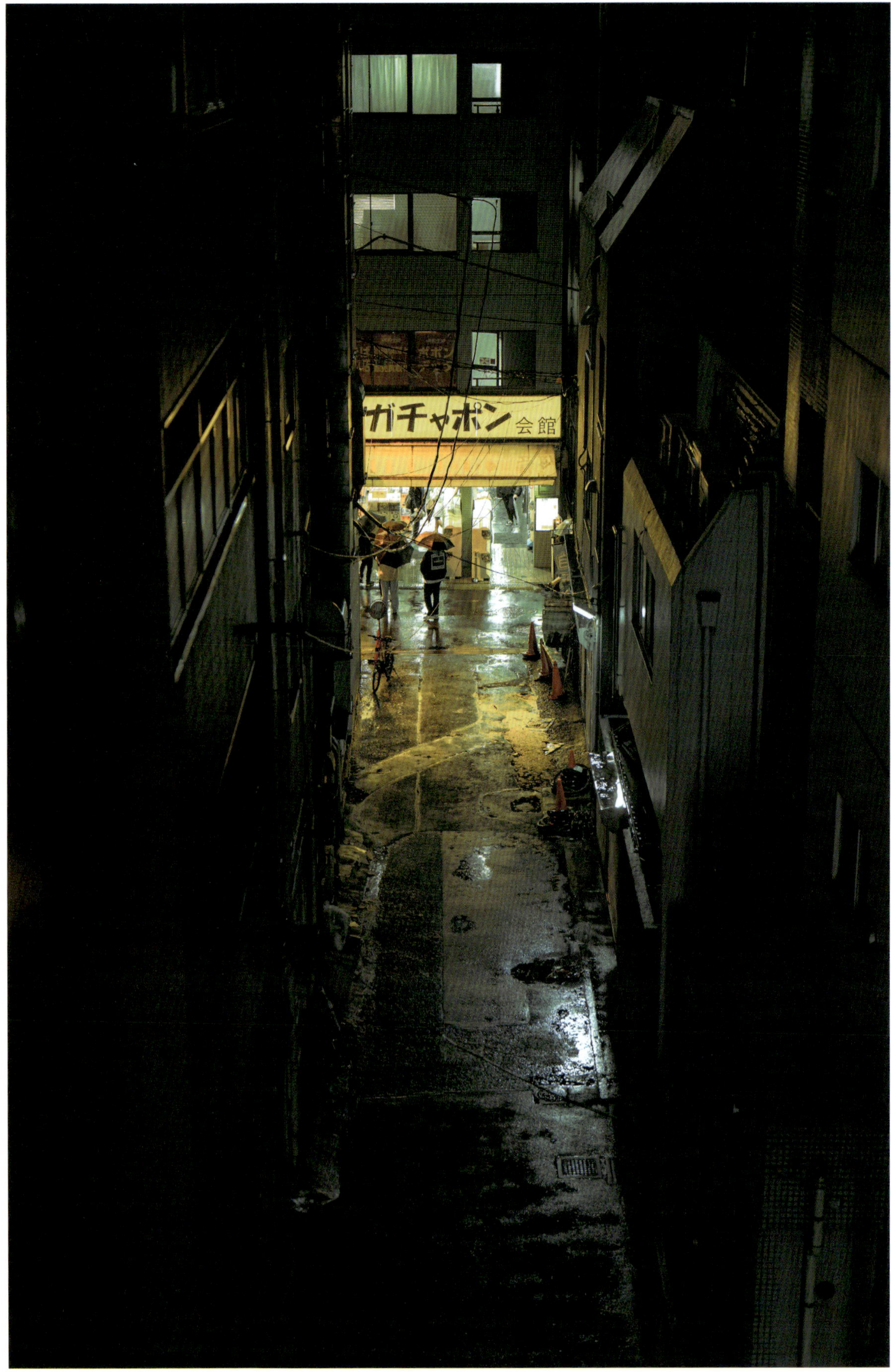
ガチャポン会館

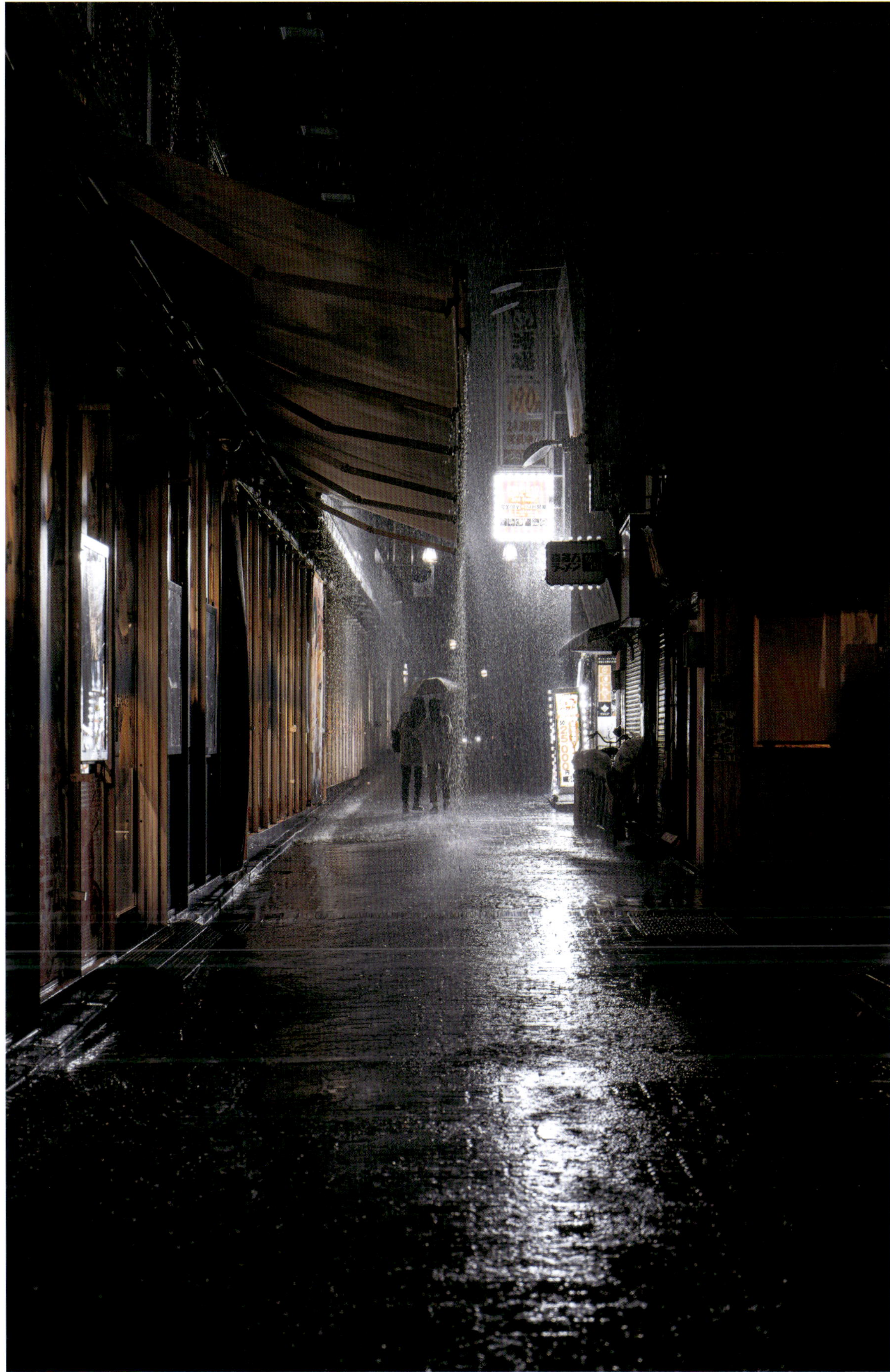

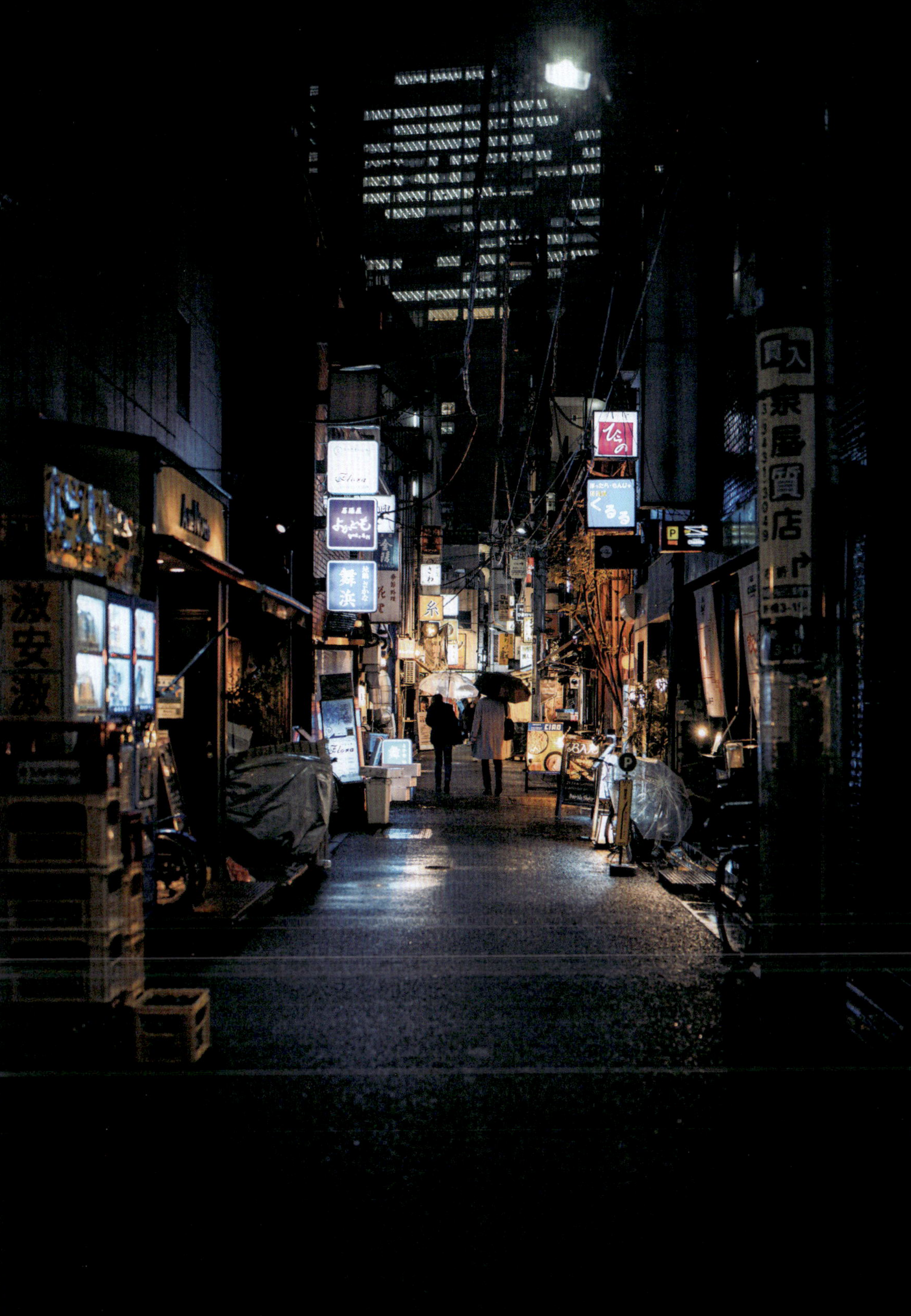

Flora
舞浜
くるる
糸
買入
激安

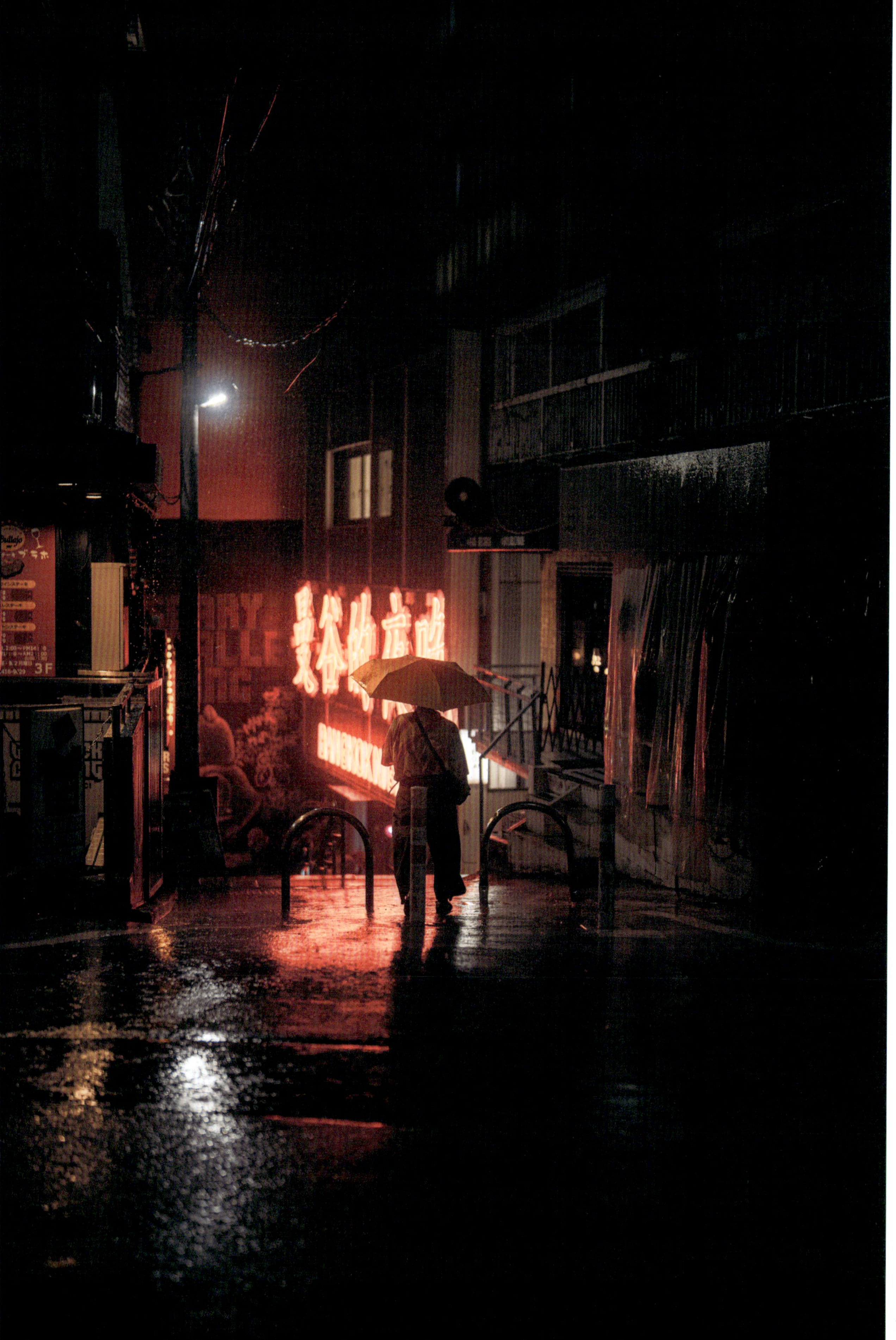
3F

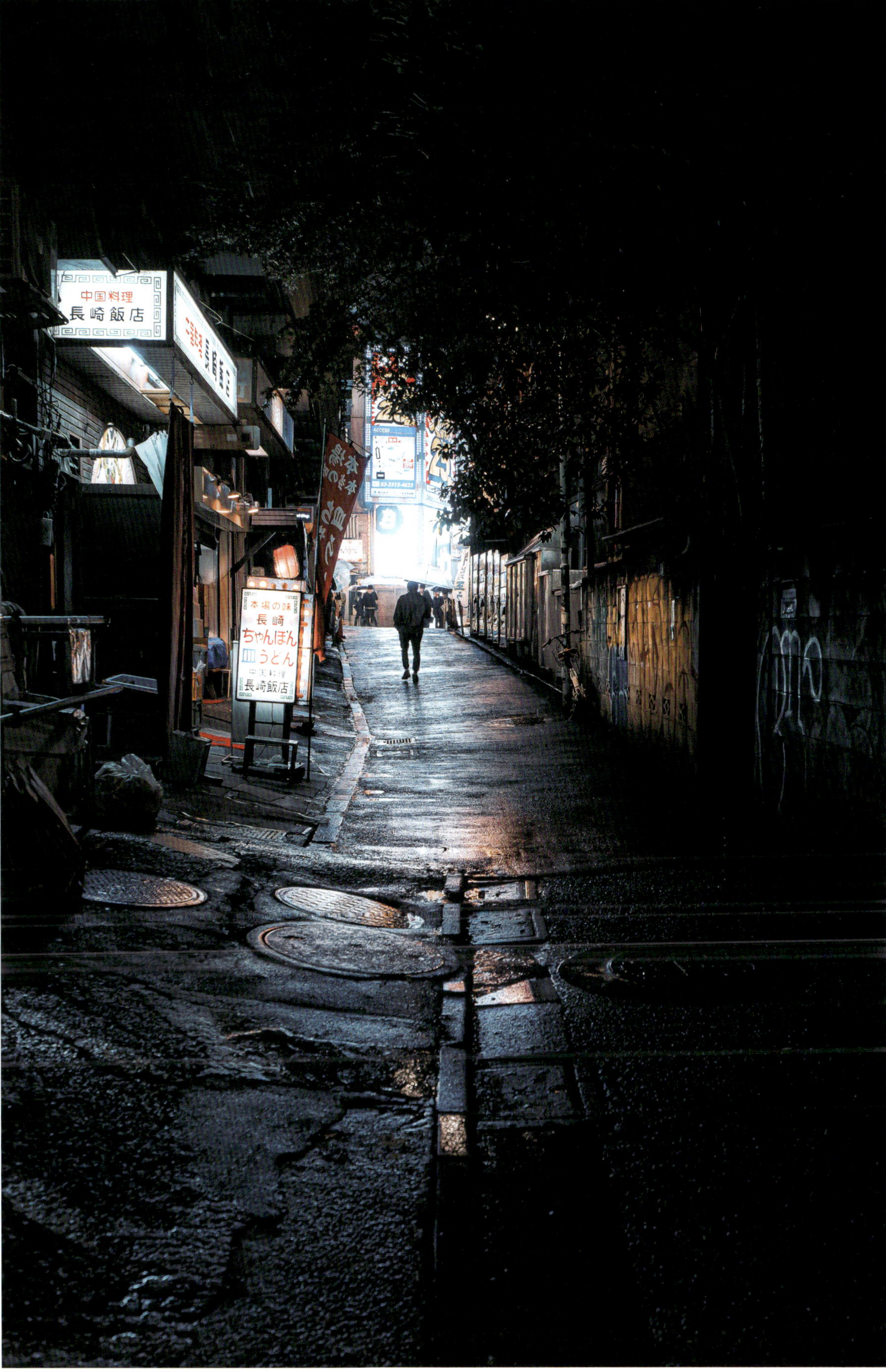

中国料理
長崎飯店
本場の味
長崎
ちゃんぽん
皿うどん
中国料理
長崎飯店

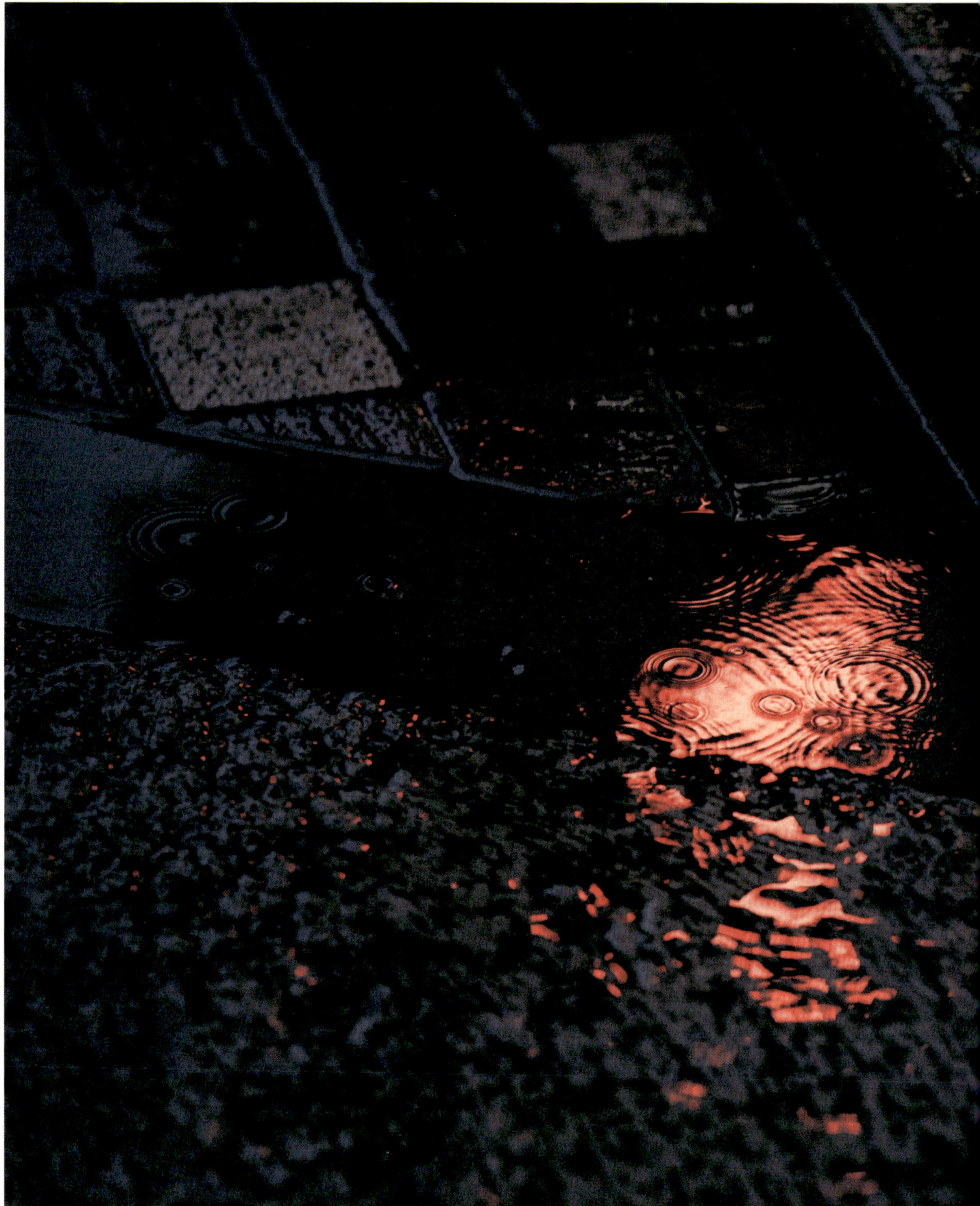

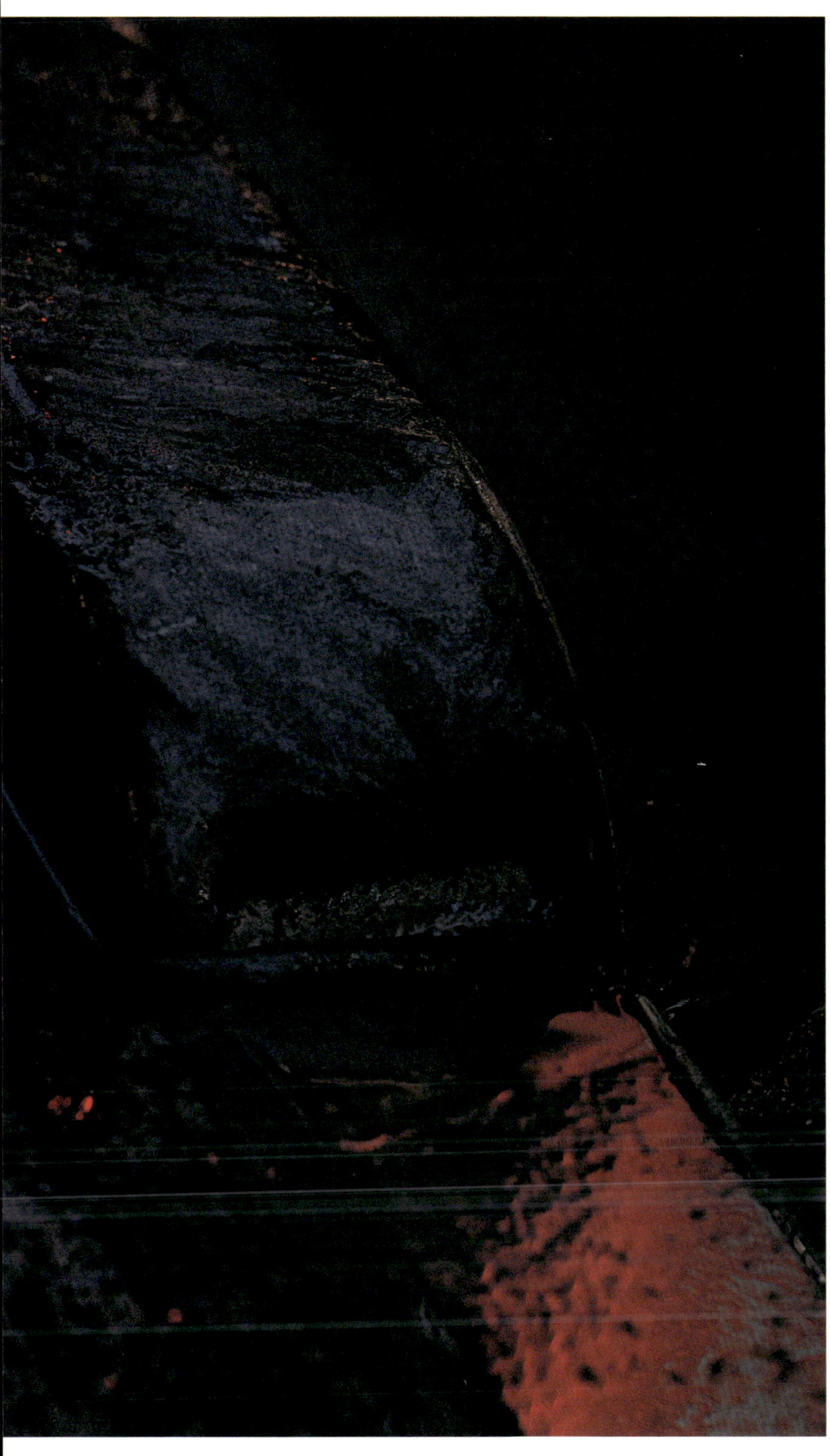

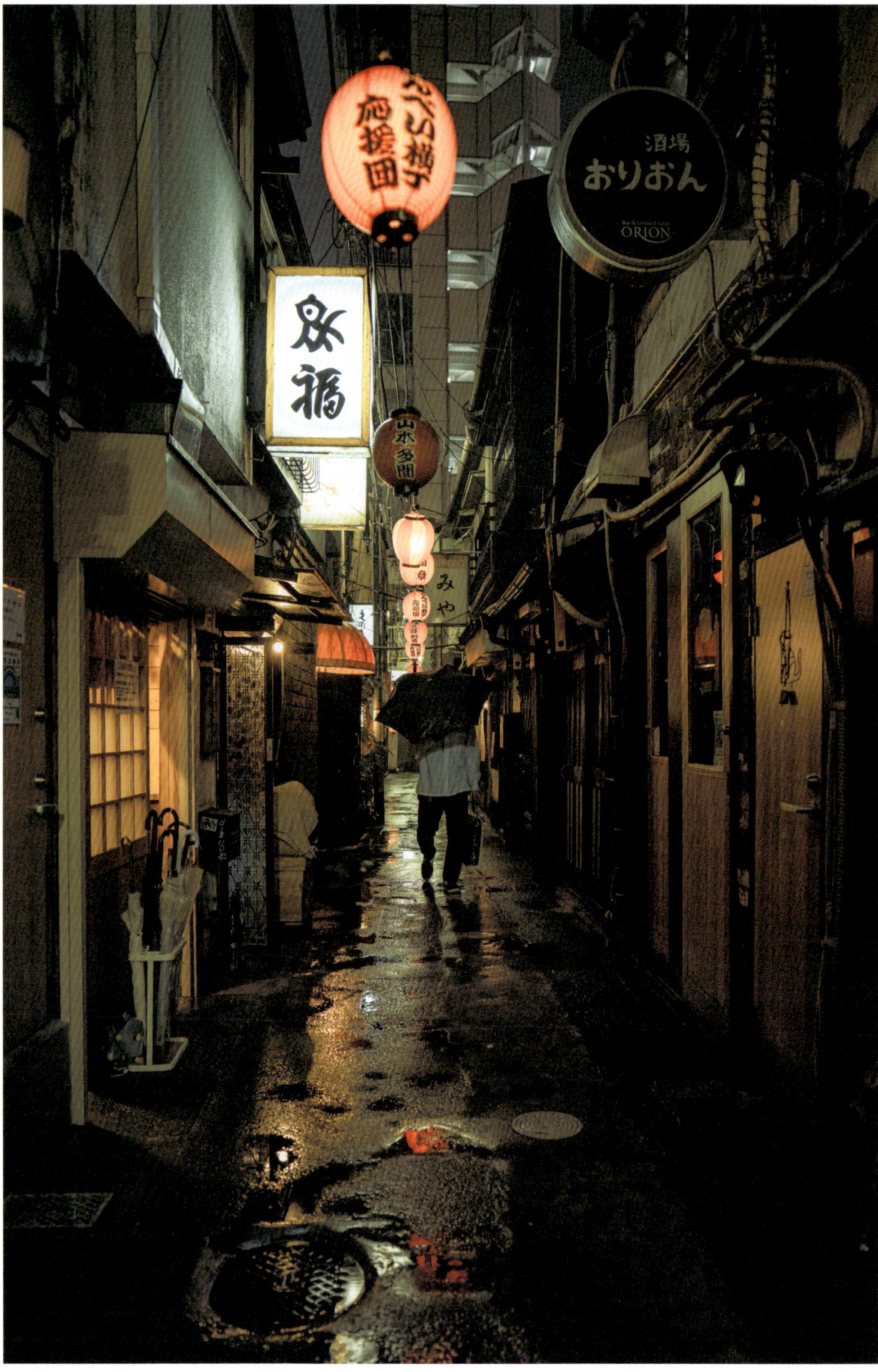
応援団
永福
酒場
おりおん
ORION
みや

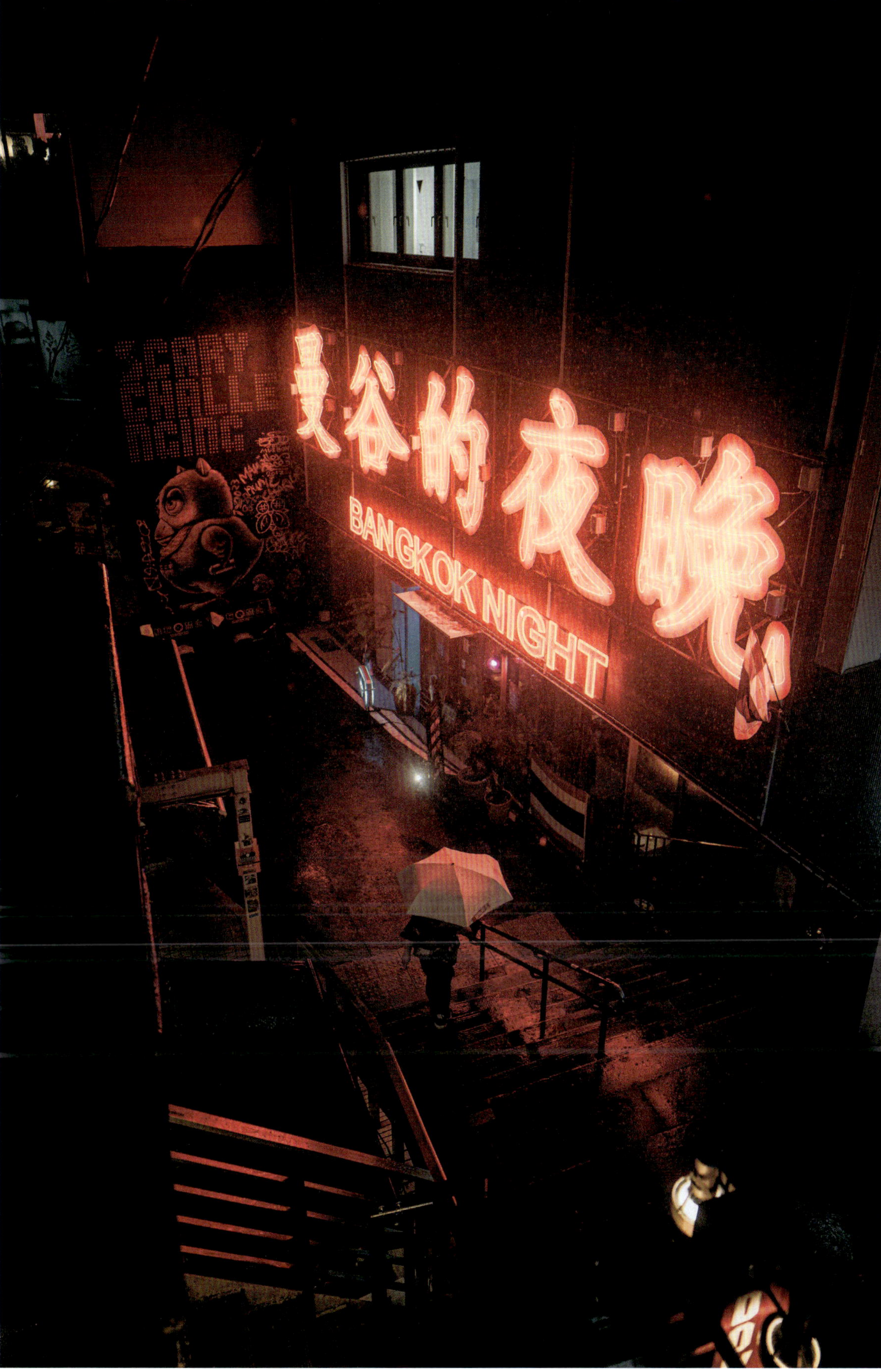
曼谷的夜晚
BANGKOK NIGHT

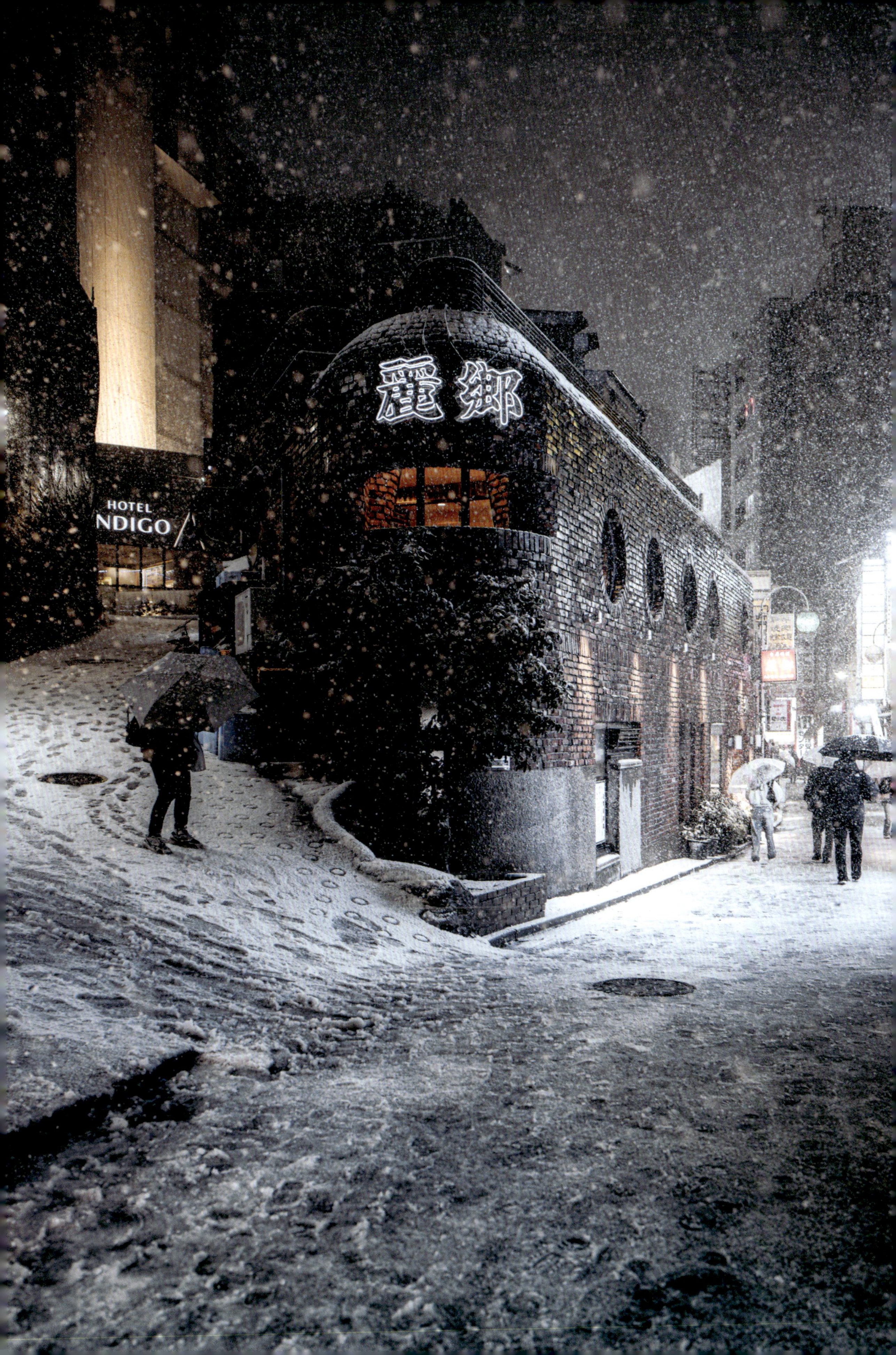
麗郷
HOTEL
NDIGO

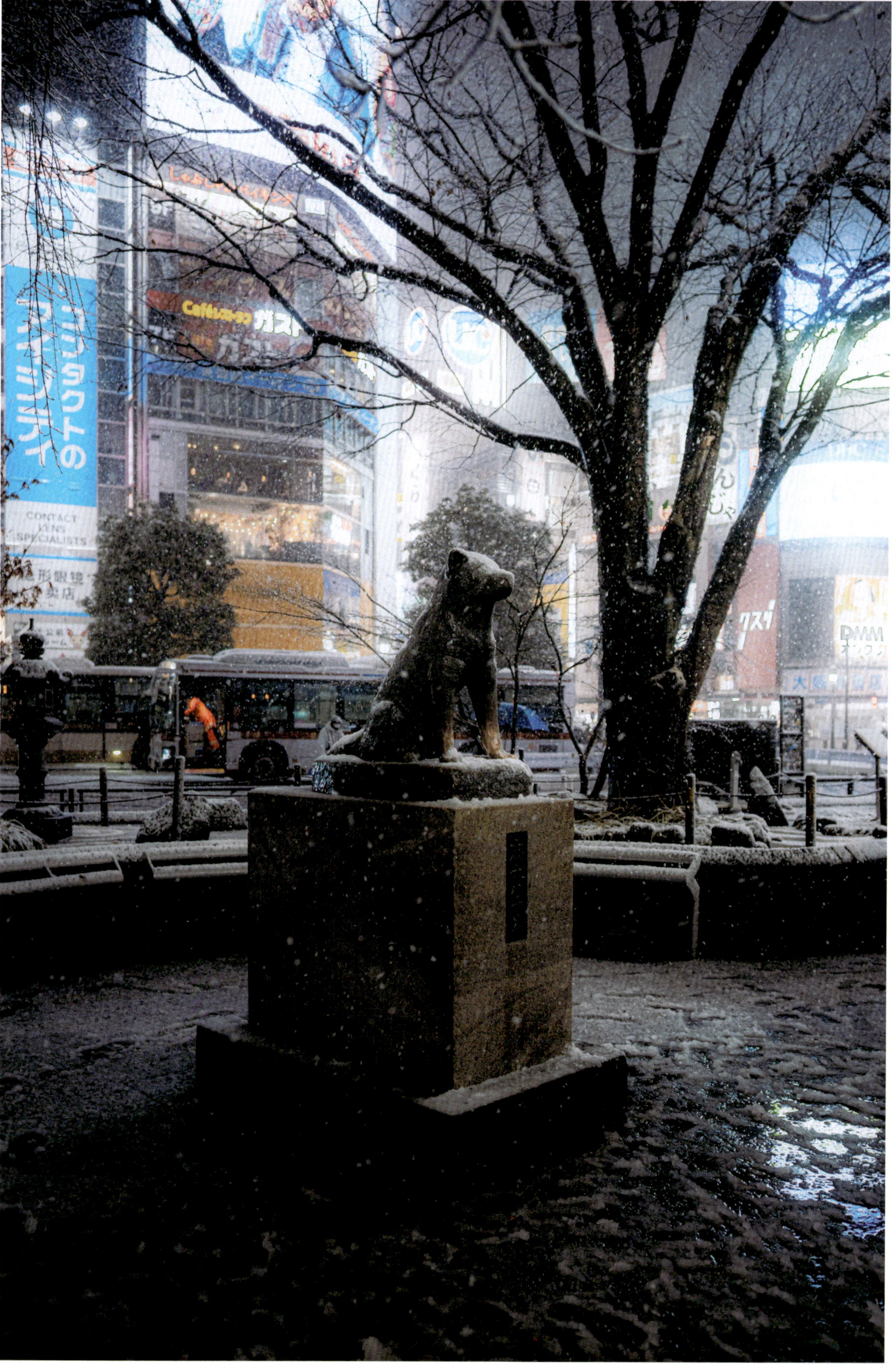
コンタクトの
アイシティ
CONTACT
LENS
SPECIALISTS
Caféレストラン ガスト
DMM

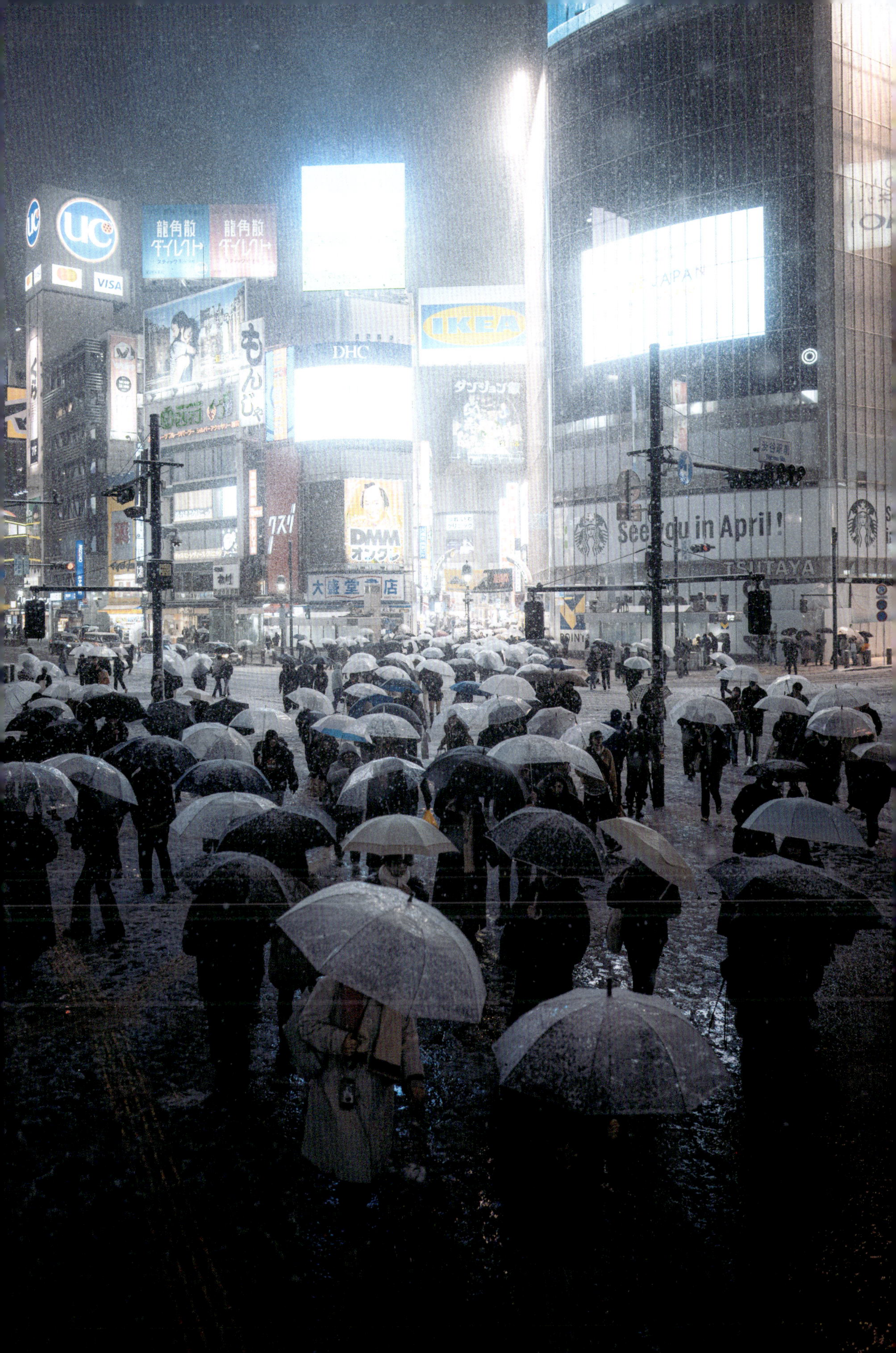

UC
VISA
龍角散ダイレクト
龍角散ダイレクト
DHC
IKEA
もんじゃ
クスリ
DMM
TSUTAYA

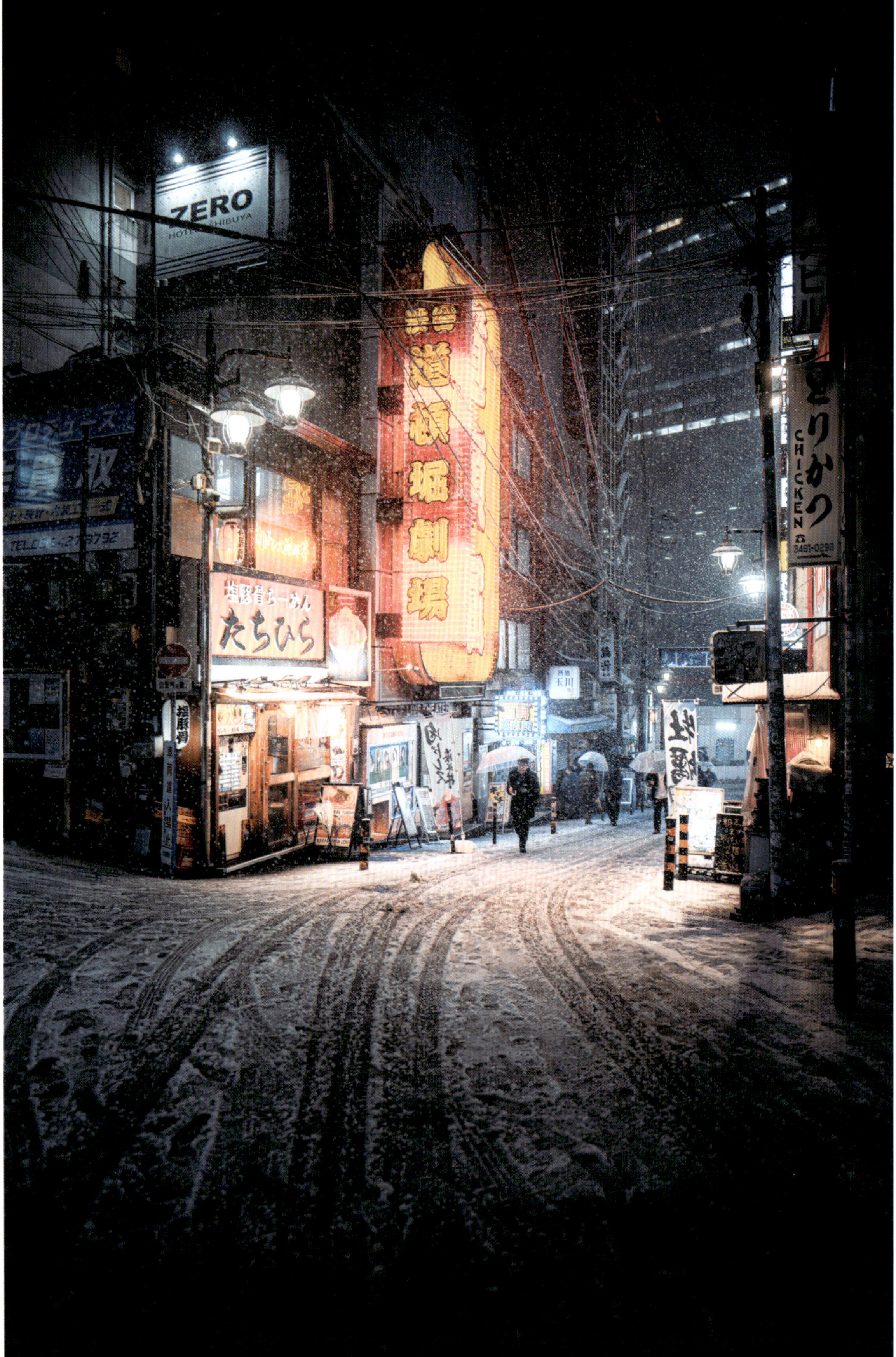
ZERO
渋谷
道頓堀劇場
塩豚骨らーめん
たちひら
玉川
とりかつ
CHICKEN
3461-0298

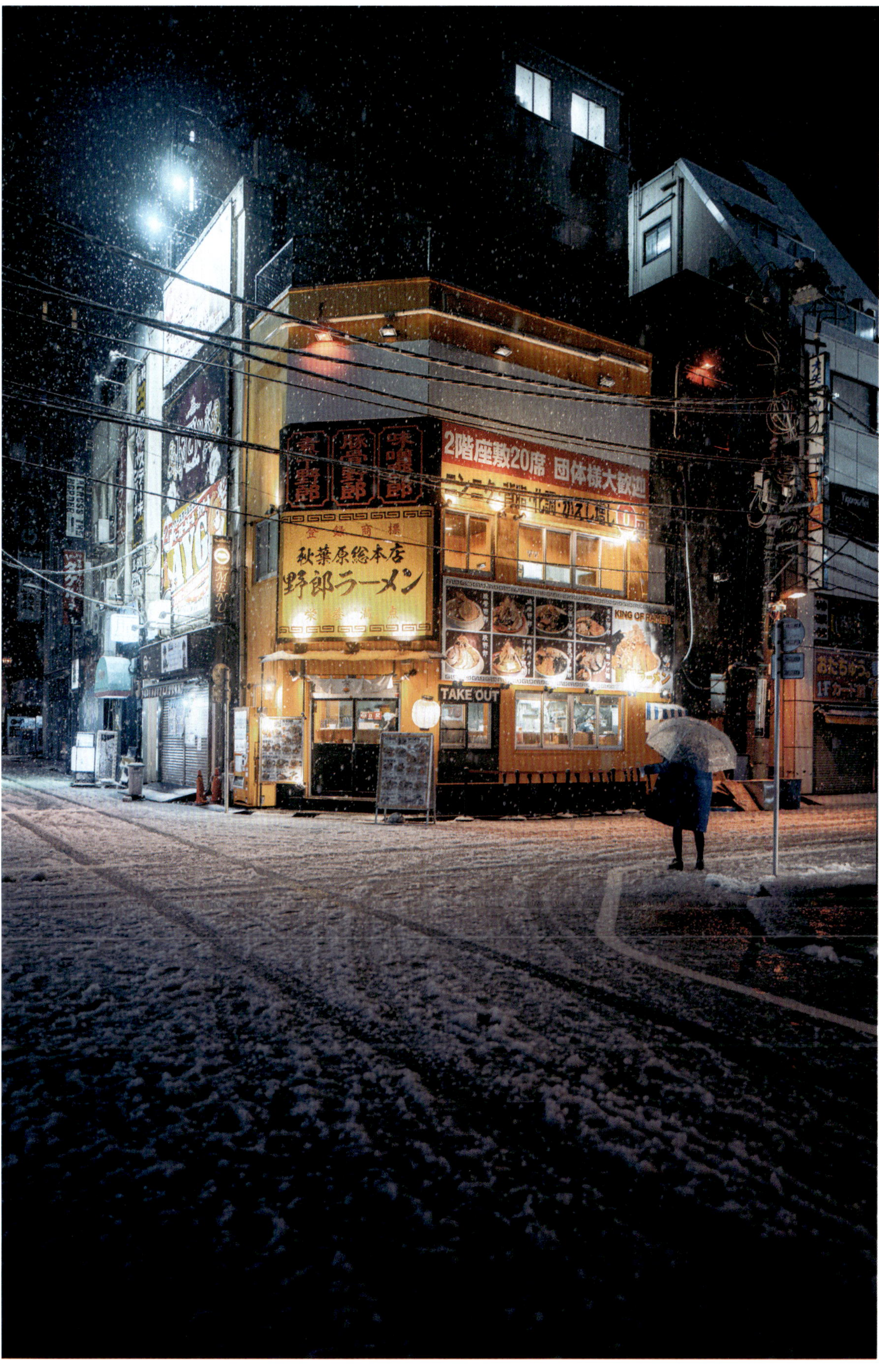

味噌野郎
豚骨野郎
2階座敷20席 団体様大歓迎
秋葉原総本店
野郎ラーメン
KING OF RAMEN
TAKE OUT
MENU

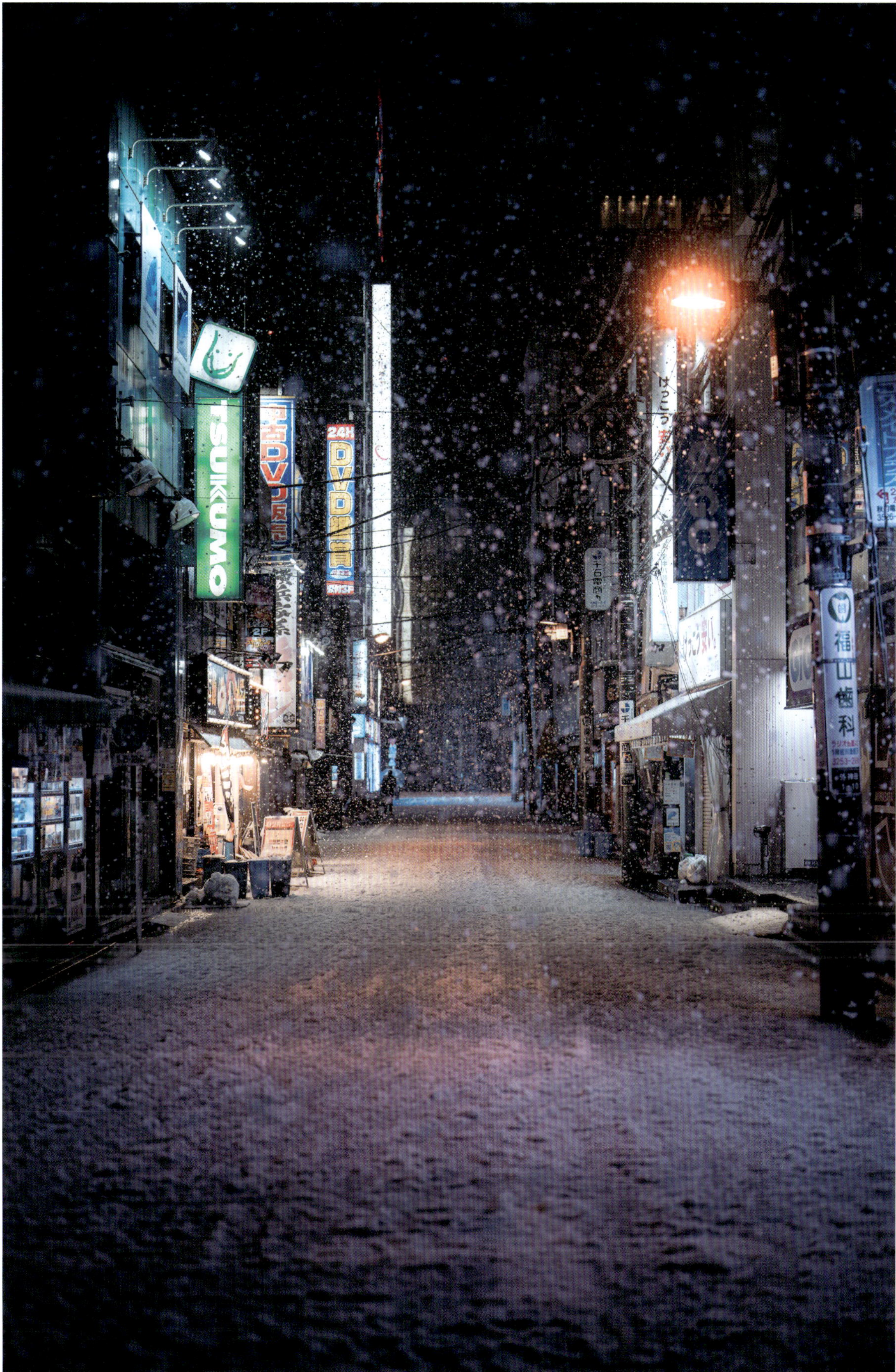
TSUKUMO
24H
福山歯科

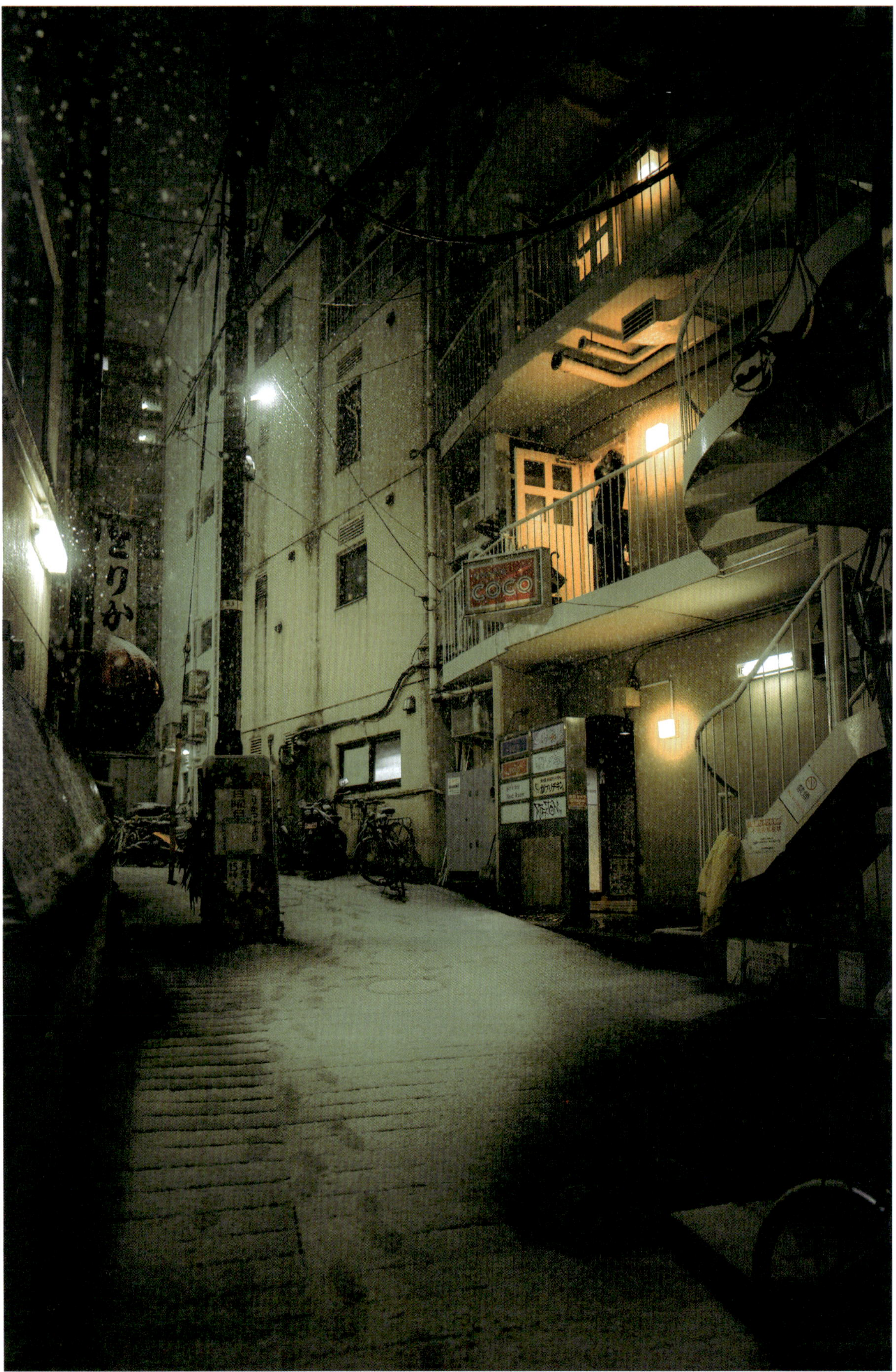
COCO

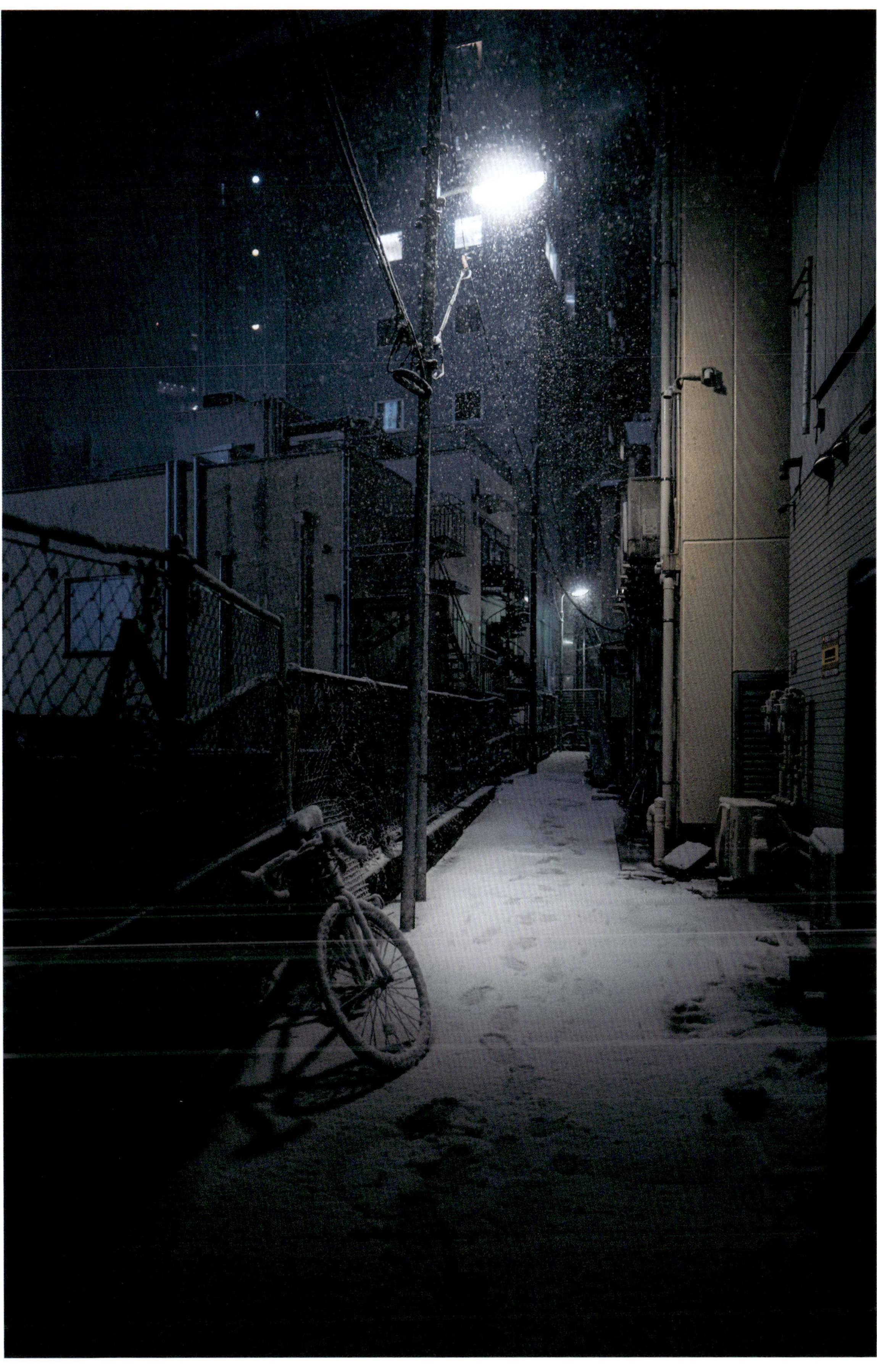

CHAPTER 4

孤独の標本

Solitude

夜更けの東京を歩くと、世界に一人取り残されたような錯覚を起こす瞬間がある。
都市の静けさに身を置き、孤独な時間を楽しんでいると、街に向いていた意識が人に切り替わり、
不意に現れる人影にカメラを構えずにはいられなくなる。

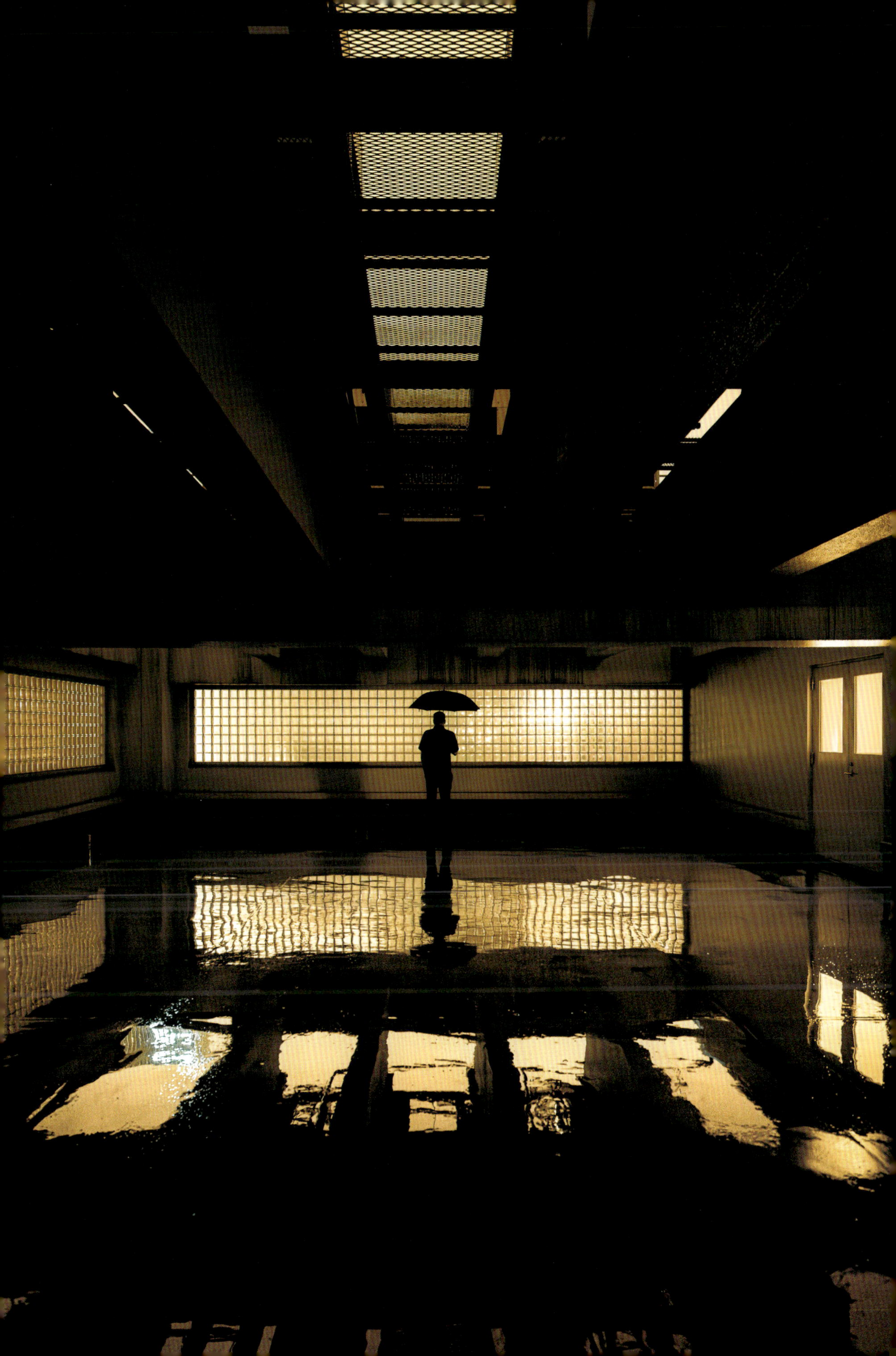

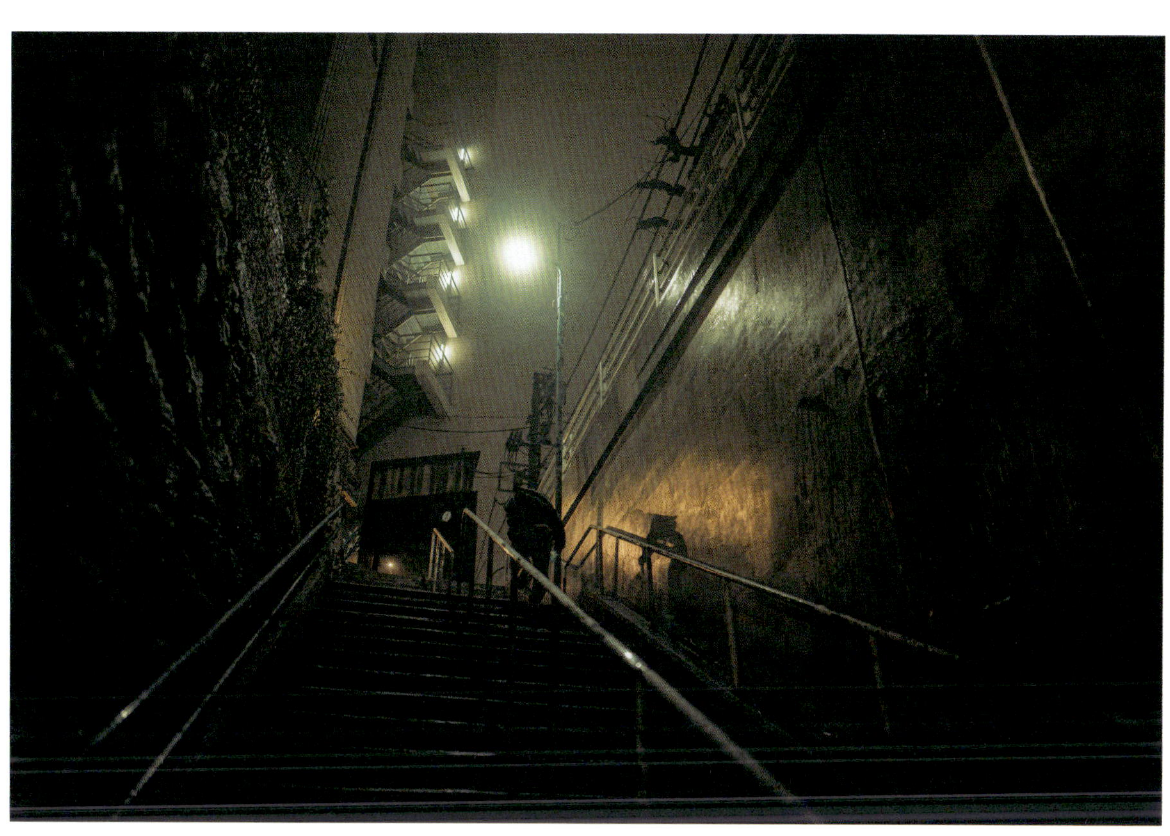

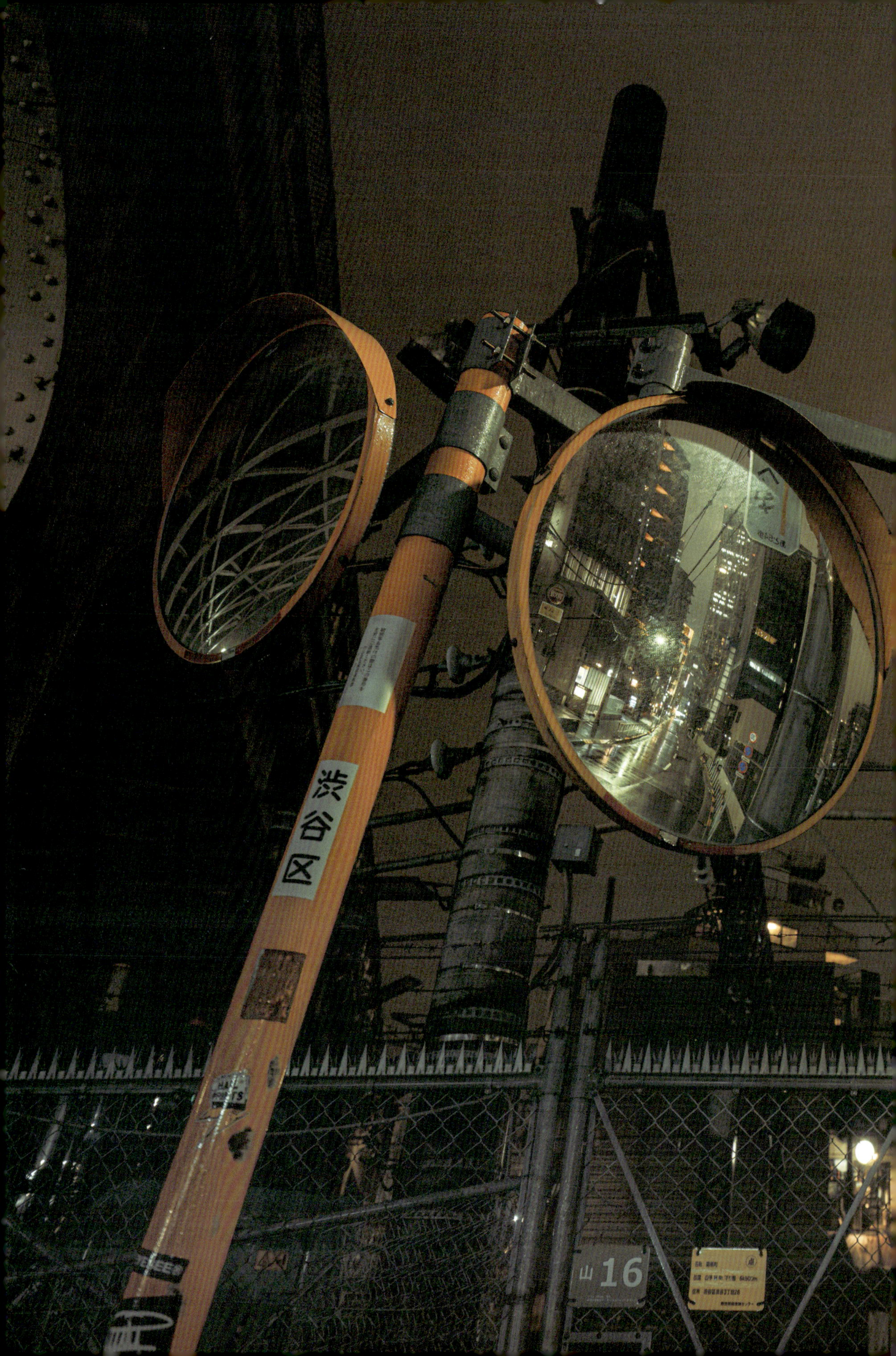
渋谷区
山16

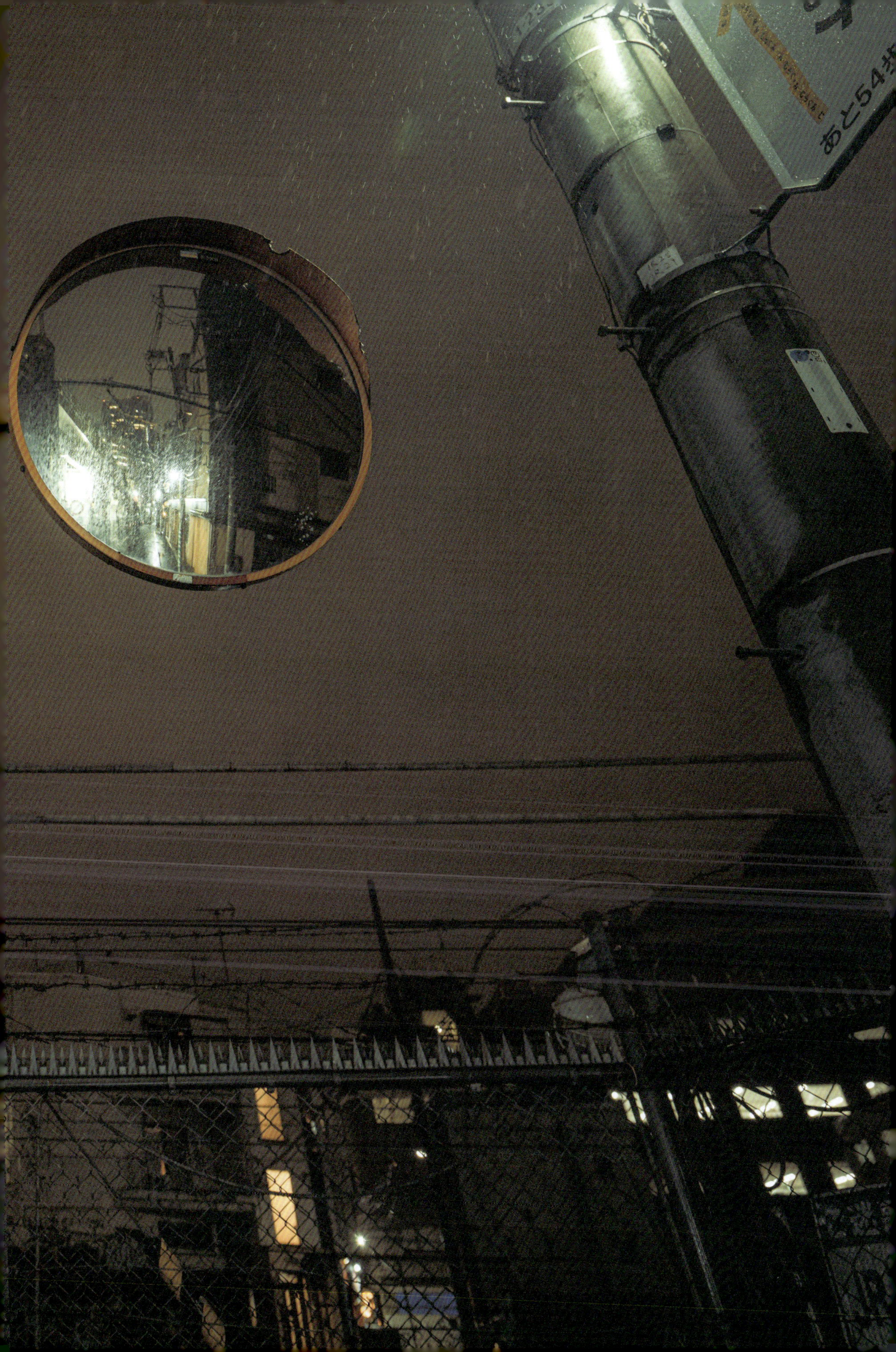

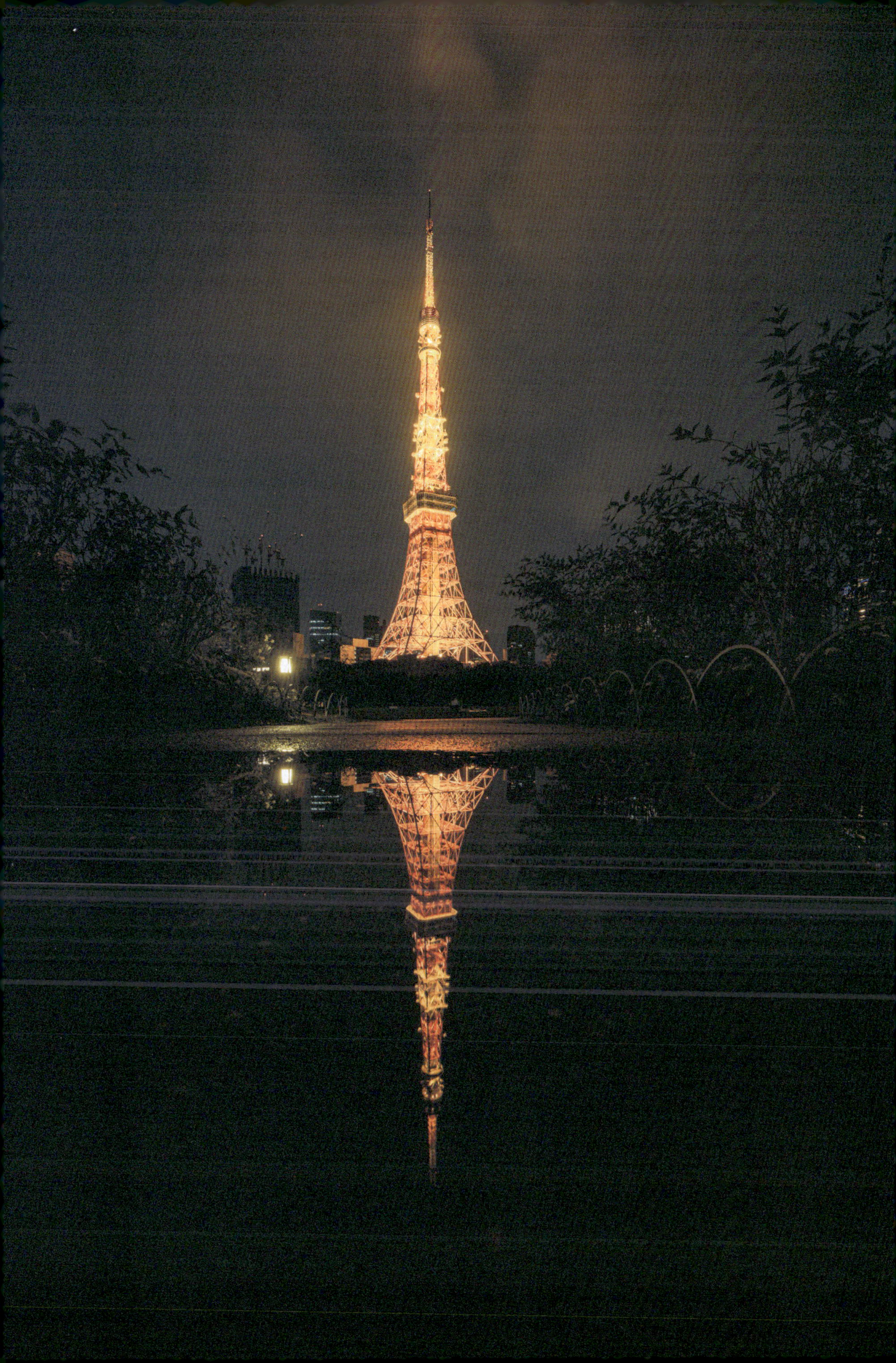

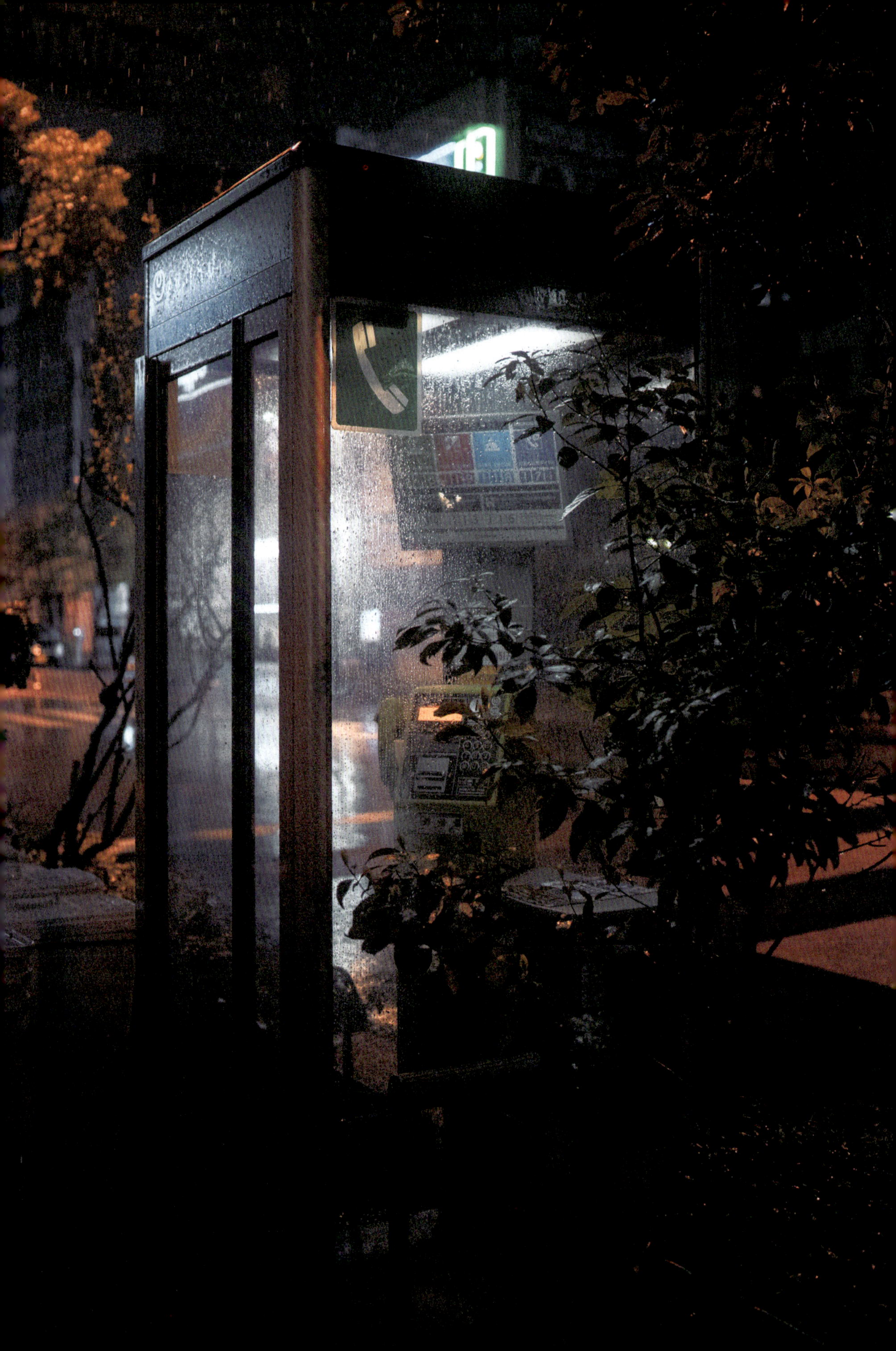

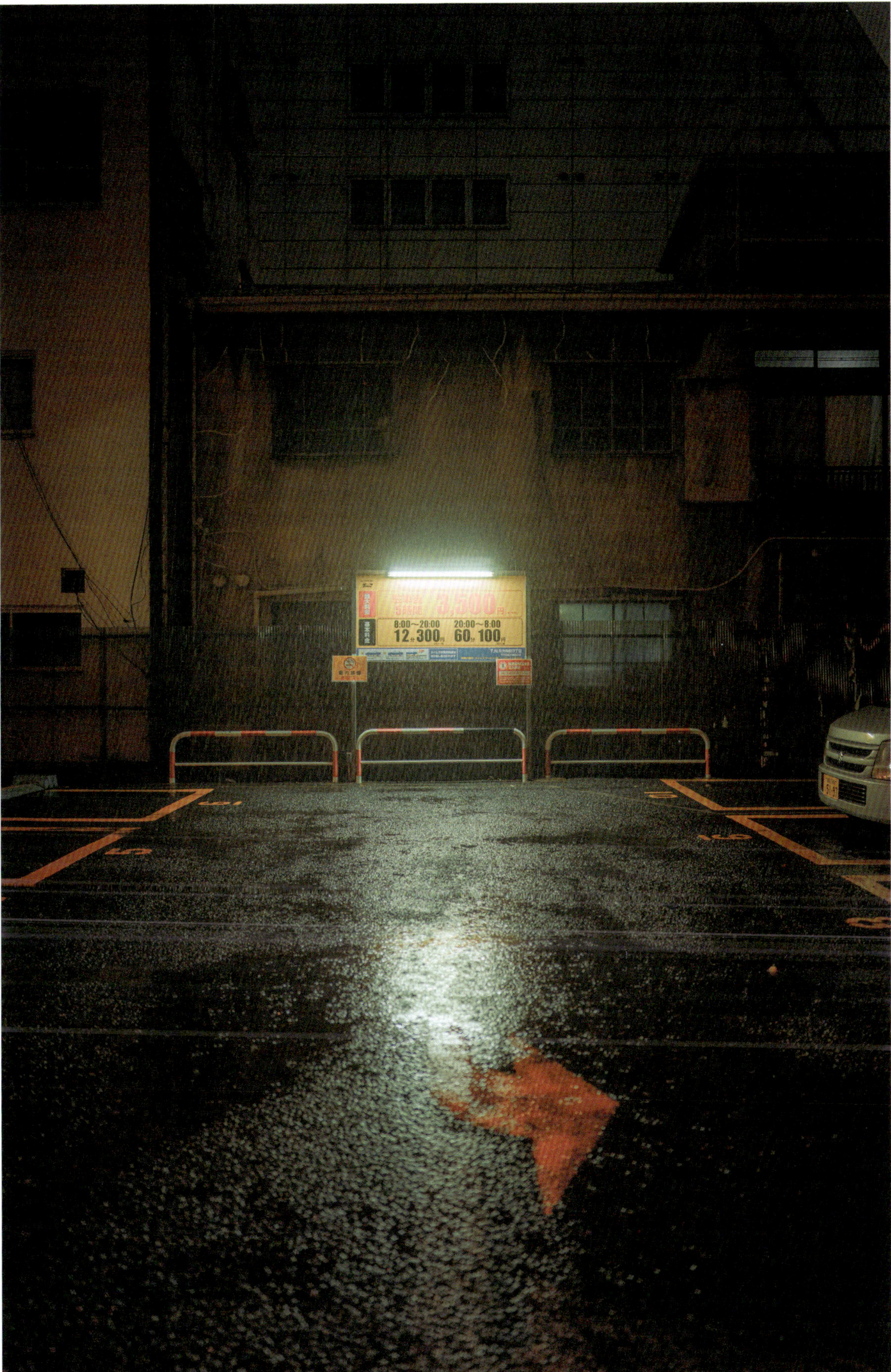
3,500円
8:00～20:00
12分300円
20:00～8:00
60分100円

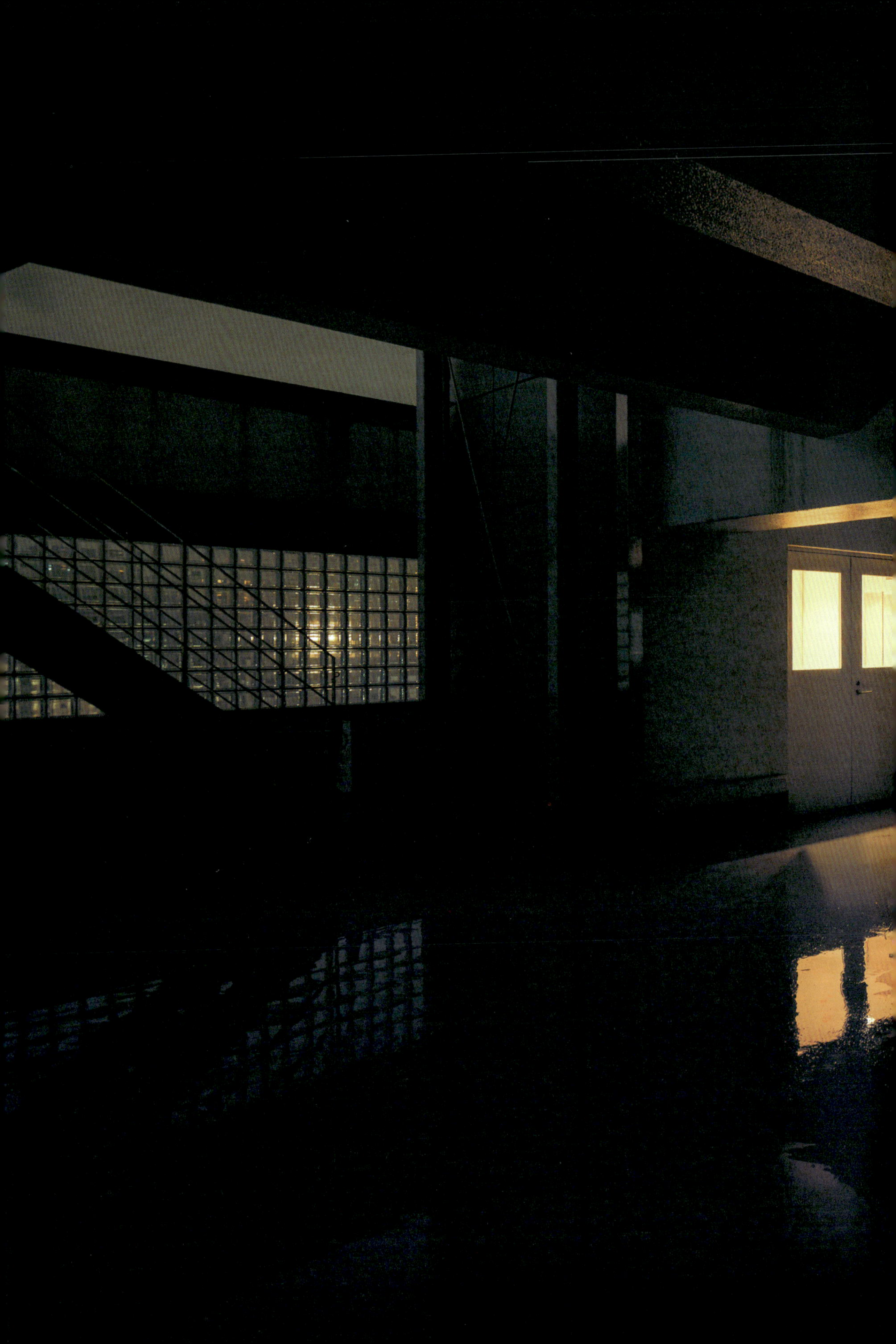

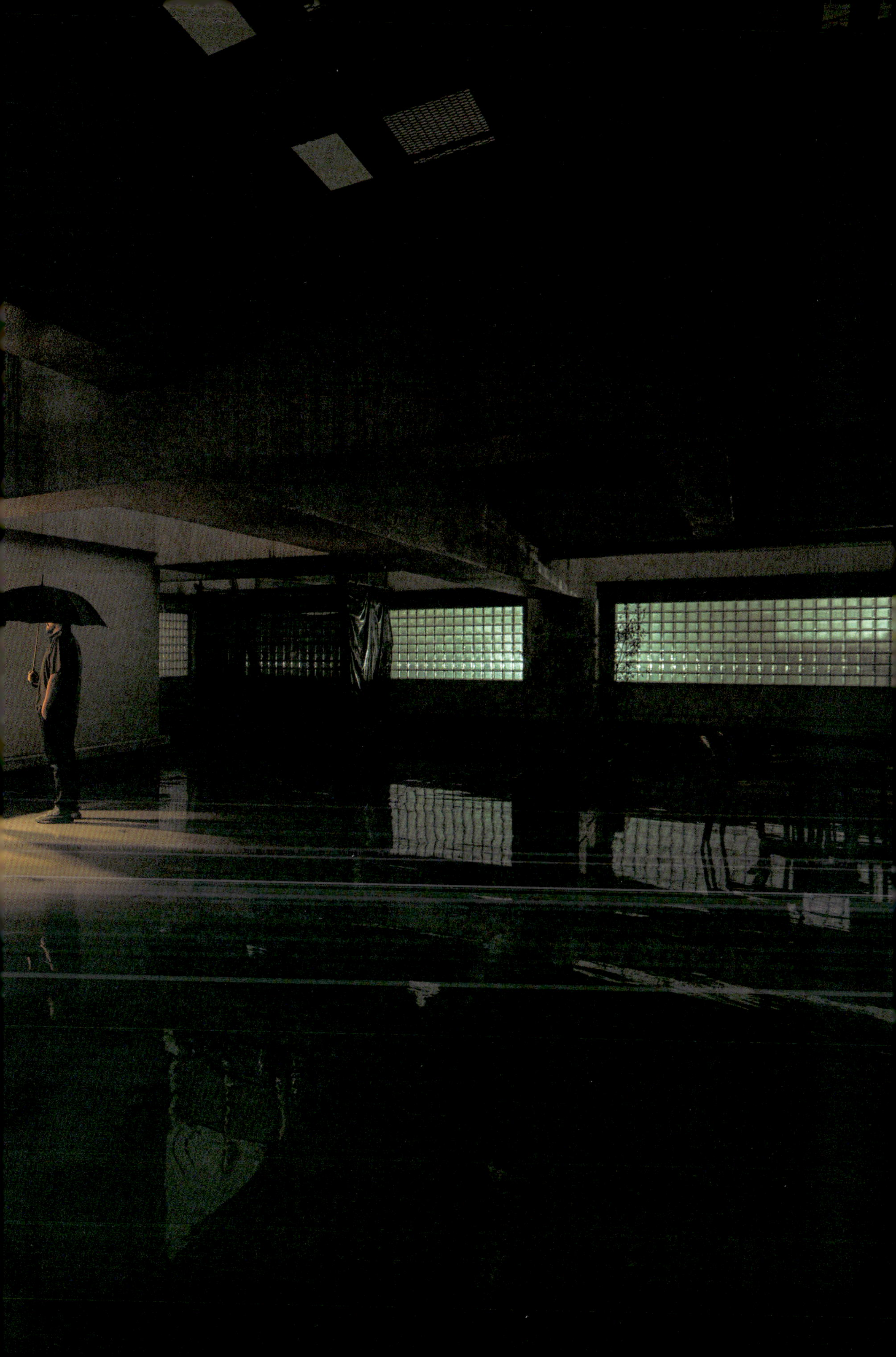

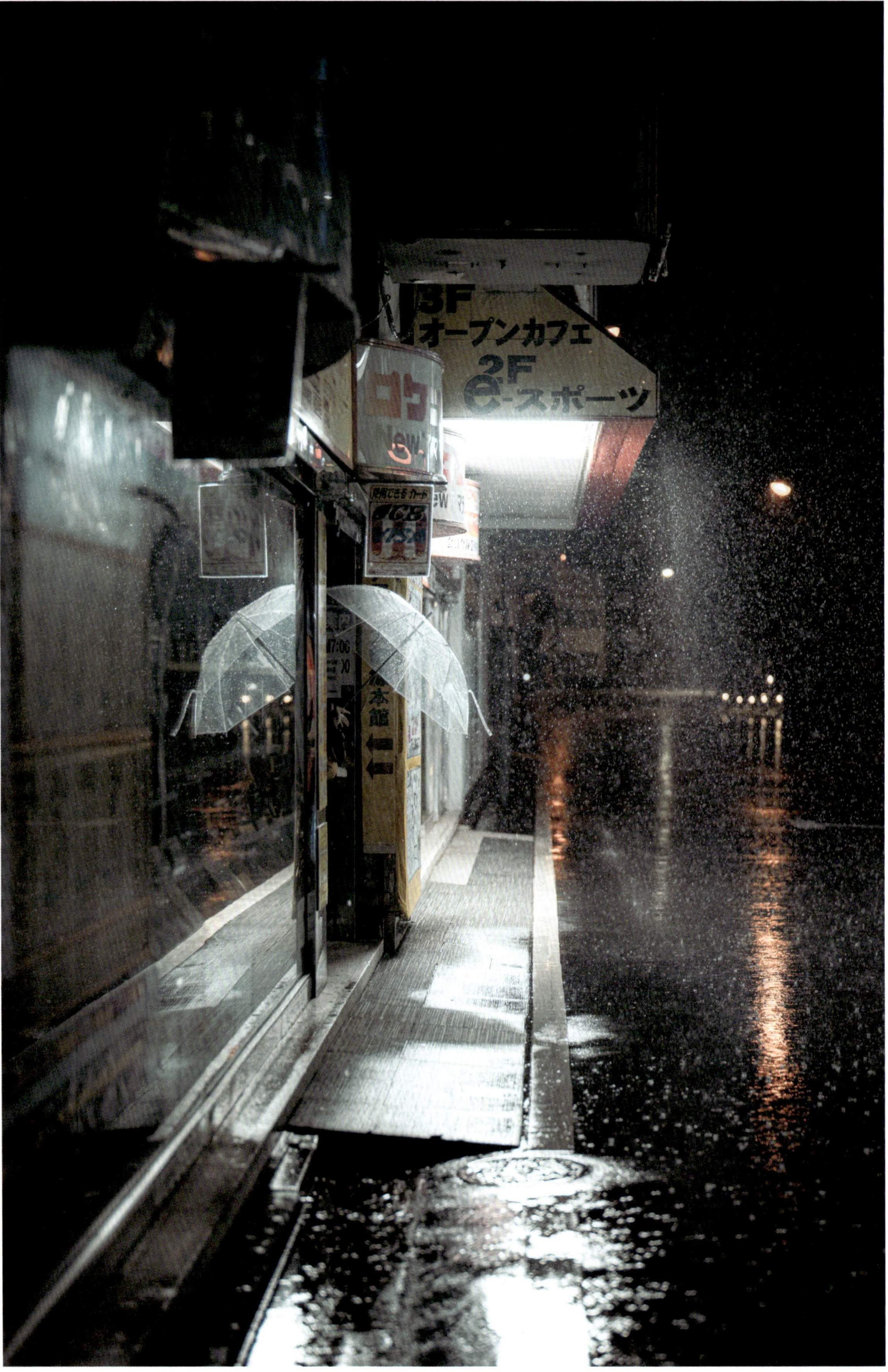
3F
オープンカフェ
2F
e-スポーツ

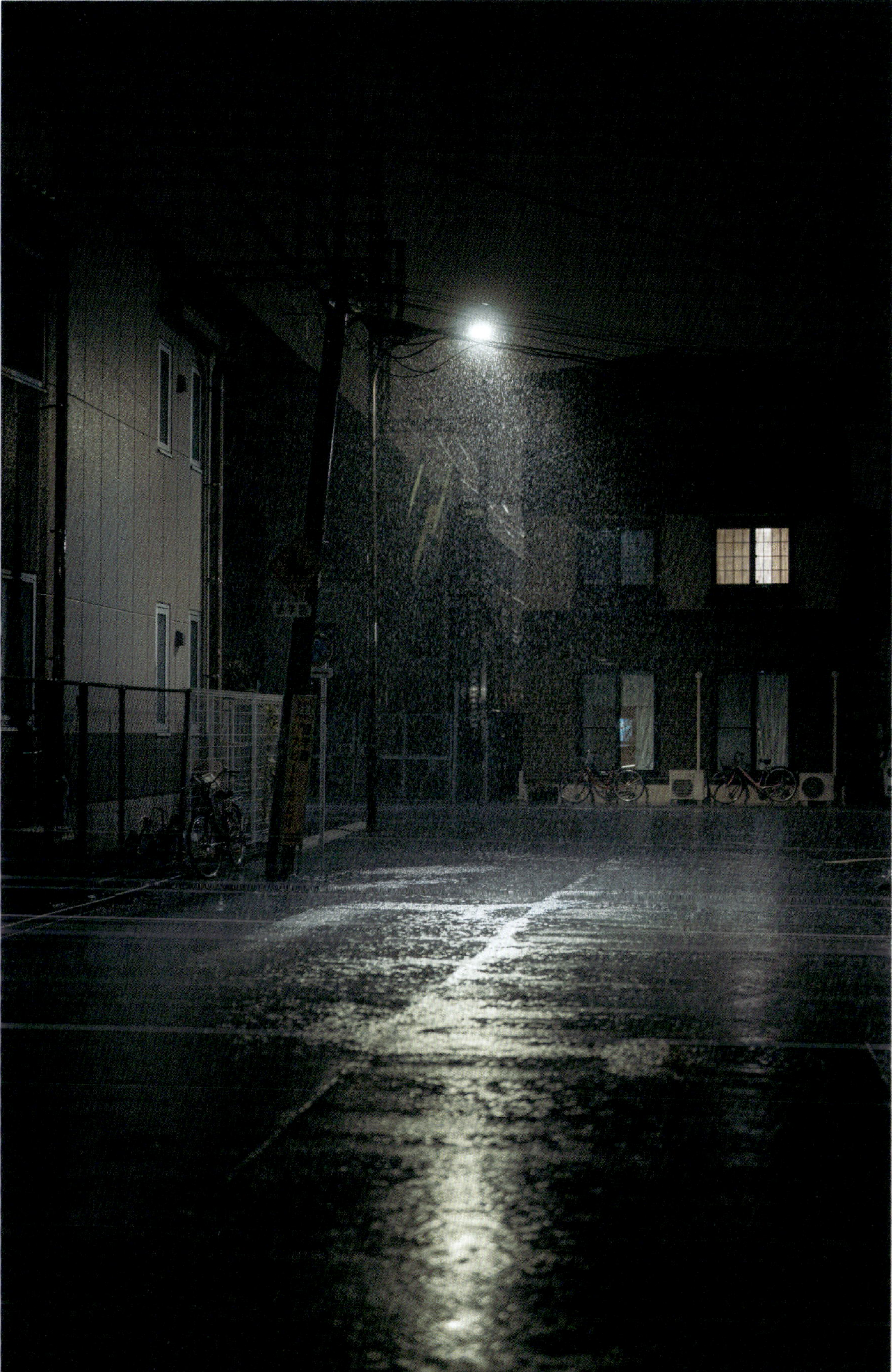

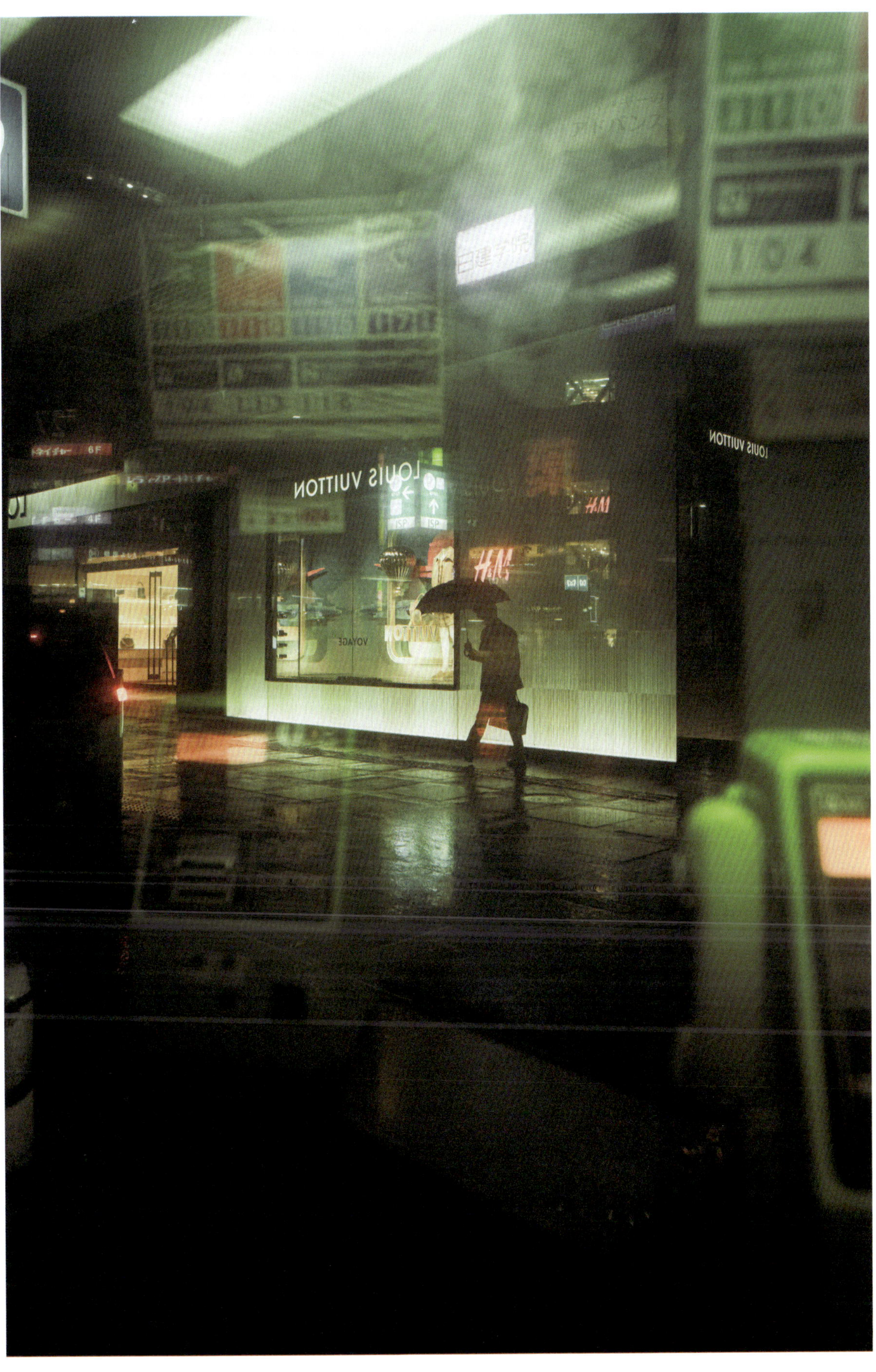
日建学院
LOUIS VUITTON
H&M
VOYAGE

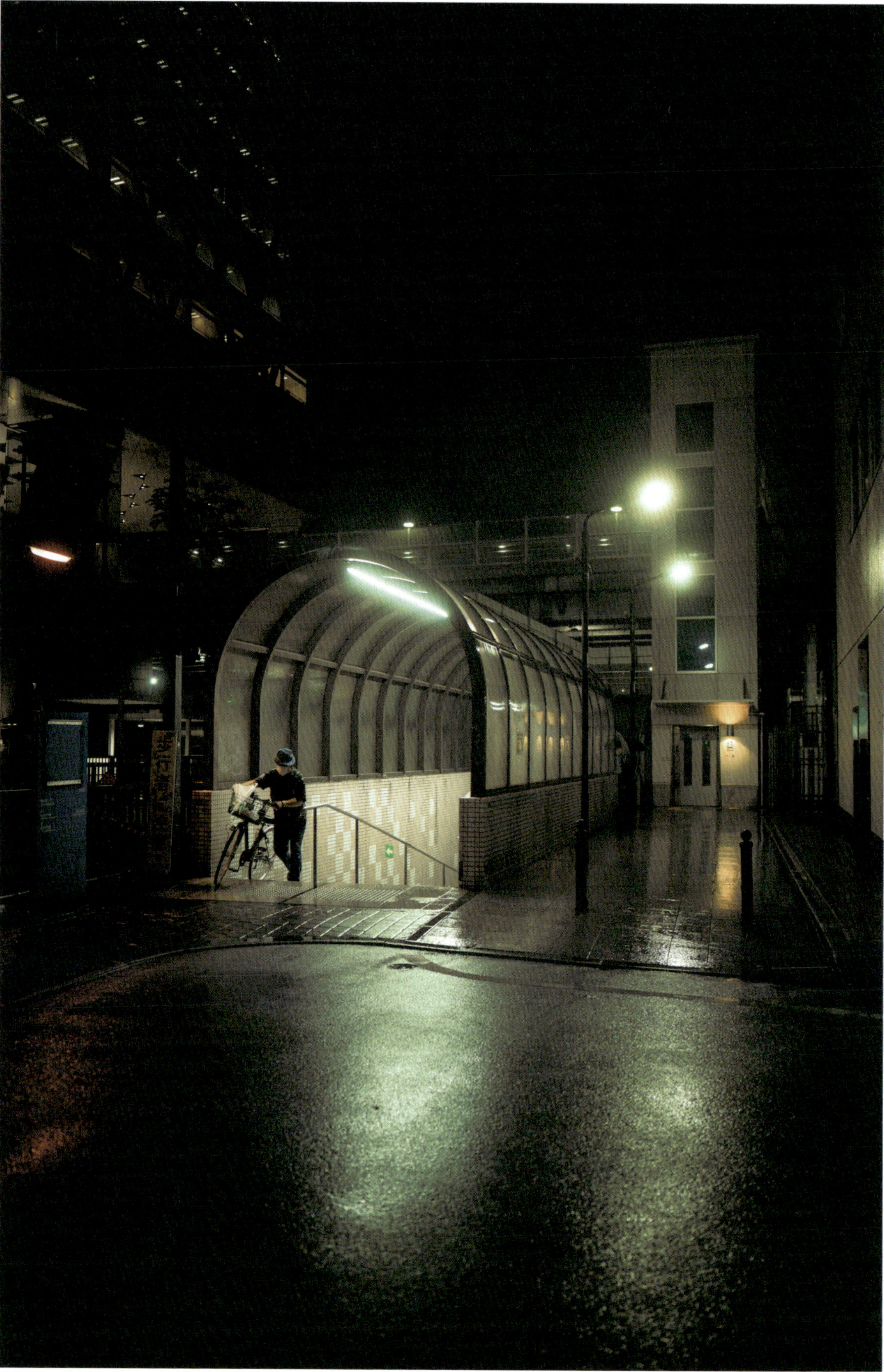

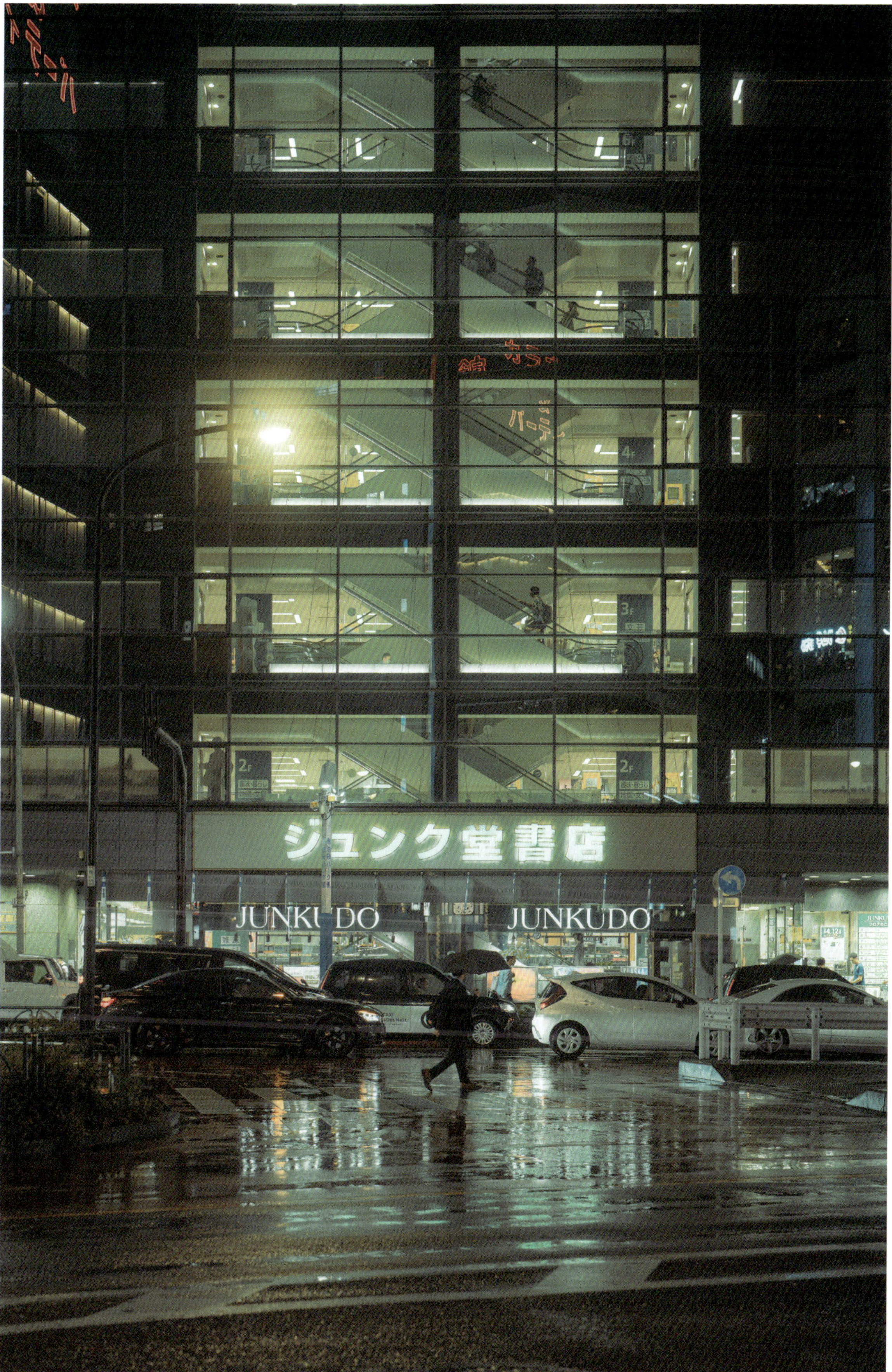
ジュンク堂書店
JUNKUDO
JUNKUDO
4F
3F
2F
2F

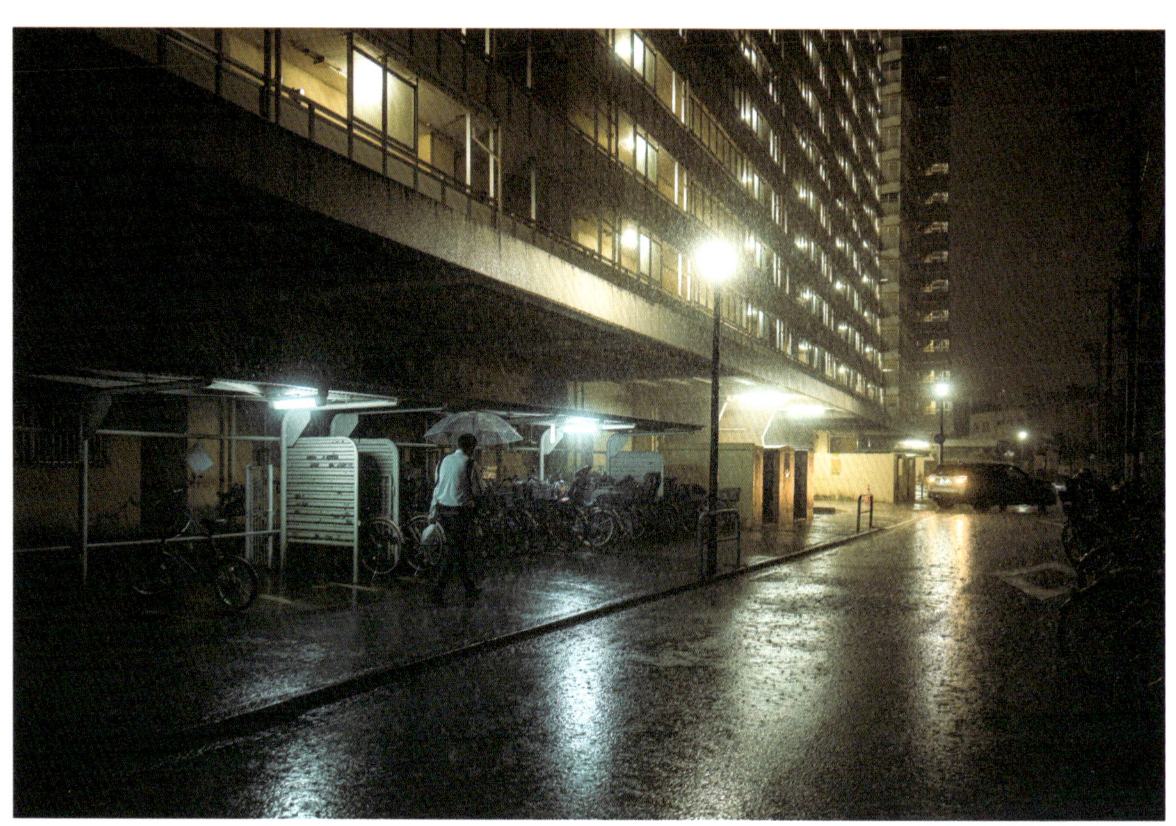

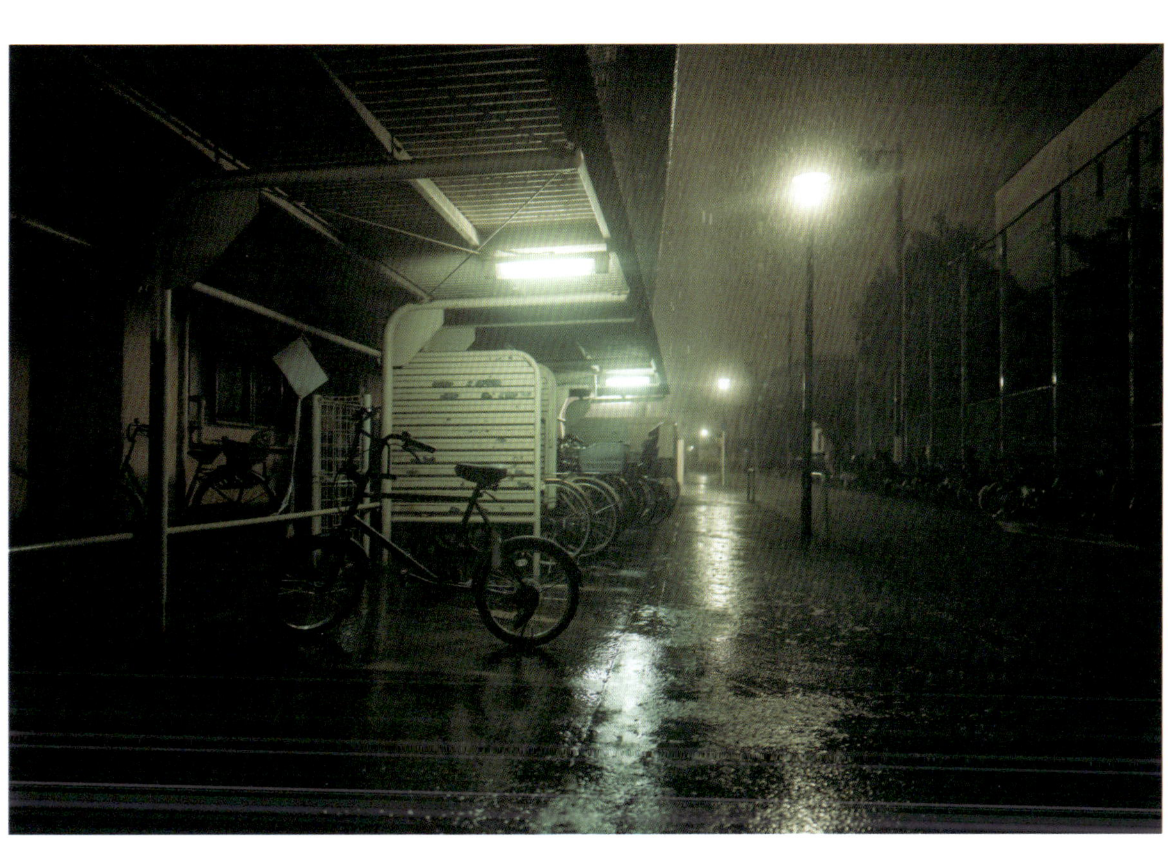

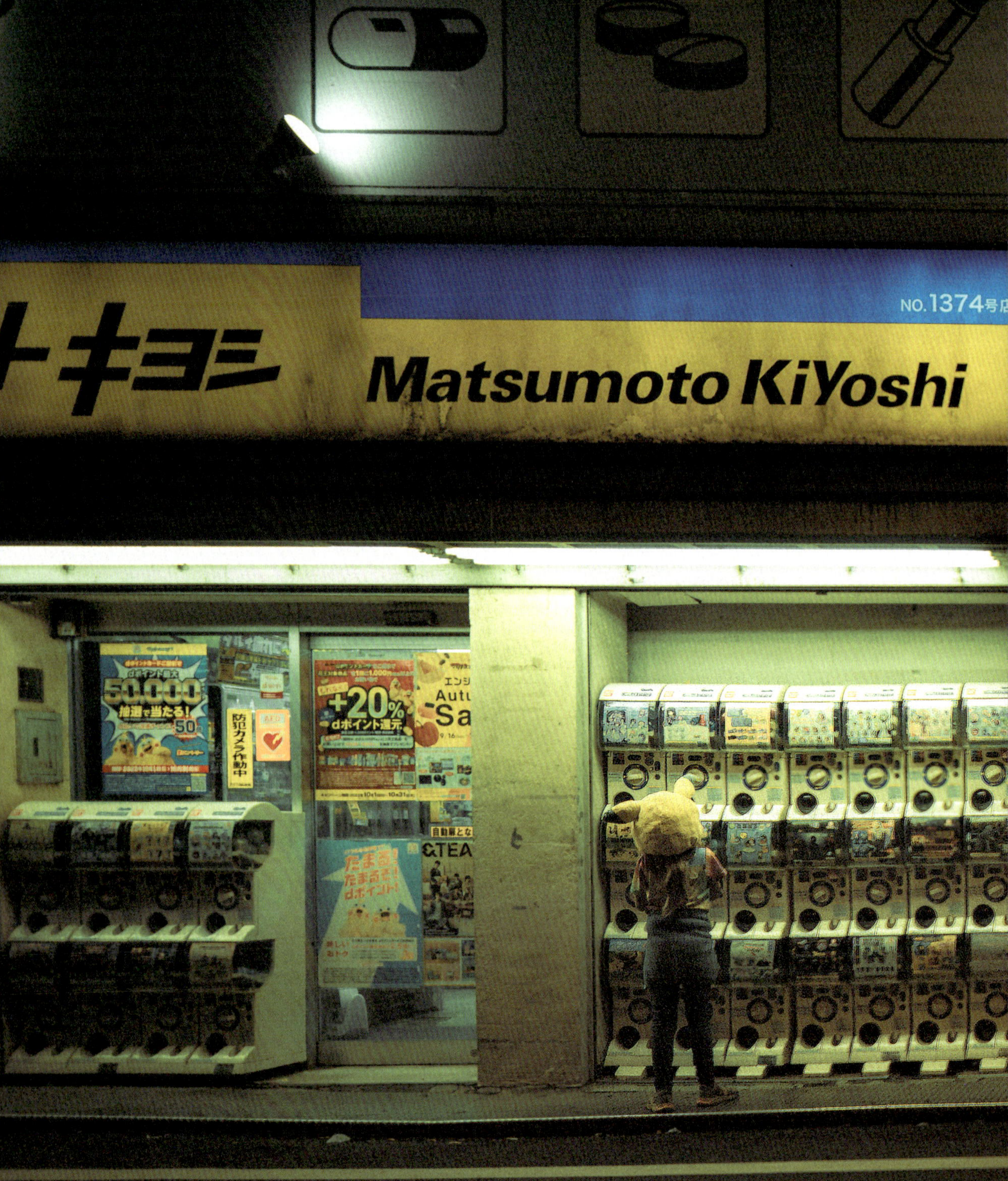

NO.1374号店
マツキヨ
Matsumoto KiYoshi
50,000
抽選で当たる!
防犯カメラ作動中
+20%
dポイント還元
Autu
Sa
&TEA
たまる!
たまるぞ!
dポイント!

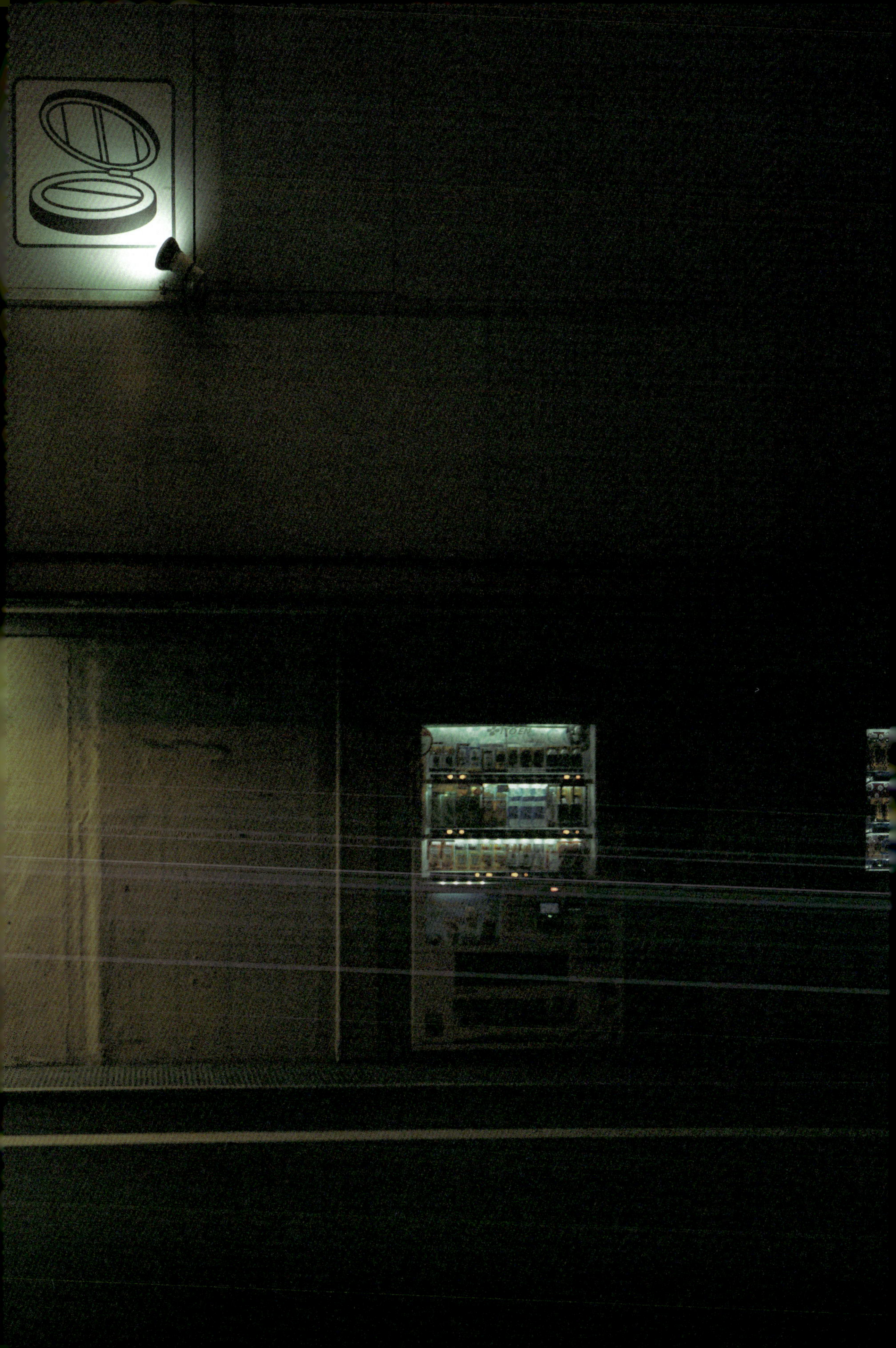

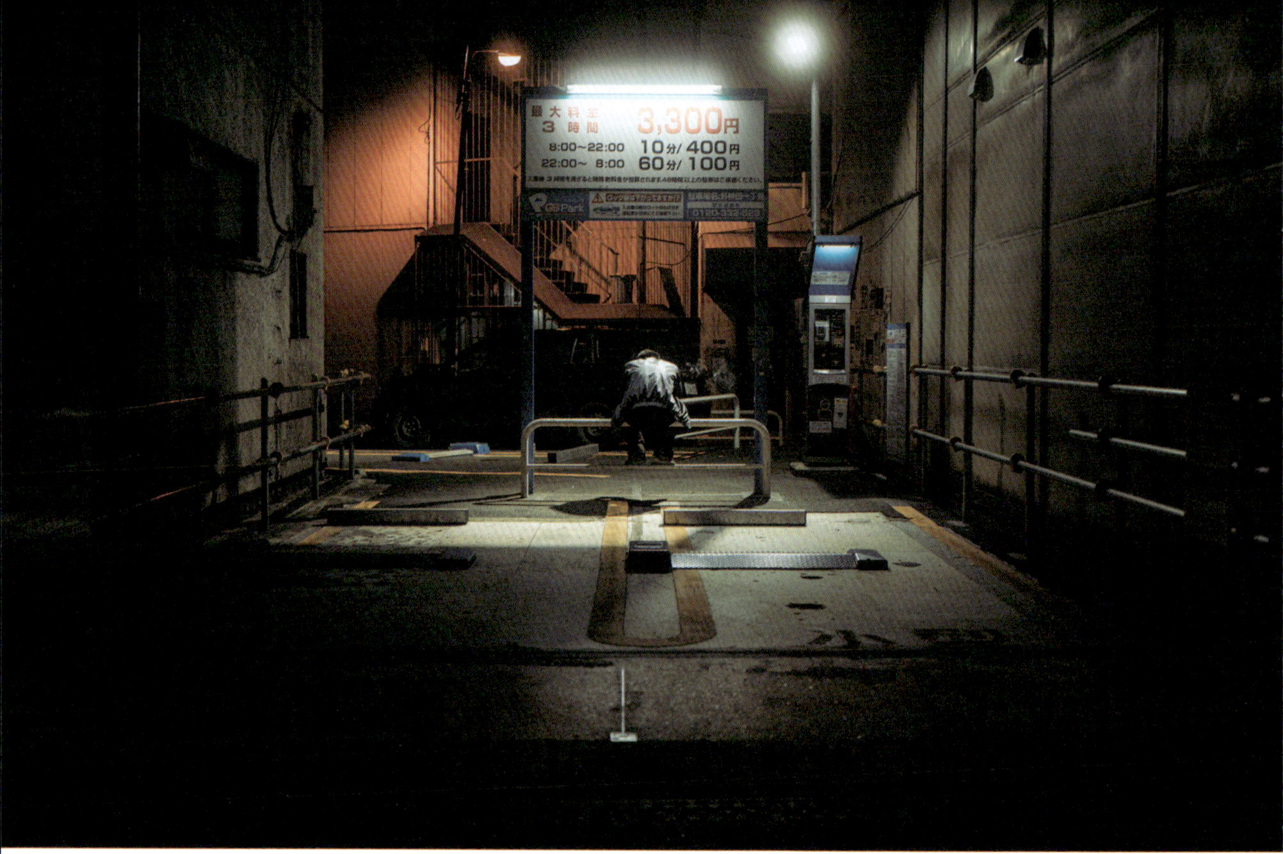
最大料金
3時間
3,300円
8:00~22:00 10分/400円
22:00~8:00 60分/100円

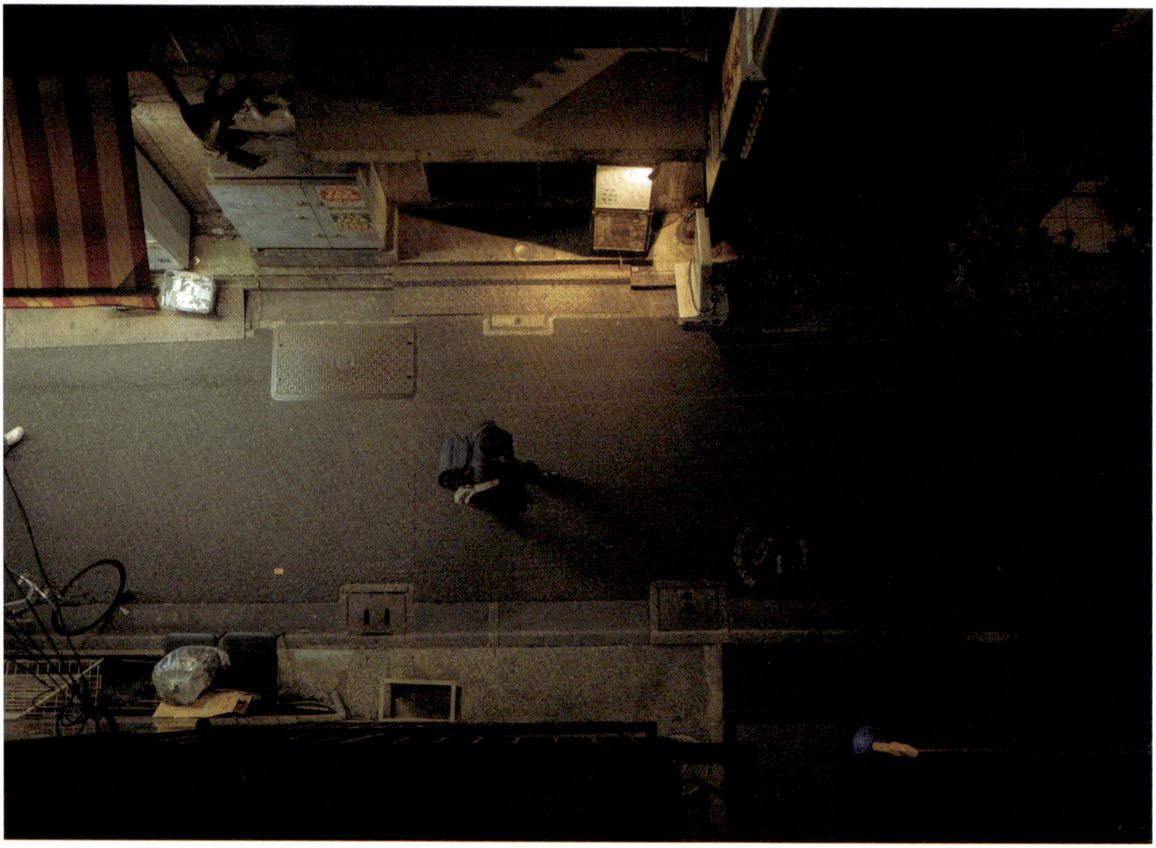

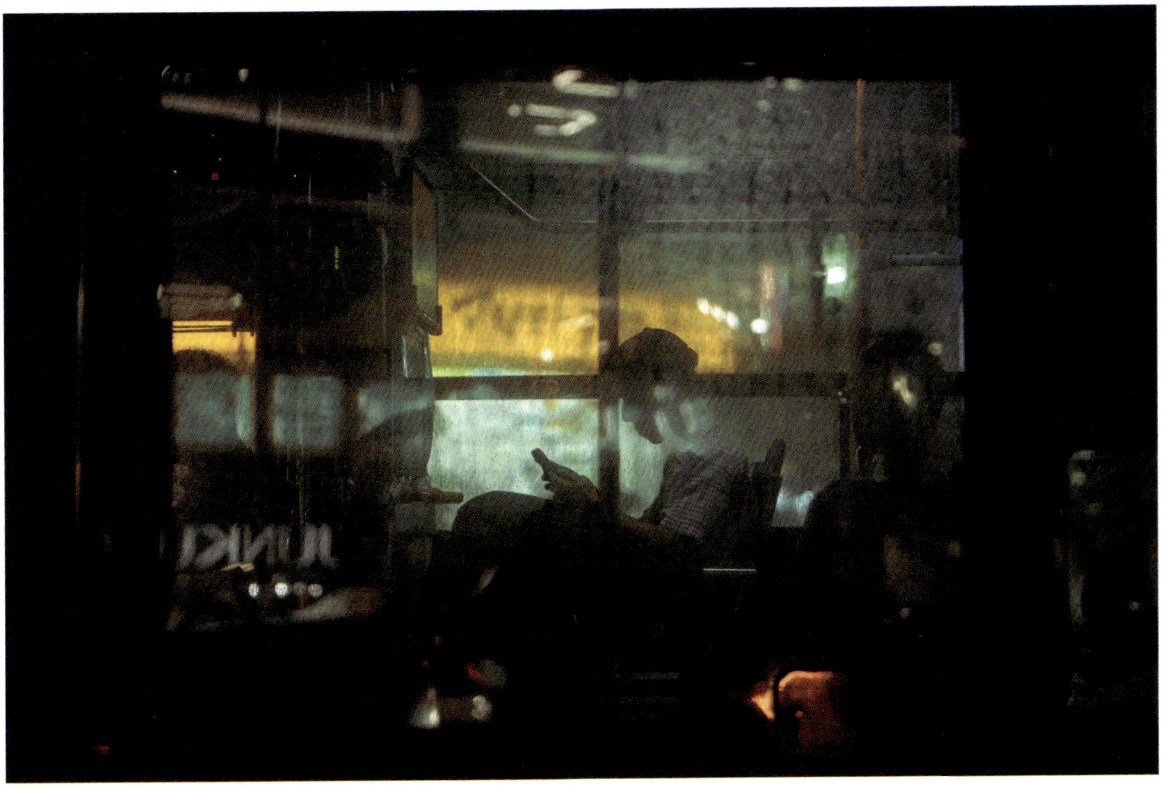

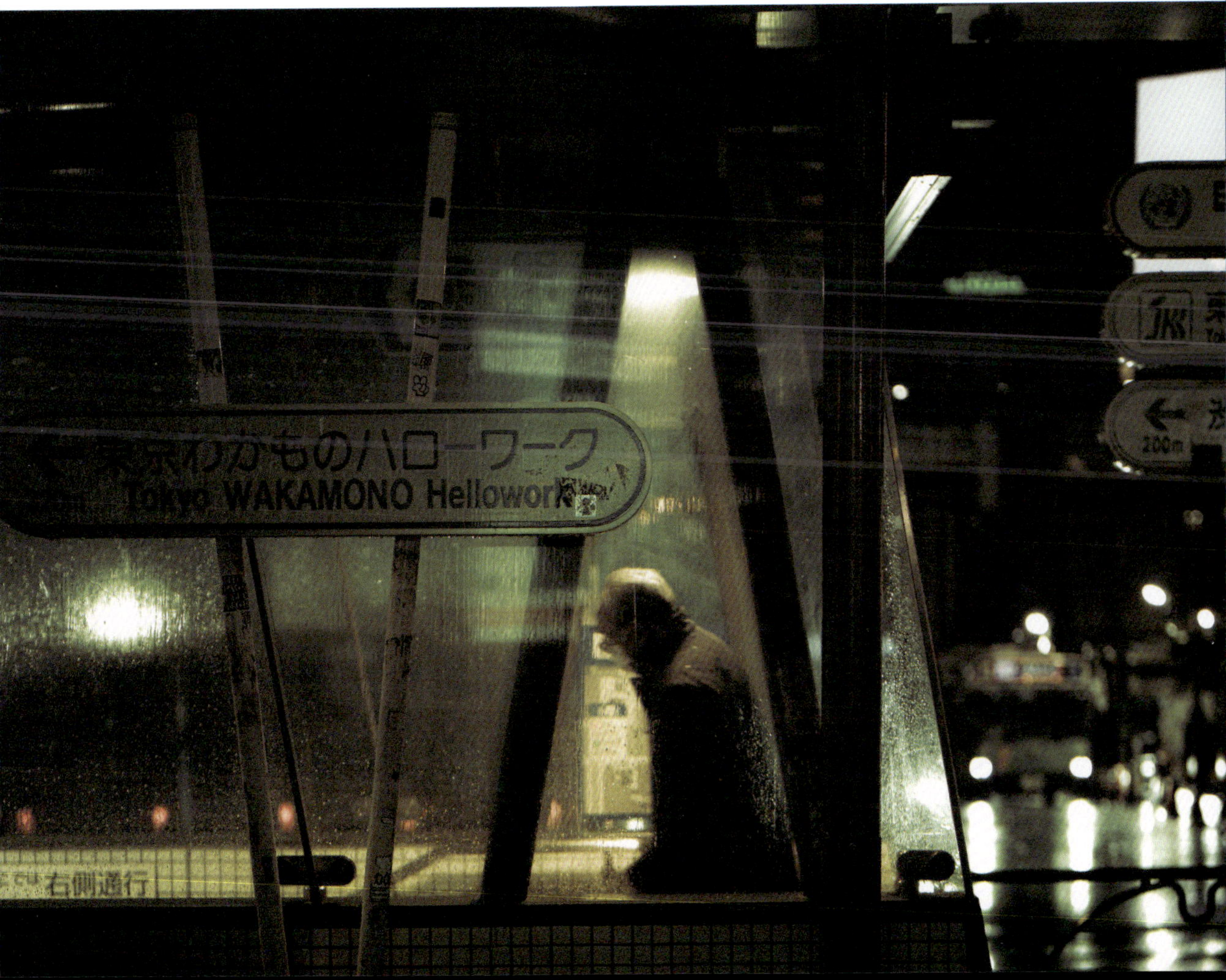

東京わかものハローワーク
Tokyo WAKAMONO Hellowork
右側通行

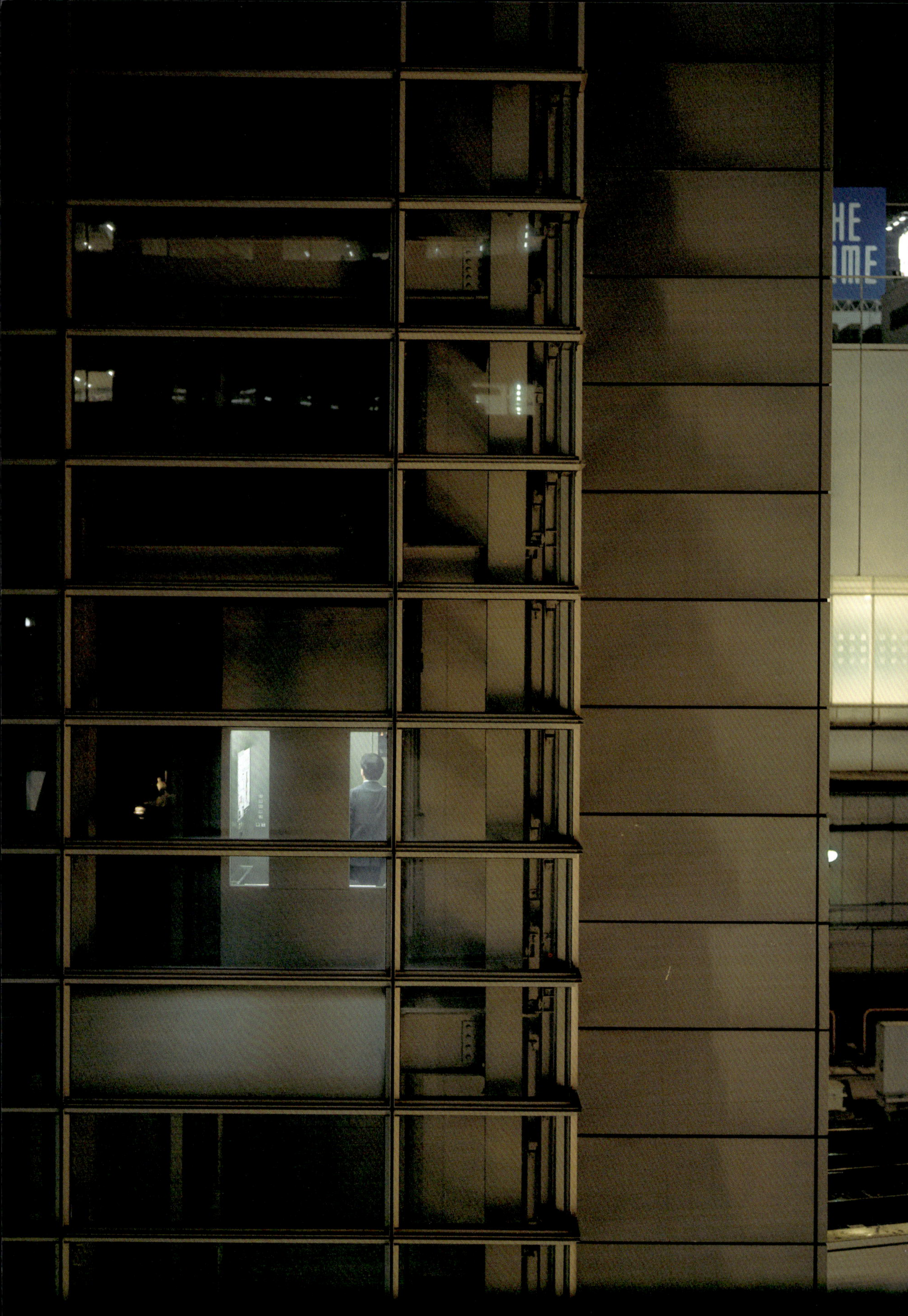

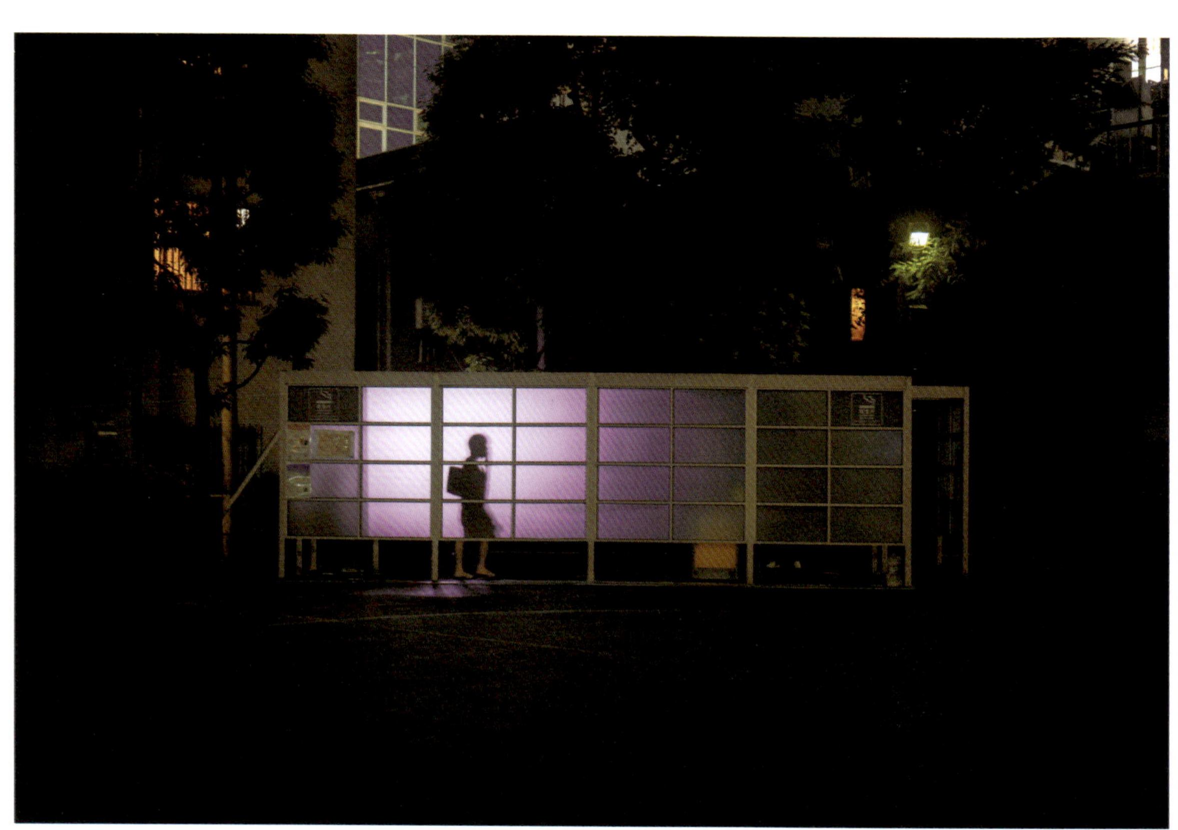

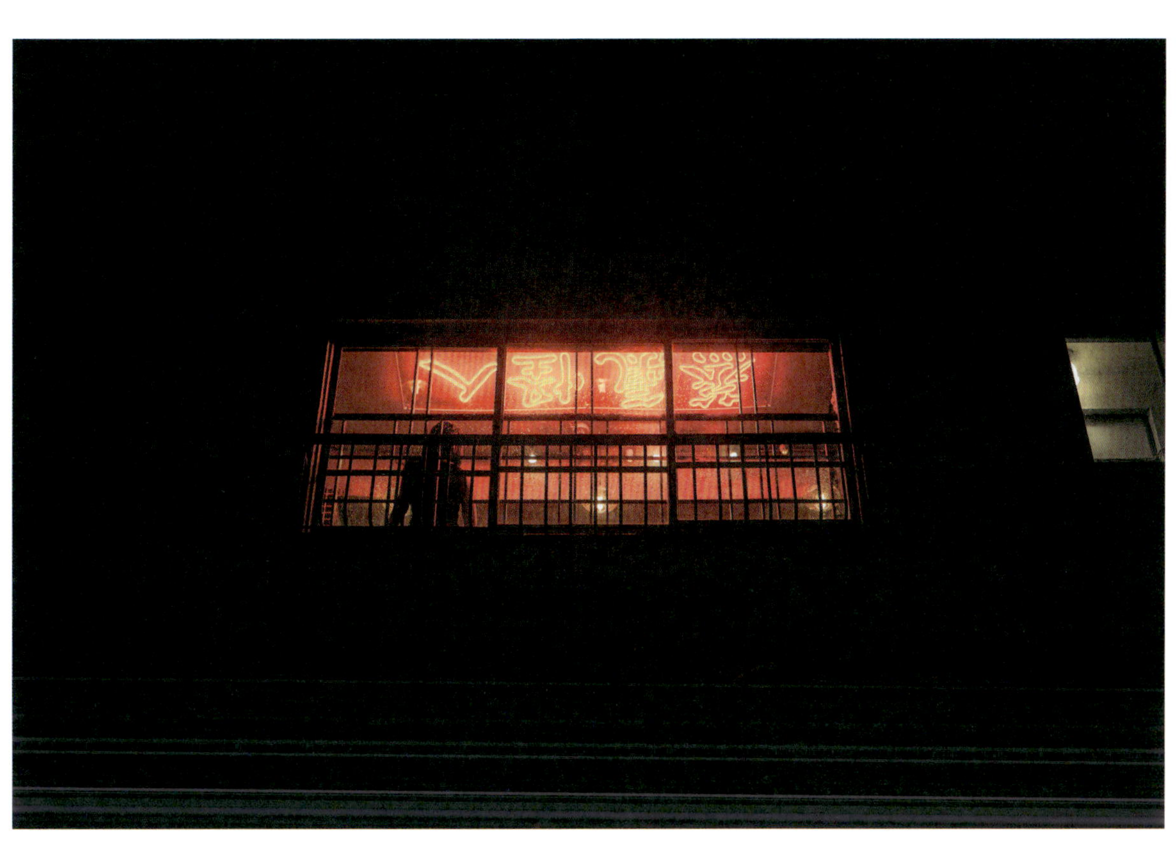

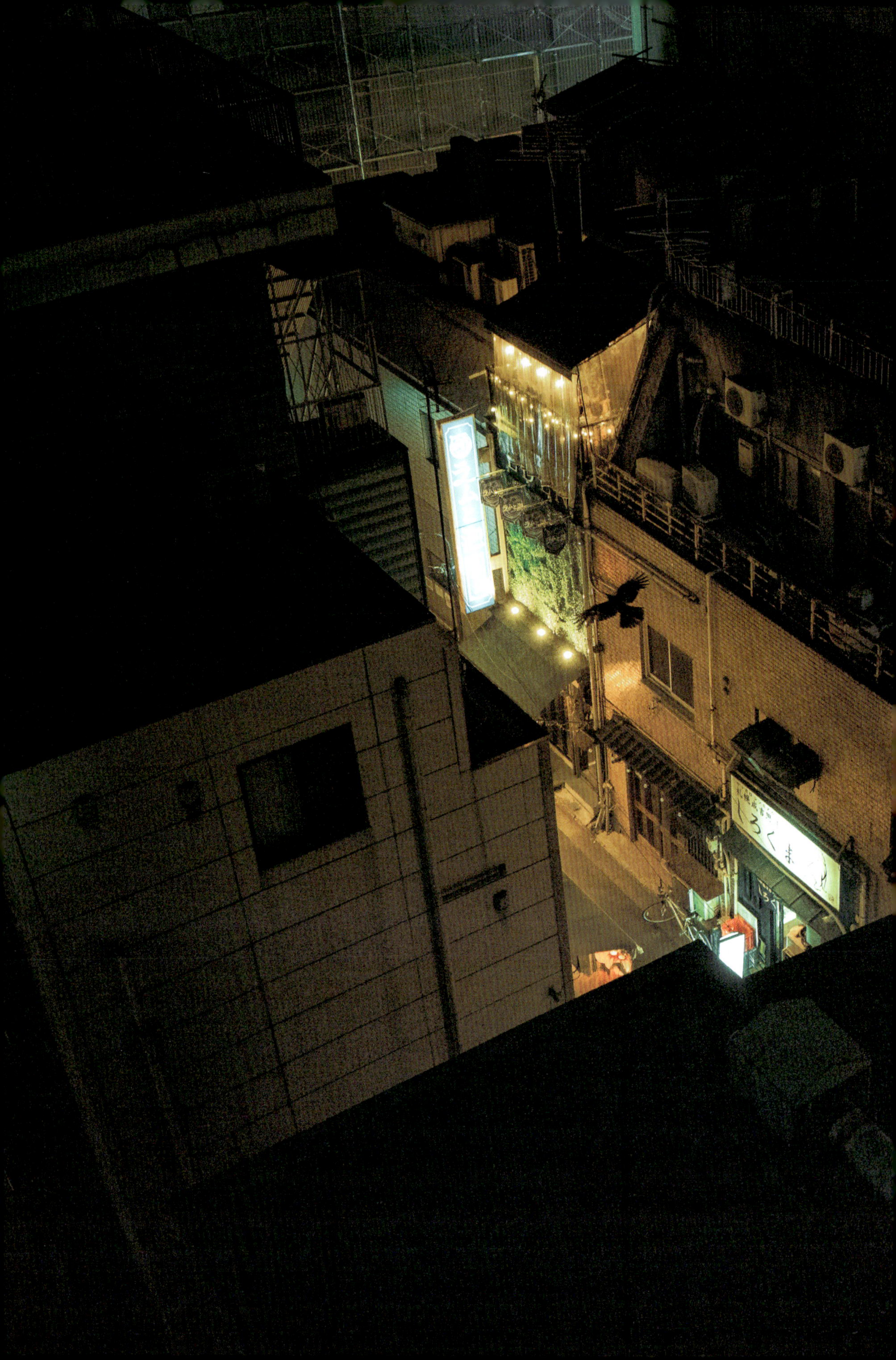
しろくま

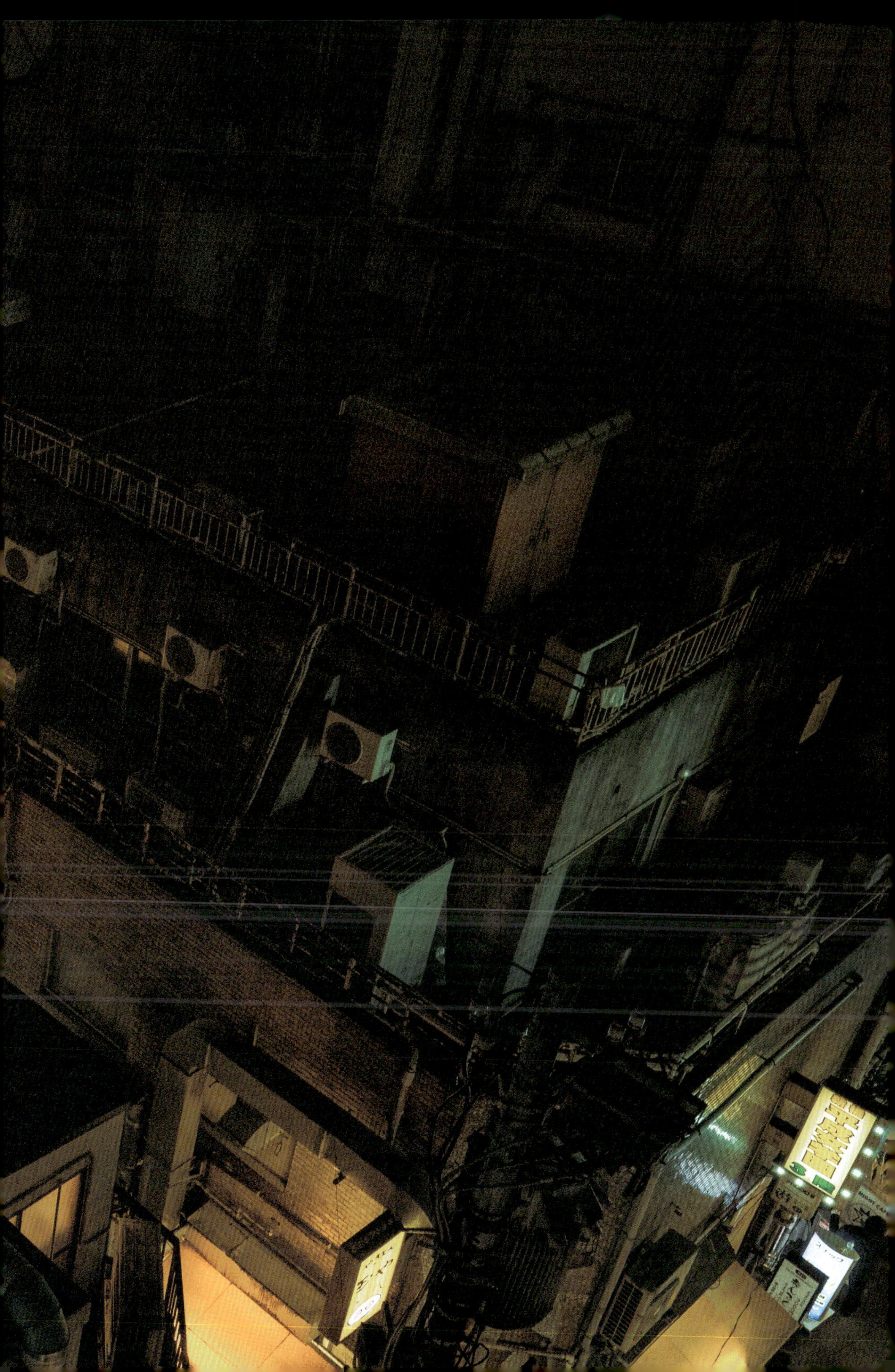

LIAM WONG × JUNYA WATANABE

通訳：Federico Capogreco

東京の多面性に惹かれて

日本人の視点、海外からの視点

JUNYA WATANABE（以下**JW**）　まずは展示お疲れさまでした。改めて声を掛けてくれてありがとう。

LIAM WONG（以下**LW**）　こちらこそありがとう。

※東京青山にあるギャラリー・STREET DREAMS STUDIOUS TOKYOにて2024年6月7日～7月7日の会期でLIAM WONGとの2人展「The Duality of Night 夜の二面性」が開催された。

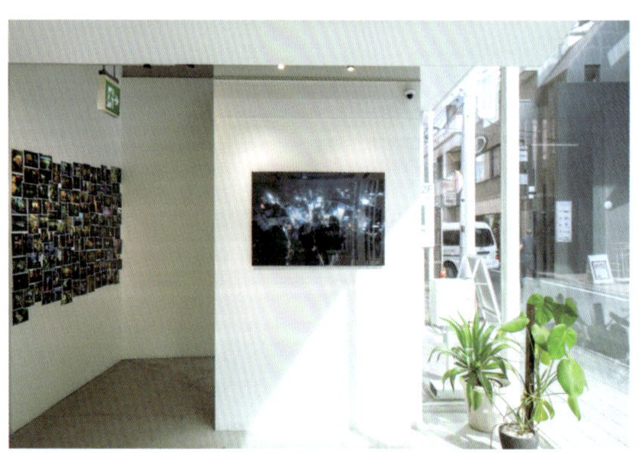

JW　東京での展示は初めてだったよね。やってみてどうだった？

LW　とてもよかったよ。コロナもあって人に会えてなかったけど、今回の展示でいろんな人と私たちの写真についてのコミュニケーションができた。

JW　レセプションもすごい数の人だったね。挨拶しきれないぐらいだった。

LW　ギャラリーから過去最多の来場者数と聞いたよ。

JW　正直一緒に展示ができるとは思ってなかったからうれしかったな。

LW　私もそう。日本人の視点と海外からの視点というクロスカルチャーなのもよかったね。「The Duality of Night」というタイトルには明るくて人が多い場所やその裏にある暗い場所、そして日本人の視点と海外の視点という意味を込めた。

JW　同じ夜の東京を撮っているけど、切り取り方も色も全然違うよね。見に来てくれた人も「同じ東京なのにまったく違う」って面白がってくれた。私の写真はより日本的だし、LIAMの写真は海外の人から見た東京ということがよくわかるという感想もあった。

LW　バックボーンによる感性の違いが面白いよね。

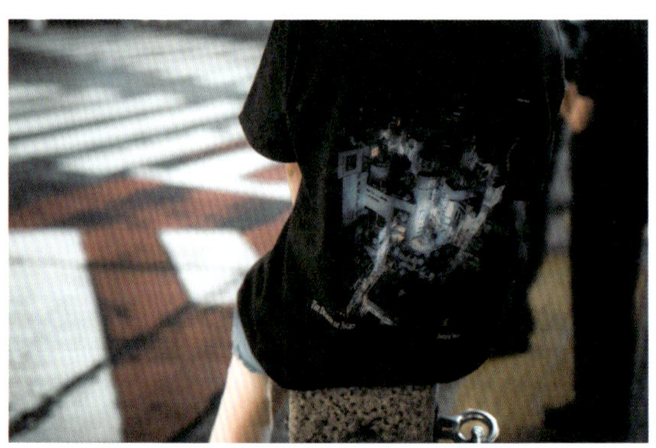

東京は見せたくないものを隠しているような作りが面白いと思う。 —— LIAM

JW　最後にお互いのTシャツを交換したのもよかった（笑）。

LW　（笑）。

JW　LIAMから見た東京の魅力ってどういうところ？

LW　東京と一括りにしても地域によってまったく違う特色があるところかな。歓楽街やビジネス街、それにファッションの街だったり様々な場所がある。私が育ったスコットランドにそこまで多様な場所はなかった。

JW　そうなんだ。確かに日本、特に東京は区によっても違うし、例えば、渋谷区なんかは区の中でも色々あるよね。渋谷と言えばスクランブル交差点や109をイメージするけど、いわゆる「渋谷」と呼ばれる単位で見ても様々な雰囲気の場所がある。

LW　そうそう。あと東京は見せたくないものを隠しているような作りが面白いと思う。例えば、繁華街にある室外機やゴミ袋などは店の裏側の細い路地にあったりするよね。香港もそういう感じだったな。

JW　LIAMの写真にそういう場所を写したものがあったね。新宿の裏路地の写真、あれ好きだな。あと見せたくないものを隠すように街を作るって面白い表現だね。東京で好きな街ってある？

LW　新宿や新橋かな。でも新橋が一番面白いと思う。

JW　新橋が一番好きなのは意外だったな。どういうところに惹かれるの？

LW　昼はビジネス街なのに、夜になると一気に飲み屋街になる感じ。コントラストがいいね。人々の生活模様も面白い。

JW　街ごとの特色を知るとその街が好きになるよね。私は秋葉原が好きでよく撮影に通っているけど、秋葉原も時間帯によってかなり表情が変わる。それに気づいてからすごく面白いと思うようになった。

LW　めっちゃ詳しいもんね（笑）。

JW　（笑）。

街を徹底的に探索するスタイル

JW　二人で展示をするにあたって何度か一緒に撮影しに行ったのも刺激になったよ。

LW　運よく雨も降ってくれたし（笑）。

JW　秋葉原や上野、新橋、銀座、渋谷に連れて行ったよね。

LW　一緒に撮っていても、全然違う方向を見ていたり、お互いの視点を比べられるのが面白かった。

JW　確かに。今回歩き回ったのは私がよく撮影している場所で、私が見つけた、まだ写真をやってる人にあまり知られていない場所だったけど、LIAMは行く先々で「え、そこ!?」みたいなところに注目していたりして（笑）。この場所ならここに注目するだろうなと予想したりしてたけど、半分ぐらいは全然違

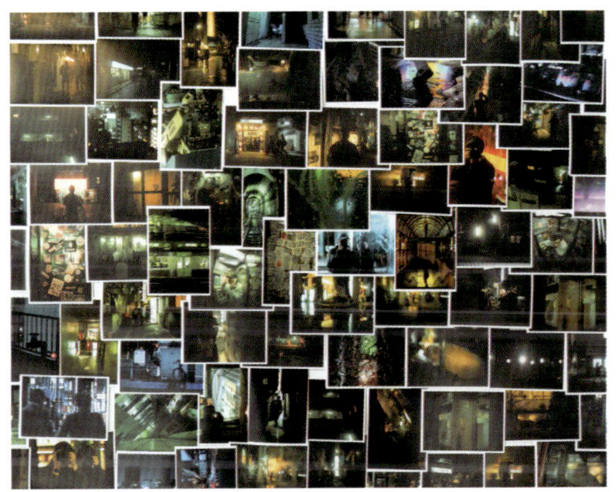

うところにレンズを向けていた印象がある。おかげで展示した写真も同じ場所だけど切り取りが全然違うからユニークなコーナーになったね。

LW　人と違うことがしたいと常に考えているからね。そういう意味では私も新しい視点が得られて楽しかったよ。あと、JUNYAは東京の街に詳しすぎて超面白いね。私もよく街を探

JUNYAは東京の街に詳しすぎて超面白いね。
私もよく街を探索するけど、知らない場所をたくさん紹介してくれた。 —— LIAM

索するけど、知らない場所をたくさん紹介してくれた。めちゃくちゃ細い路地の中に神社があったり、建物と建物の隙間を抜けると思いもよらない光景が広がっていたり。私は今どこにいるんだ、どこに連れて行かれるんだろうみたいな（笑）。

JW　一つの街を徹底的に探索することが撮影のテーマとしてあって、見てない場所がないぐらい様々な角度から街中の景色を見てるからね。特に秋葉原や渋谷に関してはめちゃくちゃ詳しいほうだと思う。

LW　常に新しい視点で街を見ようとしているところは作品の魅力になってるよね。知ってる場所だけど見たことのない角度からよく撮ってるイメージがあるよ。多くのフォトグラファーはそうならないし、主だった建物やスポットがあるとすでにあるイメージに引っ張られてしまう。

JW　そう言われるのはうれしいな。

LW　今回の展示でB1サイズで飾っていた渋谷を俯瞰で撮影した写真がいい例だね。雪の日の渋谷を撮ってるフォトグラファーはたくさんいたけど わざわざホテルを押さえて撮ろうと思わないよ（笑）。あの写真めちゃくちゃ好き。

JW　雪予報が出た瞬間ホテルを押さえたよ（笑）。あの写真が撮れる部屋は23階〜25階に3部屋しかないんだけど運よく最上階が空いててラッキーだった。でもそれはLIAMも同じだよね。LIAMが出している2冊の写真集は壊れるほど読んでいて、何冊も持ってるけど、この場所でここに注目するのかとか、この場所でこの撮り方は思いつかないなって何度見ても思うよ。

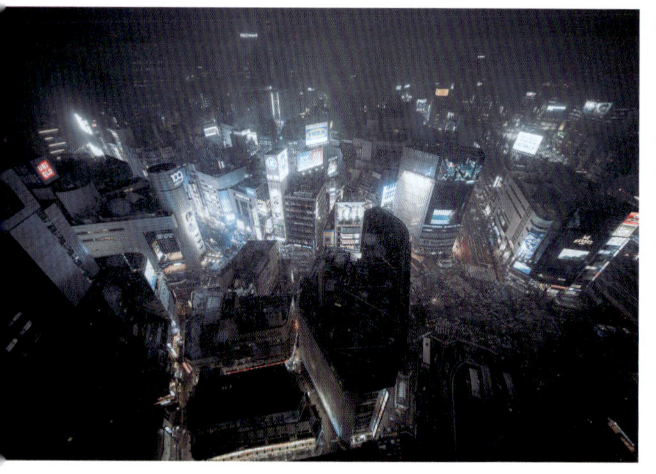

LW　ありがとう。

JW　普段撮影に行く時は一人で行くことが多いの？

LW　最近は会社の仲間と行くことが多いかな。終電がなくなって、夜中の3時とかに一人で撮影していると寂しくなっちゃうから（笑）。

JW　なるほどね。私もよく真夜中に撮影したりするけど、逆にその孤独感が好きかな。

LW　それもわかる！

JW　普段は人で溢れかえる場所が寝静まって誰もいなくなる。そこに自分しかいないという感覚が好きだし、撮影にも集中できる。

LW　めっちゃわかる。それでもちょっと寂しいけど（笑）。

視点の違いが生むオリジナリティ

JW　最初の出会いはLIAMがたまたま来日したタイミングで、開催していたグループ展に来てくれたんだよね。見に行くよってDMをくれた時はびっくりした。

LW　実際に会ったのはその時が初めてだったね。二人で話してたら周りに人だかりができてた（笑）。

JW　なぜか囲み取材みたいだった（笑）。元々私はLIAMのことを写真集で知ってて、2冊目を制作する時にはクラウドファンディングの支援に参加した。そのあと、写真集のことをSNSでシェアしていたらLIAMがフォローしてくれて、それでつながった流れだったかな。

LW　でもその前から JUNYA の写真は見たことあったよ。

JW　え、それは知らなかった！

LW　新宿のリフレクションの写真だったと思う。

JW　そうだったんだ！

LW　そうそうこの写真、懐かしいな（30 頁）。そのグループ展でもほとんどの人が東京の写真を展示していたけど、JUNYA の写真はすぐにわかったよ。

JW　どういうところでわかるの？

LW　他の人と視点が違うことだね。あとフレーミングや色の

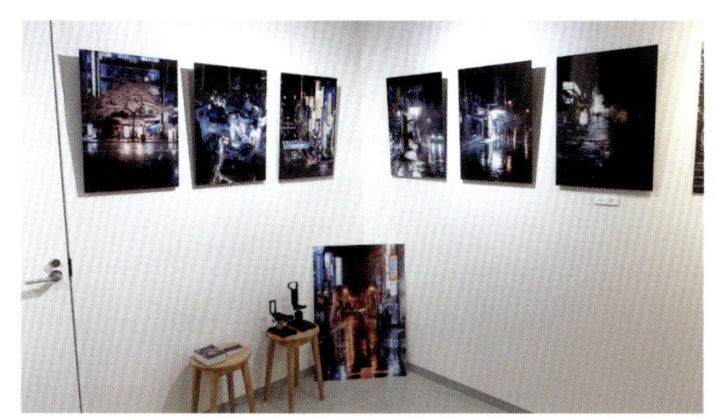

バランスがいい。特に広角レンズを使って情報量を増やした写真の撮り方がうまいよね。かといって不要なものは入っていないし、整っている感じがする。様々なディテールがあって隅々まで見ていて楽しい。JUNYA の写真を見ると新しい視点に気づくことができるんだ。

JW　ありがとう。感覚で撮っててあまり自分で考えたことがなかったから参考になるよ。

LW　90 頁の写真は、桜がフレームになっていて面白いよね。JUNYA の代表作になっている日本橋の桜の写真（89 頁）もいいけど、この写真も好きだよ。

JW　私もこの写真は気に入ってるけど、意外だね。でも、確かに LIAM はフレーミングで遊んだ写真を好きなイメージがある。

LW　そうかもね。写真を撮る時は色々なもの越しから見ようとしてるよ。

JW　何かを通して見てる感じがして面白いよ。

LW　あとはさっきも話したけど、雪の渋谷の俯瞰写真はいいね。構図、色、レンズのチョイスすべてがマッチしてる。新しい視点で撮ろうとしていることがわかるし、ワイドアングルで撮影しているから渋谷の街全体のディテールがわかるのもいい。雪の日にこの場所をチョイスする考え方がいいね。

JW　ありがとう。

LW　写真を見ながら新しい視点に気づくことができるよ。ちなみに私もこの写真が撮れるホテルに泊まったことがあったけど、部屋が違うからこうは撮れなかった。

JW　これは 23 階～ 25 階にある角部屋でしか撮れないやつ（笑）。このホテルの角部屋が本当に好きでたぶん 10 回以上泊まってると思う。撮影してる時はもちろんだけど、部屋にいると渋谷の街の音が BGM として聞こえてくるのが好きなんだ。QFRONT のビジョンで流れる BGM の音とか、三千里薬品というドラッグストアの BGM とか、人によってはうるさく感じそうだけど、なぜか心地よく感じるんだよね。この景色を見ながら撮影したりビール飲んだりするのが最高！

LW　秋葉原を撮った窓に水滴がついている写真もいいね。なぜかわからないけど、JUNYA の写真はその場にいるような気持ちにさせてくれる。何回も言うけど、視点が面白いから私も思わず写真を撮りに行きたくなってしまう。

JW　LIAM にそう言ってもらえるのはとても光栄だよ。ちなみ

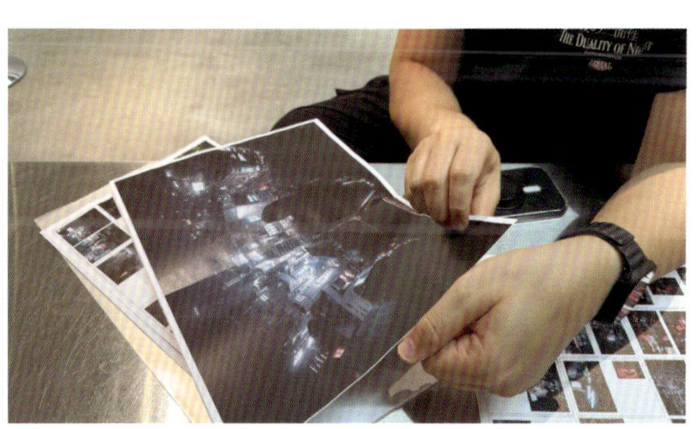

LIAM が出している 2 冊の写真集は壊れるほど読んでるけど、
この場所でこの撮り方は思いつかないなって何度見ても思うよ。 —— JUNYA

にこの写真もホテルの窓越しに撮った。

LW　そうなんだ。昔はじめて東京に来た時に泊まったのが秋葉原だからノスタルジックな気持ちにもなる。

JW　ちなみにこの日は雨が降ってなかった。

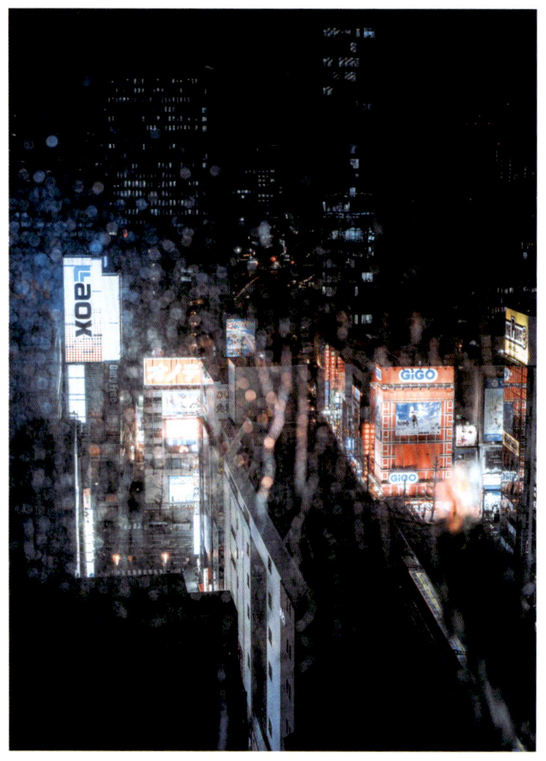

LW　え、どういうこと?

JW　このホテルは一部の部屋のバスルームやトイレがガラス張りになってて、シャワーを浴びた時に、ガラスに水滴がついてたのを見てこの撮り方を思いついた。

LW　なるほどね（笑）。

JW　秋葉原で景色が楽しめるホテルはいくつかあるけど、ここが一番きれいだった。

写真でつながりが生まれる

LW　写真集を作っていて大変なことってある?

JW　見開きで見た時のバランスと前後のページのバランスを考えることかな。あとは同じような写真ばかりにならないようにはしたいと思ってる。絵力の強い写真が好きでよく撮るけど、そういうものだけで写真集を作ると見る側が疲れてしまうので、そうならないように注意しているね。と言いつつ、好きなものがそういうものだからどうしても多くなってしまうけど（笑）。

LW　確かにね。私は2冊の作品集を出しているけど、全体を俯瞰的にチェックするよう気をつけてる。同じような写真があれば省くし、足りない写真があれば追加で撮りに行く。刊行後にもっとこうすればよかったなって思うけど（笑）。

JW　正解がないからね。

LW　後は見る人のことをよく考えるかな。なるべくポジティブな印象を与えたい、例えば、その場所に行ってみたいと思うような写真を掲載したいと思っているよ。

JW　それは確かにあるかも。実際にLIAMの写真集を見て、今まで興味がなかった場所にも興味を持てた。それに暗い写真ばかり掲載してもね。

LW　そうそう。

JW　掲載を見送った写真はたくさんあるの?

LW　たくさんあるよ、掲載したらマズい写真も含めて（笑）。

JW　それはめちゃくちゃ見てみたい（笑）。LIAMは今後撮ってみたい写真のイメージはある?

LW　せっかく日本に引っ越して来たから、もっと日本独特な部分を見つけて撮っていきたいな。まだ行ったことがない地域もたくさんあるし。

JW　どこ行きたいの?

LW　佐渡だね。

JW　それは意外すぎる!　なんで佐渡なの?

LW　昔ゲーム制作の資料で佐渡の写真や本を見たことが

なぜかわからないけど、
JUNYAの写真はその場にいるような気持ちにさせてくれる。 —— LIAM

東京を6、7年撮ってきてようやくスタイルが見えてきた感じがする。 —— JUNYA

あったんだけど、小さい島に色々なものがあって面白かったんだよね。自然や神社、廃墟、お店……小さい島に詰め込まれている感じがした。

JW　なるほど。そう言われてみると確かにそうかも。というのも、以前新潟に数年住んでて、佐渡に何度か行ったことがあるから。

LW　それは偶然だね！

JW　佐渡に行く時は言ってね（笑）。

LW　そうするよ（笑）。JUNYA は今後何を撮っていくの？

JW　まだしばらくは東京に集中したいな。東京を 6、7 年撮ってきてようやくスタイルが見えてきた感じがするから。最初はシンボリックな建物や街並みに惹かれてよく見る角度から撮ってたけど、色々な角度からその場所を見るようになったし、繁華街の裏側も見るようになった。今回の写真集もだけど、様々な企業やお店に協力で撮影させてもらった写真がけっこうある。東京、特に街ごとに集中して撮ってるけど、それを見てくれる人が増えたおかげで様々なつながりが生まれた。そういうつながりを大切にして、自分にしか撮れない写真を撮っていきたいと思っているよ。あとは空撮したことがないからしてみたい。

LW　いいね！　今のスタイルが磨かれていくだろうね。

JW　楽しみながら頑張っていくよ。また近いうちに撮影に行こう！

LW　ぜひ行こう。楽しみにしてるよ。

（2024 年 7 月 17 日、STREET DREAMS STUDIOS TOKYO にて収録）

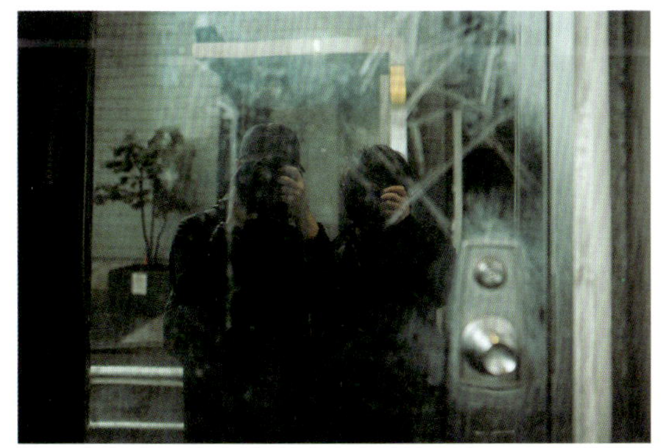

LIAM WOMG（リアム・ウォン）プロフィール

東京を拠点に活動するスコットランド人ディレクター兼写真家。ビデオゲーム業界で 10 年以上働き「Forbes 30 Under 30」に選ばれる。2015 年「Tokyo nights」シリーズで写真活動をスタート。ベストセラーになった写真集『TO:KY:OO』や『AFTER DARK』でも知られる。作品はAdobe、BBC、Canon、CNN、The Guardian、Financial Times、Forbes、Japan Times、Sony、Smithsonian、Tate、VICE などにて紹介された。

JUNYA WATANABEを読み解くQ&A 50

Q1 写真家を志したのはいつ頃ですか?

東京にやってきた2018年頃です。社会人1年目で新潟に住んでいた2016年から写真を始めましたが、東京の夜の街を撮り始めてから思いが強くなりました。

Q2 写真はどのように学びましたか?

すべて独学です。最初はSNSや写真集を見ながらどう撮っているのかを考えました。

Q3 新潟時代はどのような写真を撮っていましたか?

棚田などの風景写真を撮っていました。最初は観光地に行っていましたが、すぐに飽きてしまい人気の少ない森や山に入って撮影していました。

Q4 撮影のテーマは?

夜、雨。

Q5 夜の東京に被写体としてどのような魅力を感じますか?

①遅くなるにつれて人通りが少なくなる。それによって変わっていく街の雰囲気。
②区、駅ごとに違う街。
③発展した場所とその裏にある静かな場所の対比。

Q6 撮影のペースは?

週3回ぐらい。多い時期は毎日撮っています。

Q7 1日何枚ぐらい撮影しますか?

平均すると2、3000枚だと思います。カメラは3台あって、256GBのSDカードを5枚入れていますが、大雨や雪のような特殊な条件の日では、残量ゼロになるまで撮ったことがありました。

Q8 ターニングポイントになった写真はありますか?

2019年に新宿で撮影した台風の写真です（27頁）。台風が東京を直撃した日、直感に従い新宿にホテルをとり撮影に出ました。街中を色々なものが舞うような激しい風雨の中、びしょ濡れ状態での撮影に気分が高揚して、カメラが壊れてもいいやと夢中でシャッターを押した時の一枚です。過酷な環境で撮影する面白さに気づけました。

Q9 撮影中は何を考えていますか?

今まで見逃していた街の側面に気づけるように注意深く観察しています。また常に新しい視点で街を観察できる場所を探しています。

Q10 撮影に集中するために工夫していることはありますか?

人が多い時間帯は音楽を聴きながら騒音を相殺して撮影しています。人が少ない時や元々人気のない場所では何も聴いていません。あと、モニターではなくファインダーを除いて撮影するようにしています。

Q11 好きな時間帯は?

22時以降。人が少なくなるからです。

Q12 雨の撮影で一番苦労することは？

全身びしょ濡れになるので帰りが大変です。GORE-TEX の靴を履いていますが、大雨だと靴の中まで水浸しになるため帰ってからのケアも大変です。

Q13 豪雨の際に気をつけていることは？

特にはないです。しいて言えば機材を壊さないようにこまめに拭いたりすることですね。

Q14 豪雨の撮影で意識していることは？

シャッタースピードを上げて雨粒を止めること。豪雨の場合、雨によって視界がかすむのでその雰囲気を写真でも出したいと思っています。

Q15 水溜まりを撮る醍醐味は？

波紋や映り込みが刻一刻と変わり幻想的なイメージになることです。例えば、12 頁の水溜まりは 2 時間ほど張り付いて 1000 枚近く撮影した中の 1 枚です。

Q16 時間をかけた撮影で印象深いものは？

色々ありますが、例えば 41 頁の標識はその一つです。秋葉原にある標識をすべて撮ってみて、なぜかこの標識だけ水滴が異常に付きやすいことに気づきました。それから雨が降るたびに通って 30 回ほどして理想的な雨粒の状態に出合えました。この標識は背景込みで一番カッコよく感じています。

Q17 撮影で一番楽しいことは？

まだ誰も撮ってないであろう場所や構図を見つけた時です。

Q18 危険な目にあったことはありますか？

今のところないです、たぶん。

Q19 一番お気に入りの写真は？

秋葉原で撮影した傘付きの自転車の写真です（20 頁）。傘が無意味なほどの大雨でしたが、傘付きの自転車を見つけてレンズを向けると、軒裏の強い光とタクシーのヘッドライトで雨粒が照らされて劇的な一枚になりました。

Q20 街を俯瞰した写真に対するこだわりは？

俯瞰で撮影できる展望台は各街にたくさんありますが、必ずしもその場所がベストではないと思っています。ホテルやお店など探せばけっこう俯瞰で撮影できる場所はあるので、徹底してベストな場所を探し回っています。例えば、9 頁の写真はスクランブル交差点と 109 の組み合わせを撮るベストな角度を探して近隣のホテルすべてに泊まりました。

Q21 写真家として喜びを感じる瞬間は？

最高の条件（大雨、雪）の時にその場に居合わせた時。

Q22 リフレクションを撮る際に心掛けていることは？

極力水面が揺れていない状態で撮影すること。映り込む建物などの水平垂直がきれいに撮れていること。

Q23 リフレクション写真に最適な場所はどこだと思いますか？

日本一ネオンサインが多いといわれる歌舞伎町一番街です。28-29 頁の見開きは同じ通りで撮影した写真です。

Q24 一番たくさん撮影した場所はどこですか？

秋葉原と渋谷。

Q25 誰かと一緒に撮影に行くことはありますか？

たまにありますが 1、2 人程度です。

Q26 SNS とはどのように付き合っていますか？

作品を発表する場、自分を認知してもらう場と思って使っています。

Q27 展示する作品のサイズはどのように決めていますか？

基本的には会場に合わせていますが、一枚で迫力のある写真が好きなので、A2 サイズ以上でプリントすることが多いです。

Q28 自費出版で出している作品集のコンセプトを教えてください。

『Roam Around Night City』というタイトルですが、夜の街を探索する的な意味です。この意味だと、Wonder のほうが合っていますが、ゲームのフィールドをひたすら歩き回るという遊び方があって、その行為は「Free Roam」と呼ばれています。過去に自分がゲームでこの遊び方をしていたこと、そして街の歩き方がリンクしていたことから「Roam」を使うことにしました。

Q29 撮影に使っているカメラは？

SONY α1を2台、α7CR を1台。レンズは 1224GM 24GM,35GM,50GM,135GM を主に使用。

Q30 色補正に使用しているツールは？

Lightroom と Photoshop。

Q31 撮影した写真はどのように管理していますか？

東京のエリアごとに SSD を分けています。昔は不要なものを削除していましたが、今はほとんど削除せず SSD に突っ込んでいて、気づいたら家に大量にあります。コロナ禍で撮影に行けない状況が続き、次いつこうなるかわからないという不安に駆られたからです。

Q32 道具に対するこだわりはありますか？

見た目がかっこいいこと。水濡れに強いこと。SONY よりも防塵防滴に強い設計のカメラメーカーはあると思いますが、今のところ一度も壊れていないので信じています。

Q33 人の写真を評価するポイントは？

知っている場所でも思いつかないような構図や視点で撮影していると「お！」となります。

Q34 好きな写真家は？

LIAM WONG

Q35 好きな写真作品は？

『LIAM WONG TO:KY:OO』

Q36 趣味は何ですか？

料理とゴルフ、アニメ、映画鑑賞。料理は最近レシピを見ずに色々作れるようになってきました。

Q37 好きなマンガ・アニメは？

「Cyberpunk: Edgerunners」「Steins;Gate」「PSYCHO-PASS」「攻殻機動隊」「AKIRA」。
写真の影響もあって近未来を舞台にした作品が好きです。

Q38 好きなゲームは？

以前はファイナルファンタジーとモンスターハンターをひたすらやっていました。最近はあまりやっていませんが、何かやりたいですね。

Q39 好きな音楽は？

たまにライブ撮影もしている「水槽」というアーティストの曲をよく聴いています。

Q40 好きな映画は？

毎回感動するのでディズニー映画。

Q41 コレクションしているものはありますか？

写真仲間の写真プリントを集めています。あとは自分の写真に対してコレクション的な感覚が合って、街やそのエリアごとに最高の一枚を撮りに回っています。

Q42 出身の滋賀ではどんな少年時代を過ごしましたか？

友達と川や森を探検したり、見つけた場所を勝手に秘密基地と呼んで遊んでました。

Q43 学生時代に好きだった科目は？

図工、美術。

Q44 学生時代の部活動は？

高校から大学まで軽音学部でギターをやっていました。

Q45 写真撮影の原体験は？

iPhone の初代を手に入れた時だと思います。

Q46 一番ホッとする時は？

家族と一緒にご飯を食べている時です。あとはお気に入りの場所で何もせず音楽を聴いている時です。

Q47 死ぬまでに撮ってみたいものはありますか？

東京のすべての街で自分が納得いく1枚を撮りたいです。

Q48 タイムマシンがあったらいつ、どこを撮ってみたいですか？

1990 年代～ 2000 年代はじめの秋葉原の街。

Q49 よい写真の条件は何だと思いますか？

自分が気に入っているかどうかが一番重要だと思いますが、他にはオリジナリティを感じる写真だと思います。

Q50 あなたにとって写真とは？

撮影は冒険心をくすぐり続けてくれる最高の遊びであり、写真はその遊びの中で見つけた宝物という感じです。

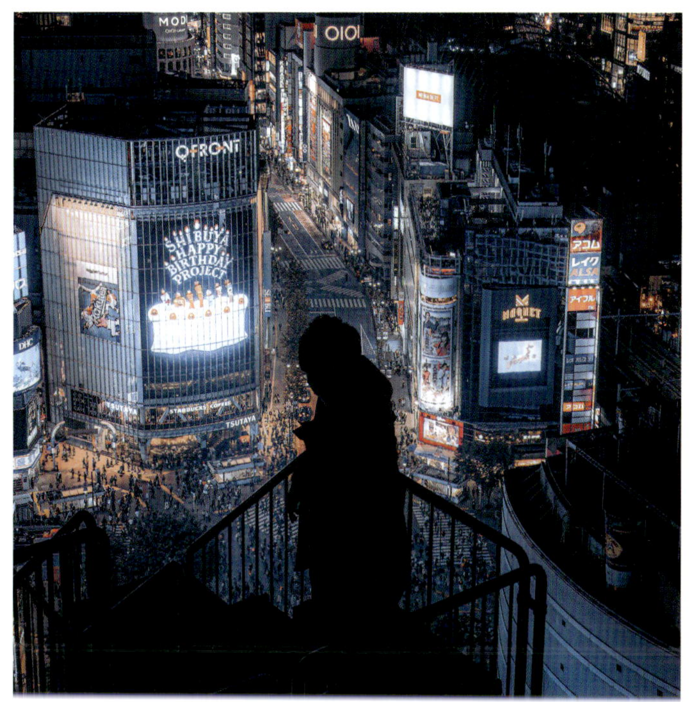

JUNYA WATANABE　プロフィール

1992 年、滋賀県生まれ。2018 年から東京で本格的に写真活動をスタート。New Balance など様々な企業とのコラボや広告への写真提供を行う。撮影については東京の街が一番輝く瞬間を撮影することをテーマにしており、特に夜と雨に強いこだわりを持って撮り続けている。個人としてはクライアントワークの傍ら、都内での展示活動と 東京の街ごとに写真集を制作するプロジェクト「Roam Around Night City」を進行中。2024 年3 月にシリーズ最初となる #1 Akihabara を発表した。

JUNYA WATANABE 写真作品集

夜光水景

2024年 9月25日 初版第1刷発行
2025年 8月18日 第3刷発行

著　者　JUNYA WATANABE
発行者　相澤正夫
発行所　芸術新聞社
〒101-0052
東京都千代田区神田小川町2-3-12 神田小川町ビル
TEL：03-5280-9081（販売課）
FAX：03-5280-9088
URL http://www.gei-shin.co.jp
印刷・製本　シナノ印刷
デザイン　堀川達也

ISBN 978-4-87586-709-8 C0071

JUNYA WATANABE
Photo Works
"YAKO-SUIKEI"

Geijutsu Shinbunsha Inc.
Kanda Ogawamachi Building, 2-3-12 Kanda Ogawamachi,
Chiyoda-ku, Tokyo 101-0052, Japan
URL http://www.gei-shin.co.jp

ISBN978-4-87586-738-8 (Outside Japan)